Anne Vorderwülbecke

STUFEN 3

INTERNATIONAL

Deutsch als Fremdsprache
für Jugendliche und Erwachsene

Handbuch für den Unterricht

Ernst Klett Sprachen

Stuttgart

STUFEN INTERNATIONAL 3

Handbuch für den Unterricht

von Anne Vorderwülbecke
Redaktionelle Bearbeitung: Eva-Maria Jenkins

Zeichnungen: Christa Janik

Trotz intensiver Bemühungen konnten nicht alle Inhaber von Text- und Bildrechten
ausfindig gemacht werden. Für entsprechende Hinweise ist der Verlag dankbar.

Abkürzungen:

A	sprachlicher Ausdruck
Akt	Aktivitäten
Ⓓ Ⓐ Ⓒ͏ʜ	Deutschland, Österreich, Schweiz
Gr	Grammatik
Hb	Handbuch mit Seitenangaben
	(z. B. Hb, S. 13f.)
HV	Hörverstehen
KT	Kursteilnehmerinnen/Kursteilnehmer
L	Lehrerinnen/Lehrer
Lb	Lehr- und Arbeitsbuch mit Angabe der Aufgabennummer
	(z. B. Lb, STR 5. = Situationen - Texte - Redemittel, Übung 5)
LV	Leseverstehen
OHP	Overheadprojektor
Ph	Phonetik
St	Stil
STR	Situationen - Texte - Redemittel
V1	flektierter Verbteil
V2	unflektierter Verbteil
Z	Zeile

1. Auflage   €1 ⁷ ⁶ ⁵ ⁴ ³ | 2007 2006 2005 2004 2003

Alle Drucke dieser Auflage können nebeneinander benutzt werden, sie sind
untereinander unverändert. Die letzte Zahl bezeichnet das Jahr des Druckes.

Internetadresse: www.edition-deutsch.de
E-Mail: edition-deutsch@klett-mail.de

Druckerei: Gutmann+Co, GmbH, Talheim
Printed in Germany

ISBN: 3-12-675291-8

Inhaltsübersicht

Übersicht über die Lehrwerkskomponenten

Verlagsprodukte

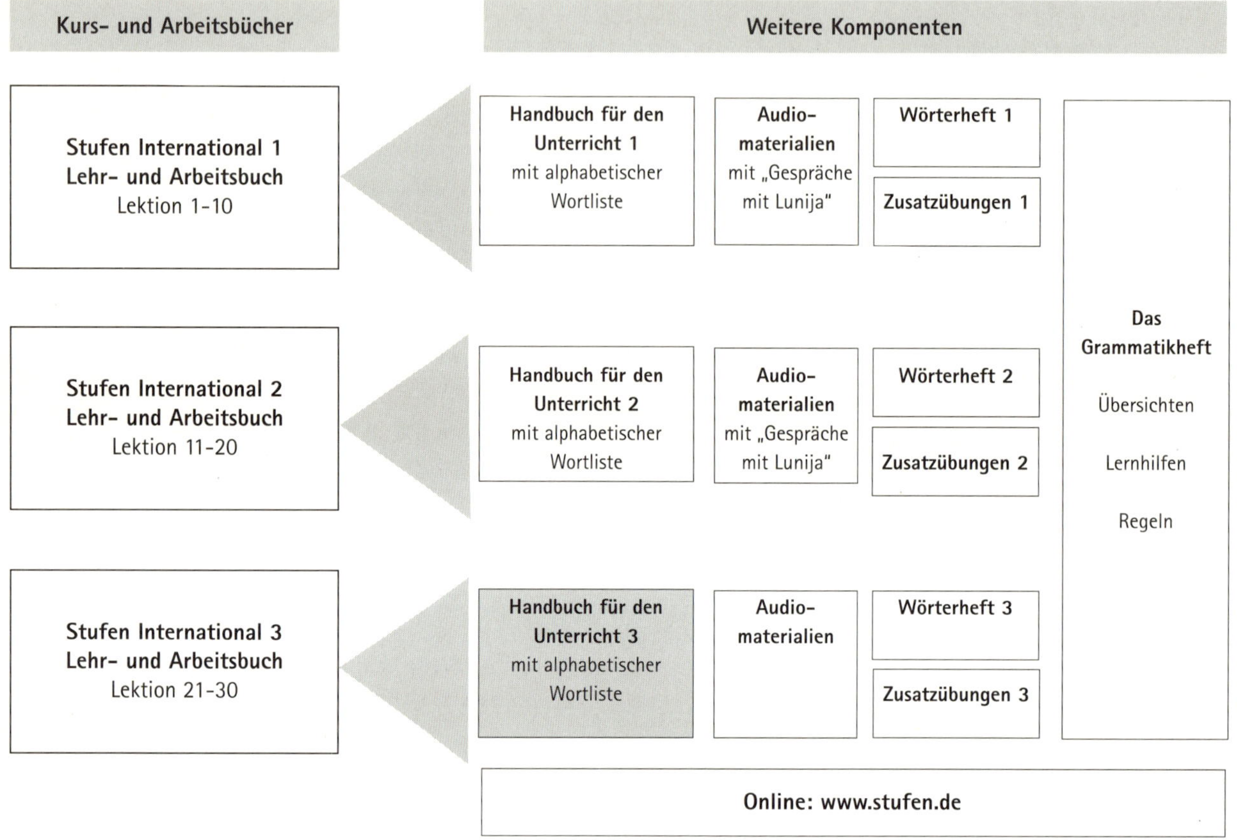

Eigenprodukte der Kursteilnehmer/innen

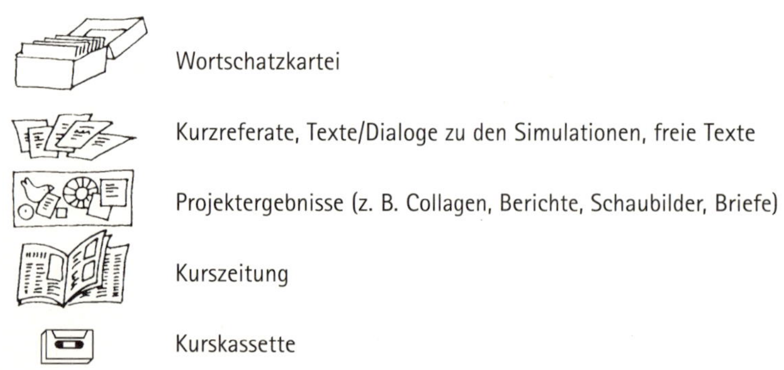

Allgemeine Hinweise zu STUFEN INTERNATIONAL 3

Zu Konzeption, Inhalten, Didaktik, Lernzielen sowie der Entwicklung der vier Fertigkeiten, von Wortschatz und Grammatik in STUFEN INTERNATIONAL, siehe Hb1 (S. 7-23).

Schwerpunkte in Band drei

Stärker als in den Bänden 1 und 2 liegt die Betonung in Band 3 auf der Textarbeit (Hörverstehen, Leseverstehen, Textproduktion) sowie auf Wortschatzarbeit und Schreiben.
Der grammatische Schwerpunkt liegt auf dem Satzbau.

Neues in Band 3

Kommunikationszentrum

Neu in der Struktur der Lektionen ist der Abschnitt „Kommunikationszentrum".
Hier wird das fortgeführt, was in Band 1 in den „Informationstexten", in Band 2 in den Abschnitten „Fremdes und Eigenes" sowie im „Informationsaustausch" angelegt und schrittweise ausgebaut wurde, nämlich die systematische Entwicklung der mündlichen Kommunikationsfähigkeit der KT im landeskundlichen Bereich.

Im „Kommunikationszentrum" werden die KT in den Lektionen 21-25 durch Vorgabe von Redemitteln zu einem Thema sowie durch Diskussionshilfen angeleitet, frei und kontrastierend über landeskundlich relevante Themen zu diskutieren. Außerdem sollen sie anhand von Texten und Fragen zu einem bestimmten Thema über die Situation in ihrem Heimatland mündlich und schriftlich informieren und persönliche Kommentare abgeben.
In den Lektionen 26-30 werden alle bisher trainierten Fähigkeiten, wie Berichten, Beschreiben, Diskutieren, Informieren und Kommentieren in bildlich gestützten Übungskomplexen aktiviert. Dies ist dann im STUFEN-Programm der letzte Schritt auf dem Weg zum möglichst freien Sprechen.

Aktivitäten

Anstelle der „Gespräche mit Lunija", die in Lektion 21 zu Ende gehen, werden bis Lektion 25 unterschiedliche Hörverstehenstexte wie Märchen, Radiosendungen, Witze und Weihnachtslieder angeboten und ab Lektion 26 dann Kurzkrimis, zu denen ein eigener Schluss erfunden werden soll.

Landeskunde

Das Landeskundeangebot wurde in allen Abschnitten weiter ausgebaut und reicht bis in die grammatischen Übungskomplexe. Die landeskundlichen Doppelseiten sind so konzipiert, dass die Textteile bei Zeitmangel auch in Eigenarbeit zu Hause vorbereitet werden können.

Zusätzliche Angebote im Handbuch für den Unterricht

Übungen zur Kurzwiederholung von Wortschatz und Grammatik

Anders als in Band 1 und 2 sind die „Übungen zur Kurzwiederholung" aus dem Hb in ein Zusatzübungsbuch („Zusatzübungen zu STUFEN INTERNATIONAL Band 3") ausgelagert. Der Grund dafür sind die hohen Kopierkosten, die anfallen, wenn auf Wunsch der KT diese Übungen für alle kopiert werden sollen.
L sollte die KT darauf hinweisen, dass sie sich anhand dieser Übungen gezielt auf den Wortschatz- und Grammatikteil der Kontrollübungen vorbereiten können.

Weitere Übungen und Spiele

Wie auch schon in Hb 1 und Hb 2 gibt es in Hb 3 zu jedem Kapitel „Weitere Übungen und Spiele" zu Wortschatz und Grammatik.

Kontrollübungen

In den Kontrollübungen kann man jeweils 100 Punkte erreichen. Sie bestehen zu ca. einem Drittel aus Aufgaben zum Wortschatz, zur Grammatik, zum Leseverstehen und zum Schreiben. In den Anfangslektionen gibt es auch noch je eine Übung zur Phonetik.

Für die Durchführung der Kontrollübungen können in der Regel ca. 90 Minuten angesetzt werden. Wenn im Unterricht nicht genügend Zeit zur Verfügung steht, um sie alle hintereinander zu machen, können sie auch aufgeteilt werden. Wenn L nicht nach jeder Lektion den Lernfortschritt der KT überprüfen will, können die KT die Kontrollübungen auch in Eigenarbeit zu Hause machen und anhand des Lösungsschlüssels selbst kontrollieren. Anschließend sollen sie die Fehlerzahl und die benötigte Zeit in die Kontrollstatistik eintragen und diese L abgeben. Auf diese Weise kann L leicht noch vorhandene Defizite in bestimmten Bereichen oder Lernfortschritte erkennen. Weitere Hinweise zur Arbeit mit den Kontrollübungen, siehe Hb 1, S. 22.

Bei den schriftlichen Verbesserungen sollte L generell darauf achten, dass Fehlerhaftes durch sauberes Durchstreichen und Darüber- oder An-den-Randschreiben korrigiert wird.
L sollte diese Verbesserungen regelmäßig einsehen, denn nicht überprüfte Korrekturen sind ohne Wert.

Zur Bewertung: Die Kontrollübungen enthalten in den letzten beiden Abschnitten die folgenden Abkürzungen: Gr für Grammatik, A für sprachlichen Ausdruck, St für Stil, LV für Leseverständnis. Die Punkte für Stil und Leseverständnis werden gegeben, damit nicht nur Fehler im Bereich von Lexik und Grammatik bewertet werden. Weitere Hinweise zur Bewertung der Ergebnisse, siehe Hb 1, S. 22.

Diktate

In Band 3 dienen die Diktate nicht mehr in erster Linie dem Training der Orthographie, sondern der Entwicklung des Hörverstehens und der adäquaten Wiedergabe von Inhalten.

Ablauf der Arbeit mit den Diktaten:
L nennt das Thema, fasst den Inhalt kurz zusammen und erklärt eventuell unbekannte Wörter.
Als nächstes liest L das Diktat einmal vor, ohne dass die KT sich dabei Notizen machen. Sie sollen sich zunächst nur auf das Hörverstehen konzentrieren. Anschließend liest L den Text in Sinneinheiten von möglichst gleicher Länge jeweils zweimal vor. Die KT sollen dabei nicht nachfragen, wenn sie etwas nicht verstanden oder behalten haben, sondern es aus dem Kontext sinngemäß erschließen. (Die Länge der einzelnen Segmente kann gesteigert werden, wenn der Inhalt nicht zu komplex, bzw. die einzelnen Wörter nicht zu lang sind.)

Wenn der ganze Text diktiert ist, bekommen die KT etwa fünf Minuten Zeit, um sich das Diktat noch einmal durchzulesen und auf Fehler zu kontrollieren. Anschließend liest es L noch ein zweites Mal vor und gibt den KT ungefähr 3 Minuten Zeit, damit sie letzte Korrekturen durchführen können.

Bei der Bewertung gibt es für jede Sinneinheit 5 Punkte. Dabei wird Textverständnis höher bewertet als orthographische Richtigkeit. Z.B. werden von den fünf Punkten nur einer oder zwei gegeben, je nachdem wie stark der Sinn des jeweiligen Segments entstellt oder der Inhalt verstümmelt ist. Orthographische Fehler, die das Verständnis nicht beeinträchtigen, werden dagegen nur als halbe Fehler gerechnet, verständniserschwerende Fehler als ganze.

Hörverstehenstexte

Anders als im Lb werden im Hb neben den Kontrollübungen überwiegend Sachtexte zum Hörverstehen angeboten, die L als Übung zur Textwiedergabe nutzen kann. Dadurch soll den KT die Möglichkeit gegeben werden, sich noch intensiver auf die Anforderungen der Zertifikatsprüfung vorzubereiten. Damit sich die KT die Texte nicht vorab besorgen und sich dadurch gegenüber anderen Vorteile verschaffen können, sollte L die Quelle möglichst nicht erkennen lassen und eventuell die jeweiligen Texte aus dem Hb herauskopieren.

Vor der ersten Textwiedergabe sollte das im Zwischenkapitel „Eine Fremdsprache lernen (XI)" zu Notizentechnik und Textrekonstruktion Gesagte gemeinsam erarbeitet werden (s. Lb, S.73). Vor dem ersten Hören kann L schwierige oder unbekannte Wörter an die Tafel schreiben und erklären.

Zur Selbstkorrektur bei schriftlichen Textwiedergaben sollte L vor dem Schreiben im Zwischenkapitel „Eine Fremdsprache lernen (XII): Selbstkorrekturen bei schriftlichen Textwiedergaben" die Aufgaben I. a)-c) mit den KT erarbeiten und nach dem Schreiben II., III. und IV. (s. Lb, S.105).

> Die Texte zu den Hörverstehensaufgaben befinden sich nicht auf der Kassette, sondern sind im Hb nach den Lösungsschlüsseln zu den Kontrollübungen abgedruckt und werden von L vorgelesen.

Ablauf der Arbeit mit den Hörverstehenstexten:
Nach dem ersten und zweiten Hören vergleichen die KT im Plenum

ihre Notizen und diskutieren, ob und wie diese eventuell noch weiter reduziert werden können. Etwa fünf Minuten vor Abgabe der Texte sollen die KT sie noch einmal anhand der Lernhilfe „Tempo kom(m) vor An(n)a" (s. Lb, S.105) auf Fehler überprüfen.

Anschließend sammelt L die Textwiedergaben ein und verteilt die fotokopierten Originaltexte an alle KT. L liest die Textwiedergaben zu Hause durch, um sich einen ungefähren Überblick über die Leistungen der KT zu verschaffen. Am nächsten Unterrichtstag gibt L die Arbeiten unverändert an die KT zurück und bittet sie, anhand des Originals zu versuchen, möglichst viele Fehler zu korrigieren. Dieses Fehlererkennen betrifft in erster Linie inhaltliche, orthographische und grammatische Fehler. Kaum möglich sind Eigenkorrekturen im lexikalischen Bereich. Hier muss L bei der anschließenden Korrektur Verbesserungen und Vorschläge anbieten. Als Anreiz, damit sich die KT besondere Mühe geben, kann L anbieten, die Note anzuheben, wenn viele der Fehler von den KT selbst gefunden und korrigiert werden.

Zusätzlich kann L Fehlersuchübungen machen und für alle kopieren. Dazu schreibt L typische und häufige Fehler aus den Textwiedergaben der KT auf die linke Hälfte einer DIN A4-Seite und kopiert sie entweder für alle oder für Teams von 2-3 KT. Sie sollen dann unterstreichen und eventuell auch begründen, was falsch ist, und auf die rechte Hälfte der Seite mit Bleistift schreiben, wie es richtig heißen müsste. Im Plenum werden dann Lösungen und Alternativen besprochen.

Durch diese Aktivitäten stärken die KT ihr grammatisches und lexikalisches Wissen und machen langfristig weniger Fehler. An den Fehlerstatistiken der KT, die unter jeder Textwiedergabe stehen sollten, können L und KT den Stand der Leistungen sowie den Lernfortschritt feststellen und gezielte Übungen anschließen.

Diese Art der Eigentätigkeit wird von vielen KT, die an einen traditionelleren Unterricht gewöhnt waren, oft nicht gleich akzeptiert, weil sie der Meinung sind, dass L allein für die Korrekturen zuständig ist. L sollte ihnen klarmachen, dass sie durch eigenes Fehlerfinden die Chance bekommen, ihre Note zu verbessern und durch ihre gründliche Kontrolle den Lerneffekt vervielfachen können. Frustrationen kann es zunächst bei den KT geben, wenn sie bei den ersten Texten nur wenige Fehler entdecken. Die Quote bessert sich aber erfahrungsgemäß im Lauf des Kurses oft in erstaunlichem Maß, und das sollte L auch zur Motivierung hervorheben.

Das Ziel der eigenverantwortlichen Arbeit – nicht nur im Bereich der Texproduktion – ist, die KT langfristig autonom und unabhängig von L zu machen und sie zu befähigen, die Hilfen zur Selbsthilfe auch nach dem gesteuerten Unterricht anzuwenden.

Detailhinweise zu Lektion 21:
Begegnungen
Situationen – Texte – Redemittel

1. Ein Land mit fremden Augen sehen
Die KT sollen die Fotos jeweils mit ihrem Heimatland vergleichen und zunächst in Partnerarbeit, dann im Plenum darüber berichten.

Foto A: In den letzten Jahren sind die Radwege in vielen Städten weiter ausgebaut worden, so dass ein relativ gefahrloses Radeln möglich ist.

Foto B: Typisch für Wohngebiete besonders in den Vororten und auf dem Land sind Zäune, die die Grundstücke bzw. die Vorgärten von den Gehwegen abtrennen. Die Vorgärten werden liebevoll gepflegt. Besonders in Süddeutschland gehört es zu den Pflichten der Bewohner, auch den Gehweg vor dem Grundstück einmal in der Woche am „Kehrtag" zu säubern.

Foto C: In vielen Teilen Deutschlands findet man solche Fachwerkhäuser, die zum Teil noch aus dem späten Mittelalter stammen. Für Erhalt und Restauration der Gebäude gibt es Zuschüsse vom Staat, wenn die Architektur wertvoll ist. Besonders alte oder schöne Häuser stehen auch unter Denkmalschutz, d.h. dass alle Veränderungen nur mit Genehmigung der Behörde (des Denkmalamtes) durchgeführt werden dürfen.

Foto D: Durch viele – und manchmal auch zu viele – Schilder, Ge- und Verbote versucht man in Ⓓ Ⓐ ⒸⒽ , den Verkehr zu regeln. Die Verkehrsteilnehmer halten sich meistens an die Vorschriften, auch weil sie sonst hohe Geldstrafen zahlen müssen.

Foto E: Die öffentlichen Verkehrsmittel sind im Allgemeinen sehr pünktlich. Aber besonders bei Fernzügen gibt es aufgrund von Unfällen oder schlechtem Wetter auch Verspätungen.

Foto F: Moderne Väter versuchen heutzutage, mehr Zeit für ihre Kinder einzuplanen und sie auch in ihre sportlichen Aktivitäten miteinzubeziehen. Hausmänner, also Männer, die die Kinder erziehen und den Haushalt führen, während die Frau berufstätig ist, sind aber immer noch die Ausnahme.

Foto G: Liebespaare können sich in Ⓓ Ⓐ ⒸⒽ auch in der Öffentlichkeit küssen, ohne dass jemand daran Anstoß nimmt.

Foto H: Hunde haben in Ⓓ Ⓐ ⒸⒽ meist ein gutes Leben. Besonders Stadthunde leben in den Wohnungen, fahren in Autos mit, werden in den meisten Restaurants geduldet und mit teurem Dosenfutter gefüttert. Ständig gibt es Ärger wegen des Hundekots auf Gehwegen, den die Besitzer eigentlich beseitigen müssten. Hunde sind besonders für allein lebende alte Leute häufig Ersatz für fehlende Kontakte.

Foto I: Müllvermeidung und Mülltrennung wird in Ⓓ Ⓐ ⒸⒽ sehr ernst genommen. Es gibt überall Container für Glas, Papier, gebrauchte Kleidung und für Schuhe.

5. d) 3. Rollenspiele
Im Anschluss an die Partnerarbeit kann L zwei Spieltelefone verteilen und die KT sich gegenseitig zum Essen, zu einem Fußballspiel, zu einer Party oder in eine Kneipe einladen lassen.

7. Kann man das Kennenlernen lernen?
L kann den Cartoon auch als Sketsch in Partnerarbeit und im Plenum spielen lassen.

8. Frisch gewagt ist halb gewonnen
b) In der Regel schreiben die KT beim Notizenmachen zu viel mit. Nachdem sie selbständig Notizen zu den gehörten Kennenlern-Episoden gemacht haben, sollte L das folgende Beispiel über OH-Projektor projizieren oder für alle KT kopieren. Die KT sollen sie dann mit den eigenen Notizen vergleichen und Unterschiede benennen. L kann dazu wichtige Punkte von „Eine Fremdsprache lernen" (XI), Lb, S.73, thematisieren.
Anschließend können die Notizen der KT zu den weiteren drei Episoden verglichen und evtl. gekürzt werden. Danach sollen die KT jeweils eine Episode auswählen und sie anhand ihrer Notizen mündlich oder schriftlich wiedergeben.

Jan (Zeile 19 - 25): Er -Traumfrau - in Str.bahn - mit Auto nebenher - als - sie - umsteig. wollte - er - nach Fahrk. gefragt- sie - gezeigt - er - s. angeseh.:„umsteig.? - Glück - Karte gültig - mit mir weiterf." - sie - gezög. - aber eingest.	sitzen sehen als - n.fuhr frech vor sie hingestellt zwar etwas

10. Interkulturelle Begegnung
In Ⓓ Ⓐ ⒸⒽ: L kann die reflexiven Verben unterstreichen und an die Tafel schreiben lassen.
Anschließend stellen sich die KT Fragen mit diesen Verben und beantworten sie mit persönlichen Informationen (Partnerarbeit und im Plenum).
b) Zu *Freund/Freundin* vgl. Lb 1, Lektion 9, STR 8., dazu Hb1, S.129.

11. Freunde
L diktiert die folgenden Wörter. 1 KT schreibt an der verdeckten Tafel mit.
Leben, sinnlos, Freund, wahr, wertvoll, Geschenk, teilen, Vergnügen, tief, Verständnis, Kommunikation,Unterstützung, kaufen

Anschließend ergänzen die KT die Genus- und Pluralformen der Nomen und vergleichen mit dem, was an der Tafel steht. Danach zeichnet L drei Spalten wie im Beispiel an die Tafel und bittet die KT, sie ebenfalls auf ein Blatt zu zeichnen. Nun sollen die KT Wortfamilien zu den diktierten Wörtern bilden (auch Komposita) und sie in die drei Spalten eintragen. Wer in ca. fünf Minuten die meisten gefunden hat, liest vor. Danach ergänzen die übrigen KT noch nicht genannte Wörter. 1 KT schreibt sie in die Spalten an der Tafel.

Nomen	Verben	Adjektive
s Leben,-	*leben*	*lebendig*
e Lebensdauer	*überleben*	*belebt*
s Lebensmittel,-	*sich einleben*	*lebensfroh*

12. Multikulturelle Gesellschaft

Der Vater von Herrn Alvasier kommt aus dem Jemen, dem Süden der arabischen Halbinsel. Die Hauptstadt ist Sana. Seine Mutter kommt aus dem Sudetenland, Gebiet im heutigen Tschechien um die Stadt Reichenberg.

Wenn die Transkription der Diskussion fotokopiert wird, kann L als zusätzliche Aufgabe alle Formulierungen unterstreichen lassen, die eine Meinungsäußerung einleiten. Anschließend Vergleich mit den Vorgaben im „Kommunikationszentrum", Lb, S. 21.

Phonetik

1. Artikulation und Lippenstellung bei Vokalen

Die unterschiedliche Formung der Lippen wird auch mit dem Gegensatzpaar rund : gespreizt bezeichnet. Wichtig bei gerundeten Lippen ist das gleichzeitige Vorstülpen wie bei einem Kuss.
Wenn die KT die Lippen richtig vorstülpen, folgt die richtige Rundung fast automatisch. Um ein Gespür für diesen Unterschied zu erzeugen, kann L jeweils Beispielpaare von gerundeten und ungerundeten Vokalen vorsprechen und nachsprechen lassen: Zahl – Rom, danke – Ost ...
Noch besser sind Minimalpaare:

Rahm – Rom, Gras – groß, Hase – Hose ...
Ast – Ost, Dach – doch, Kamm – komm ...
lesen – lösen, Herd – hört ...
Seele – Säle, legen – lägen ...
spielen – spülen, vier – für ...
Gericht – Gerücht, Kissen – küssen ...

Hier einige Beispiele von Schülerzeichnungen:

Grammatik

Positionen im Satz: Komplexe Sätze

1. „Das fiel mir in Ⓓ Ⓐ ⒞ℌ auf."
c) Weil es bei doppelten Nebensätzen oft zu Fehlern bei der Position der Satzteile kommt, kann L anhand des folgenden Beispiels auf eine wichtige Syntax-Regel hinweisen:
Mir ist aufgefallen,
dass junge Leute viel Freiheit haben und
(dass) auch junge Mädchen abends oft alleine weggehen.

Identische Rahmenwörter sowie (referenz)identische Subjekte können wegfallen. Die Position der übrigen Satzteile **bleibt aber unverändert!**
Z.B.: Mir ist aufgefallen, dass junge Leute viel Freiheit haben und
(dass sie) sie auch nutzen.

Temporale, kausale, modale und lokale Angaben

3. Kurze Begegnung auf der Straße
c) L kann die KT bitten, auf einem Din A 4-Blatt ein großes, Tee trinkendes Kamel zu zeichnen - eventuell auch in Partnerarbeit. Freiwillige können ihre Kamele im Plenum zeigen. Anschließend werden die Bücher geöffnet, damit der didaktische Hintergrund für das Te(e) ka m(e) l deutlich wird.

L kann anhand der folgenden Beispielsätze
Ich wohne in Heidelberg. Er besucht mich morgen in Heidelberg.
noch einmal auf den Unterschied zwischen Angaben und Ergänzungen (vgl. auch Lb 1, L. 7, Gr 6 und 7) hinweisen. Im ersten Satz handelt es sich um eine Ergänzung, weil *in Heidelberg* für einen grammatisch kompletten Satz obligatorisch ist. Im zweiten Satz dagegen sind *morgen* und *in Heidelberg* für einen grammatisch kompletten Satz nicht obligatorisch. Die Formulierung 'Angaben sind weglassbar' ist irreführend, weil sie unter kommunikativem Aspekt natürlich wichtig und oft nicht weglassbar sind.

L sollte bei den Modalangaben darauf hinweisen, dass alle Angaben, die nicht temporal, kausal oder lokal sind, unter den modalen zusammengefasst werden. Auf diese Weise können für die KT nicht relevante linguistische Differenzierungen vermieden werden.
Bei mehreren Angaben in einem Satz kann die Position – je nach kommunikativer Gewichtung – verändert werden. Einige Varianten kann L anhand der folgenden Übersicht vorstellen.

Mögliche Positionen der Angaben im Mittelfeld

Satzrahmen

Vorfeld	V1	definite Ergänzungen (NAD)	Ang.	indefinite Ergänzungen (NAD)	*nicht*	$E_{Dir}/E_{Sit}/E_{Qual}$ usw.	V2	Nachfeld

Vorfeld	V1	Ang.	$E_{N/n*}$	Ang.	E_a	$E_{D/d}$	Ang.	E_A	Ang.	V2	Nachfeld
Vielleicht	will	heute	Tobias			Asiye		die Fotos		geben	
Vielleicht	will		er	heute		Asiye		die Fotos		geben	
Vielleicht	will		er			ihr	heute	die Fotos		geben	
Vielleicht	will		er		sie	ihr	heute			geben	
Vielleicht	will		er			ihr		die Fotos	heute	geben	

* n,a,d als Kleinbuchstaben bedeuten: Die Ergänzungen sind Pronomen.

Angaben (Ang.) können nicht vor Ergänzungen in Form von Personalpronomen und *man* stehen. Sie können nur vor Personalpronomen stehen, wenn diese einen Kontrastakzent tragen:

Normalerweise spielt immer <u>er</u> im Doppel,
aber vielleicht kann heute <u>sie</u> spielen.

L kann hier anhand der Beispiele noch einmal klären, dass die Angaben in der Regel das rechts von ihnen Stehende näher bestimmen. In einem Satz mit normaler Intonation stehen die Angaben in der Regel rechts von den definiten und links von den indefiniten Kasusergänzungen.

Verlangt das Verb eine Dativ- und eine Akkusativergänzung, kann die Angabe – wiederum im unmarkierten Satz – dazwischen stehen, und zwar unabhängig davon, ob die Ergänzung definit oder indefinit ist, weil die Regel 'Dativergänzung vor Akkusativergänzung' dominant ist.

Carlos schreibt	*seinem Bruder*	gerade	*einen Brief*	.	(def. – indef.)
Carlos schreibt	*einem Freund*	gerade	*einen Brief*	.	(indef. – indef.)
Carlos macht	*seinem Bruder*	gerade	*das Essen* warm	.	(def. – def.)
Carlos macht	*Freunden*	gerade	*das Essen* warm	.	(indef. – def.)

Präpositivergänzungen (II)

Für KT, die nicht mit STUFEN INTERNATIONAL Band 2 gearbeitet haben, kann L die dort unter „Eine Fremdsprache lernen" (VIII) S.153 aufgeführten Lernhilfen noch einmal thematisieren. Außerdem sollte L noch einmal auf die beiden Funktionen der Pronominaladverbien eingehen:

1. Vermeidung von Wiederholungen, z.B.:

Petra war unpünktlich. Über Petras Unpünktlichkeit ärgerte sich Peter.

Darüber ärgerte sich Peter.

2. Hinweis auf den Inhalt des Nebensatzes

Ich habe nicht daran gedacht, dich anzurufen.

Bei bestimmten Verben mit Präpositivergänzung
- **muss** das Pronominaladverb stehen (= **obligatorisch**)
- **kann** das Pronominaladverb stehen (= **fakultativ**) Z.B.:
Sie freut sich , dass er sie eingeladen hat.
Sie freut sich darüber , dass er sie eingeladen hat.

Einige Beispiele für obligatorische Pronominaladverbien:

Es hängt davon ab, … Es kommt darauf an, … Man muss darauf achten, …Ich habe nicht daran gedacht, … Es geht darum, … Man muss sich daran gewöhnen, …Ich rechne damit, … Ich bin dafür/dagegen, … Man muss dafür sorgen, … usw.

Einige Beispiele für fakultative Pronominaladverbien:

Ich ärgere mich (darüber), … Sie bedankte sich (dafür), … Er hat mich (darum) gebeten, … Ich kann mich nicht (daran) erinnern, … Ich muss mich (danach) erkundigen, Ich freue mich (darauf), … usw.

Kommunikationszentrum

3. Integration durch Anpassung?

Bei Interesse kann L die weitere Geschichte kurz zusammenfassen:
Der Erzähler meint, dass er seinen deutschen Bekannten nicht sagen kann, dass er sein genaues Geburtsdatum gar nicht kennt. Er beschließt deshalb, in die Türkei zu fahren, um das genaue Datum herauszufinden. Er fragt zunächst seine Mutter, die weder lesen noch schreiben kann und sich nach 16 Geburten nicht mehr genau erinnert. Er wendet sich dann an weitere Familienmitglieder, seinen ehemaligen Lehrer und den Dorfältesten. Sie alle meinen, sich an seine Geburt zu erinnern und erzählen ihm viele Geschichten aus dieser Zeit. Dadurch bekommt der Leser Einblick in die Lebensweise der Menschen in einem türkischen Dorf. Aber das genaue Datum seiner Geburt weiß keiner. Zum Schluss heißt es dann in der Geschichte:

„Trotz aller meiner Bemühungen ist es mir nicht gelungen herauszufinden, wann ich geboren wurde. Ich bin wie alle Deutschen von einer Mutter geboren worden. Ich hoffe, dass das reicht, um integriert zu werden. Geburtstag zu feiern, wie die Deutschen das tun, habe ich sowieso keine Lust."

Zum Autor: Sinasi Dikmen, geboren 1945 in der Türkei, ist seit 1972 in Deutschland und lebt in Ulm. Er war lange Krankenpfleger, hat zahlreiche Erzählungen in Zeitschriften veröffentlicht und Kabarett gemacht.

Aktivitäten

3. Gestik – Mimik

Kettenübung in Ⓓ Ⓐ ⒸⒽ L kann die KT jeweils eine Geste machen lassen. Die übrigen müssen raten, was diese Geste bedeutet. Wer die Bedeutung fehlerfrei formuliert hat, macht eine im eigenen Heimatland typische Geste vor und lässt die anderen raten usw.

Weitere Übungen und Spiele

1. Zu 5.: Kontakte knüpfen (Gestik-Mimik-Rollenspiel)

1. Zwei Freiwillige – eine Kursteilnehmerin und ein Kursteilnehmer – bekommen je ein Kärtchen, auf dem steht:
Lesen Sie die folgende Beschreibung, und spielen Sie die Situation dann ohne Worte, also nur mit Gestik und Mimik:

- Ihr fällt die Handtasche (einige Bücher/Hefte usw.) auf den Boden. Er kommt dazu und hilft ihr, alles aufzuheben.
Sie bedankt sich bei ihm.

- Er möchte sie zu einer Tasse Kaffee einladen.
Sie zögert, weil sie wenig Zeit hat.
Er überredet sie. Sie geht schließlich mit.

2. Die Gruppe beschreibt diese kleine Szene schriftlich. Einige Texte werden vorgelesen und besprochen.

3. Die Gruppe sammelt Redemittel für die folgenden Sprechanlässe in der gespielten Szene: *sich bedanken und darauf reagieren, einladen, zögern, überreden, einverstanden sein*

4. Ein Kursteilnehmer und eine Kursteilnehmerin spielen die Szene mit Worten.

2. Rollenspiel 1

L zeichnet zwei Strichmännchen an einer Haltestelle an die Tafel. Eine KT und ein KT bekommen 2 Kärtchen mit der folgenden Situationsbeschreibung:
Sie fragt ihn, welche Linie zum Bahnhof fährt. Er sagt, dass er auch zum Bahnhof will. Sie kommen ins Gespräch. Er möchte sie gern wiedersehen. Sie verabreden sich./Sie lehnt mit einer freundlichen Begründung ab.

3. Rollenspiel 2

KT1 und KT2 bekommen 2 Kärtchen mit der folgenden Situationsbeschreibung:
KT1 sitzt in einem Café allein an einem Tisch.
KT2 fragt, ob noch ein Platz frei ist, setzt sich, bestellt einen Kaffee, holt einen Stadtplan aus der Tasche, sucht etwas darauf und fragt schließlich KT1, ob er/sie weiß, wo die X-Straße ist.
KT1 erklärt den Weg und stellt dann Fragen zum *Woher* und *Wohin* von KT2.
KT2 muss eine möglichst absurde oder abenteuerliche Geschichte als Grund für die Suche nach der X-Straße finden und KT1 von der Wahrheit der Geschichte überzeugen.

Grammatik

4. Was passt zusammen? (Präpositivergänzungen)

Die Klasse wird in fünf Gruppen aufgeteilt. Jede Gruppe bekommt von L 10 Kärtchen mit Verben und 10 Kärtchenl mit dazu passenden Präpositionen, die sie so schnell wie möglich einander zuordnen soll.
Die Gruppe, die zuerst fertig ist, hebt die Hand. Nachdem auch die anderen Gruppen die Aufgabe gelöst haben, liest ein Mitglied der ersten Gruppe die Verben vor und lässt die übrigen die richtige Präposition nennen. Wer sie als erster richtig gesagt hat, bekommt einen farbigen Zettel. Wer am Ende die meisten hat, ist „Präpositiv-König".

5. Indiskrete Fragen (*weil*-Sätze)

KT1 lädt KT2 in die Disko ein. Sie lehnt ab. Er stellt möglichst viele Fragen mit *warum*, die sie mit realen Gründen oder mit Fantasie beantwortet.

6. Gedächtnistraining (*dass*-Sätze)

In Ⓓ Ⓐ ⒸⒽ: KT1 sagt, was ihm/ihr in Ⓓ Ⓐ ⒸⒽ aufgefallen ist bzw. was er/sie über Ⓓ Ⓐ ⒸⒽ gehört hat und wirft ein kleines Stofftierchen oder einen kleinen Ball zu KT2.
KT2 muss das von KT 1 Gesagte wiederholen und einen weiteren Satz hinzufügen.
Z.B.: *KT1 ist aufgefallen, dass … , und mir ist aufgefallen, dass …*
Wenn KT2 keinen Fehler gemacht hat, weiter wie oben. Bei einem Fehler gibt KT2 den Ball nach rechts oder links ab und scheidet aus.

7. Guter Rat ist billig (Präpositivergänzungen)

KT1 wirft den 'Ball' zu KT2 und gibt ihr/ihm einen guten Rat, wie man am Kursort Kontakt finden kann. Alle Ratschläge müssen wie folgt beginnen: *Versuch doch mal,* und danach kommen die individuellen Ratschläge mit Verben und Präpositivergänzung (eventuell bei geöffneten Büchern, S. 19). Z.B. *Versuch doch mal, Leute zum Kochen einzuladen.*
KT2 wirft den Ball an KT3 mit einem weiteren Ratschlag.
Wer keine Empfehlung geben kann, gibt den Ball ab und scheidet aus.

Kontrollübungen zu Lektion 21

Name: Datum: Beginn des Tests: Uhr	

1. Was kann man statt der unterstrichenen Satzteile auch sagen?

1. Ich komme aus Afrika, <u>und zwar</u> aus Nigeria. _______________________ 1+0,5

2. Ich <u>fragte nach</u> dem Weg. _______________________ 1+0,5

3. <u>Glücklicherweise</u> konnten viele Leute Englisch. _______________________ 1+0,5

4. Ich <u>war nicht in Eile.</u> _______________________ 1+0,5

5. Die Fahrt dauerte <u>90 Minuten.</u> _______________________ 1+0,5

6. Ich <u>bemerkte</u>, dass es in Heidelberg kälter war. _______________________ 1+0,5

9 P.

2. Ergänzen Sie verschiedene Verben oder verbale Ausdrücke aus dem Wortfeld *„sehen"*

1. Als Nworah in Frankfurt ankam, _____________ er, dass die Leute wärmere Kleidung trugen   1

als er. 2. Er nahm einen langsamen Zug nach Heidelberg, weil er sich die Landschaft

_____________ wollte. 3. Während der Fahrt _____________ er, dass sich die Leute nicht   1+1

_____________, sondern interessiert aus dem Fenster hinaus_____________. 4. Nur ein   1+1

kleines Mädchen _____________ ihn fasziniert _______. 5. Die Mutter sagte entschuldigend: 1

„Meine Tochter hat noch nie einen Afrikaner _____________ und sie fragt sich sicher, warum   1

Sie so anders _____________ ."   1

8 P.

3. Was können Sie sagen, ...

1. wenn Sie Ihre Vermieter einladen möchten?

Ich möchte am kommenden Samstagabend etwas typisch Chinesisches kochen und __________

____   1+1+1

2. wenn Sie einen Freund, der zögert, überreden wollen, zu Ihrer Party zu kommen?

____   1+1+1

3. wenn eine ältere Nachbarin Sie einlädt und Sie die Einladung nicht annehmen können?

____   1+1+1

9 P.

4. Diskussionsformeln. Schreiben Sie jeweils eine Variante zu den folgenden Diskussionsformeln auf.

1. <u>Ich meine,</u> das ist eine gute Idee. oder: _______________________   0,5+0,5

2. <u>Das ist richtig!</u> oder: _______________________   0,5+0,5

3. Widersprechen: <u>Das stimmt so nicht!</u> oder: _______________________   0,5+0,5

3 P.

5. Markieren Sie die Sprechmelodie mit ↓ , ↑ oder → bei normaler Intonation.

1. Zu einem alten Araber kamen drei junge Leute (   ) und fragten (   ):   0,5+0,5

2. „Lieber Freund (   ), wie geht es dir (   )?"   0,5+0,5

3. „Danke gut. (   ) Und dir (   )?"   0,5+0,5

4. „Leider nicht so gut (   ), weil unser Vater gestorben ist." (   )   0,5+0,5

4 P.

6. Was fällt Ausländern in Deutschland oft auf? Machen Sie aus den Vorgaben komplexe Sätze.

1. Ausländern fällt auf, dass ____

____

(sich einladen/zu Kaffee und Kuchen/die Leute/nachmittags/oft)

2. Ihnen fällt auf, dass ____

____

(wegen der geschlossenen Geschäfte/sieht/abends/man/in den meisten Innenstädten/nur wenige Leute)

3. Sie wundern sich darüber, dass

____

(bei Rot/die meisten Leute/warten/an den Ampeln//kein Auto/auch wenn/kommt)

1+1+1

1+1+1

1+1+1

9 P.

7. Formen Sie die folgenden Sätze mit Genitivpräpositionen um.

1. Während er in Lagos studierte, lernte er Deutsch.

____

2. Obwohl seine Aussprache schlecht war, verstanden ihn die Leute in Frankfurt.

____

3. Weil er nur leicht gekleidet war, fror er.

____

1+1+1

1+1+1

1+1+1+1

10 P.

8. Ergänzen Sie die Präpositionen.

Verena (V) trifft ihre peruanische Freundin Teresa (T).

1. V: Hallo Teresa.
2. T: Hallo Verena! Du kommst gerade richtig! Ich wollte dich _______ Hilfe bitten. Du musst mir unbedingt _______ einem Problem helfen. Ich bin nämlich _______ einen ganz tollen Typ verliebt.
3. V: Und wo ist da das Problem?
4. T: Ich weiss nicht, was ich jetzt machen soll.
5. V: Na ja, da hab' ich natürlich auch kein Patentrezept, aber vielleicht kannst du dich ja mal _______ ihm verabreden oder ihn _______ irgendetwas einladen.
6. T: Und worüber soll ich _______ ihm reden?
7. V: Was weiß ich? Unterhalte dich _______ ihm _______ seine Hobbys, oder erzähl ihm was _______ dein Heimatland. Da fällt dir sicher was ein.
8. T: Das glaube ich nicht. Ich bin einfach zu schüchtern und daran gewöhnt, _______ die Initiative von einem Mann zu warten.
9. V: Ja soll *ich* denn _______ ihm sprechen?
10. T: Nein, nein! Vielleicht interessiert er sich am Ende dann _______ dich.

1

1+1

1+1

1

1+1

1

1

1

1

12 P.

9. Ergänzen Sie die folgenden Partikeln jeweils einmal: *denn, doch, eigentlich, einfach, mal, schon*

1. Tobias: Sag __________, Nworah, hast du dich _____________ hier schon eingelebt?   1+1
2. Nworah: Ja ___________, aber manchmal fühle ich mich __________ noch ein bisschen fremd.   1+1
3. Tobias: Wie meinst du __________ das?   1
4. Nworah: Na ja, ich habe oft das Gefühl, dass ich _____________ nicht dazugehöre.   1

6 P.

10. Freundschaft

a) Lesen Sie zuerst den Text: „Hast du morgen schon was vor?"
    Stört es Sie, wenn jemand nicht gleich sagt, was er will?

Ina Jäger

Johann Arian

Ja, vor allem, wenn es Leute sind, die mit dieser Frage nur klären wollen, ob ich beim Umzug oder als Babysitterin helfen kann.
Hab' ich erst mal zugegeben, dass ich nichts vorhabe, wird es meist schwierig, noch nein zu sagen. Was nicht heißt, dass ich Freunden nicht helfen würde. Aber es ärgert mich, auf diese Weise gefragt zu werden. Ich möchte aber auch nicht nur aus Vorsicht immer gleich sagen, ich hätte schon was vor, denn dann könnte ich ja auch nette Einladungen etwa zu einer Party, zum Abendessen oder ins Kino nicht annehmen.
Meiner Meinung nach ist es besser, wenn ein Angebot oder die Bitte um Hilfe direkt kommt und nicht erst, wenn die anderen schon wissen, ob man Zeit hat oder nicht. Meistens steckt nämlich irgendeine Absicht hinter dieser Frage.

Nein. Was sollte mich an so einer harmlosen Frage stören? Es ist doch ganz sinnvoll, wenn mich jemand erst mal fragt, ob ich überhaupt Zeit habe, bevor er mir lang und breit erklärt, worum es geht und dann vielleicht hört, dass ich schon feste Pläne habe.
Außerdem glaube ich nicht von vornherein, dass Freunde und Bekannte mich nur bei unangenehmen Sachen brauchen. Im Normalfall rechne ich bei so einer Frage mit dem Vorschlag, gemeinsam ins Kino oder Café zu gehen.
Und selbst wenn ich dann erfahren sollte, dass man mich bloß zum Arbeiten engagieren wollte, kann ich immer noch nein sagen. Etwa mit der Begründung: Ich hätte zwar gern etwas mit dir zusammen gemacht, aber zum Arbeiten habe ich ehrlich gesagt keine Lust.

b) Beantworten Sie die folgenden Fragen zum Text.
1. Wer von beiden sieht Freunde positiver? Begründen Sie Ihre Meinung.

<u>LV:</u>   <u>A/Gr.</u>

Ich meine, ____________________ sieht Freunde positiver, ____________________   1
weil ____   1   1
dass ____   1   1+0,5+0,5

2. Unter welcher Bedingung würde Ina Freunden auch bei unangenehmen Dingen helfen?
Wenn ____   2   1+0,5+0,5

3. Wofür sind Freunde für Johann vor allem da?
Ich glaube, dass Freunde für ihn in erster Linie wichtig sind, ____________________
____   2   1+0,5+0,5

7 P.   **7 P.**

11. Kontakte knüpfen

Schreiben Sie eine kurze Geschichte, und zwar zu jedem Bild einen komplexen Satz
mit Rahmen- oder Brückenwörtern/Subjunktoren oder Konjunktoren.

1 2 3 H 4 H

St: A/Gr:

1.____

1+0,5+0,5

1   0,5+0,5

2.____

1+0,5+0,5

1   0,5+0,5

3.____

1+0,5+0,5

1   0,5+0,5

4.____

1+0,5+0,5

1   0,5+0,5

4 P.   12 P.

Insgesamt: 100 P.

Wie viel Zeit haben Sie gebraucht? __________ Minuten.

Lösungsschlüssel zu den Kontrollübungen

1. Was kann man statt der unterstrichenen Satzteile auch sagen?

1. genauer gesagt/das heißt 2. erkundigte mich (nach) 3. Zum Glück/Gott sei Dank 4. hatte es nicht eilig 5. anderthalb/eineinhalb/einundeinhalb Stunden 6. stellte fest

2. Wortfeld *sehen*

1. bemerkte/sah   2. ansehen   3. bemerkte, ansahen, (hinaus)sahen 4. starrte ... an 5. gesehen, aussehen

3. Was können Sie sagen?
Mögliche Varianten:

1. und würde/möchte Sie gern (dazu) einladen. 2. Komm doch auch!/Versuch doch mal, ob's nicht doch geht! 3. Es tut mir (sehr) Leid, aber am Samstag haben wir Besuch./geht es leider nicht./habe ich schon etwas vor. (Trotzdem vielen Dank für die Einladung.)

4. Diskussionsformeln
Mögliche Varianten:

1. Ich bin der Meinung/der Ansicht/der Auffassung, ... /Ich finde/glaube/denke, ... 2. Das finde/meine/glaube/denke ich auch. Genau./Ganz recht./Eben./Richtig./Der Meinung/Ansicht/Auffassung bin ich auch. 3. Da bin ich anderer Meinung./Das finde ich nicht!/Das kann man so nicht sagen.

5. Sprechmelodie und Satzakzent
1. Zu einem alten Araber kamen drei junge Leute (→) und fragten (↓):
2. „Lieber Freund (→), wie geht es dir (↓)?"
3. „Danke gut (↓). Und dir (↑)?"
4. „Leider nicht so gut (→), weil unser Vater gestorben ist (↓)."

6. Was fällt Ausländern auf?
1. ... dass sich die Leute/dass die Leute sich/nachmittags oft zu Kaffee und Kuchen einladen.
2. ... dass man abends wegen der geschlossenen Geschäfte in den meisten Innenstädten nur wenige Leute sieht.
3. ... dass die meisten Leute bei Rot an den Ampeln warten, auch wenn kein Auto kommt.

7. Umformungen mit Genitivpräpositionen
1. Während seines Studiums (in Lagos) ...
2. Trotz seiner schlechten Aussprache ...
3. Wegen seiner leichten Kleidung ...

8. Präpositivergänzungen
2. (bitten) um (A), (helfen) bei (D), (sich verlieben) in (A)
5. (sich verabreden) mit (D), (einladen) zu (D)
6. (reden) mit (D)
7. (sich unterhalten) mit (D) über (A), (erzählen) über (A)
8. (warten) auf (A)
9. (sprechen) mit (D)
10. (sich interessieren) für (A)

9. Partikeln
1. mal, eigentlich
2. schon, doch
3. denn
4. einfach

10. Freundschaft
Mögliche Varianten:

1. Ich meine, Johann sieht Freunde positiver, weil er nicht glaubt, dass ihn/Freunde und Bekannte/ihn nur bei unangenehmen Sachen brauchen./dass er nur zum Arbeiten engagiert werden soll./dass er nur gefragt wird, wenn es Arbeit gibt/wenn es um Arbeit geht./dass sie ihn nur fragen, wenn sie seine Hilfe brauchen./
2. Wenn die Freunde sie direkt um Hilfe bitten würden./ Wenn man sie direkt fragen würde./Wenn sie direkt gefragt (werden) würde.
3. ... um Spaß mit ihnen zu haben./... weil er mit ihnen Spaß haben will./...weil er sich mit ihnen vergnügen will.

11. Kontakte knüpfen
Mögliche Varianten:

Zu 1.: In einem Café saß ein junger Mann, der sich für die Frau am Nachbartisch interessierte./ In einem Café wollte ein junger Mann mit einer Frau am Nachbartisch flirten, aber sie sah ihn nur fragend an./In einem Café sah ein junger Mann eine Frau (am Nachbartisch), die ihm sehr gefiel/die er sehr nett/sympathisch fand/ die er gern kennen lernen wollte.
Zu 2.: Als sie das Café verließ, folgte er ihr/ging er ihr nach/lief er ihr hinterher.
Zu 3.: An der Haltestelle wollte er sie ansprechen/wollte er etwas zu ihr sagen, aber er wusste nicht, was./aber er war wieder zu schüchtern./aber er hatte wieder keinen Mut.
Zu 4.: Schließlich fuhr sie mit dem Bus weg, und er blieb traurig an der Haltestelle zurück./und er ärgerte sich über seine Schüchternheit.

Kontrollstatistik zu Lektion 21						
Aufgabe	Punktzahl		Aufgabe	Punktzahl		Gesamtzeit:
	total	meine		total	meine	Punktzahl insgesamt: 100 Meine Punktzahl:
1	9		7	10		
2	8		8	12		
3	9		9	6		
4	3		10	14		
5	4		11	16		
6	9					

Hörverstehenstext

Partnersuche aktuell: Treffen mit einem Unbekannten

Wer allein ist, aber lieber zu zweit sein will, muss heute nicht mehr auf ein Wunder warten, sondern kann sich zu einem Treffen mit einem Unbekannten verabreden. Man braucht dazu nur etwas Mut, ein bisschen Neugier und Spaß an Überraschungen. In den USA ist dieses aufregende Gesellschaftsspiel schon lange bekannt, und es ist auch in Deutschland inzwischen immer beliebter geworden. Mitspielen kann jeder. Man muss nur zwei Leute aus seinem Bekanntenkreis zusammenbringen, die sich vorher noch nie gesehen haben und die nach einem Partner suchen.

Aber nicht nur im Freundes- oder Bekanntenkreis funktioniert dieses Spiel, sondern auch die Medien machen mit. Per Telefon, Zeitungsannonce oder durch das Radio werden Kontakte zwischen Unbekannten vermittelt. Die wenigsten erwarten dabei, gleich ihre große Liebe kennen zu lernen. Aber sie riskieren bei so einem Treffen nichts und können möglicherweise viel gewinnen.

Wie zum Beispiel der dreiunddreißigjährige Zahnarzt Mathias Berg, der sich mit der dreiundzwanzigjährigen Heike Henninger verabredete. Geplant hatte dieses Treffen ein Angestellter, der täglich zwischen der Arztpraxis und dem Dentallabor, in dem Heike arbeitete, hin und her fuhr. Er unterhielt sich öfter mit dem Zahnarzt, manchmal auch über Frauen und wusste, dass Mathias Berg gerne heiraten würde. Da dachte er, dass Heike Henninger doch vielleicht zu ihm passen könnte und organisierte ein Treffen zwischen den beiden.

Als der Zahnarzt sie dann zum ersten Mal am Hamburger Bahnhof sah, konnte er es kaum glauben, dass diese Frau auf ihn wartete. Zunächst verließ ihn sein Selbstbewusstsein, und er wollte einfach weitergehen, aber dann entschloss er sich, auf sie zuzugehen und sie anzusprechen. Sie reagierte nicht gerade begeistert, denn sie hatte sich unter der Stimme am Telefon einen ganz anderen Typ vorgestellt. Er lud sie dann zum Essen ein und obwohl es bei ihm Liebe auf den ersten Blick war, merkte er deutlich ihre Reserviertheit. Warum sie am nächsten Tag bei ihm anrief, um sich für den Abend zu bedanken, weiß sie selbst nicht mehr genau. Sie verabredeten sich danach öfter miteinander, und irgendwann stellte sie fest, dass sie sich auch in ihn verliebt hatte.

(L sollte vorausschicken, dass der folgende Text aus der Rubrik „Ratgeber Psychologie" einer Zeitschrift stammt.)

Diktat

So finden Sie leicht Freunde

Die Grundlage einer Freundschaft ist sicher gegenseitige Sympathie. Es gehört aber noch ein bisschen mehr dazu, Freunde zu gewinnen. Gehen Sie auf andere zu. Warten Sie nicht, bis man Sie anspricht oder einlädt, sondern ergreifen Sie von sich aus die Initiative, und zeigen Sie Interesse an anderen. Knüpfen Sie an Dinge an, die Ihren Gesprächspartnern wichtig sind, z.B.: „Ich fotografiere auch sehr gern. Darüber würde ich mich gern mal mit Ihnen unterhalten."

Keine Angst, das wirkt nicht zu direkt, denn jeder freut sich darüber, wenn man sich für ihn interessiert. Wenn Sie jemanden nett finden, können Sie auch ruhig ab und zu anrufen und sich zu gemeinsamen Aktivitäten verabreden. Sie sollten allerdings nicht gleich beim ersten oder zweiten Treffen nur von Ihren persönlichen Schwierigkeiten reden. Lernen Sie sich zuerst einmal besser kennen, damit Vertrauen entstehen kann. Wichtig ist auch, dass Sie sich selbst und andere positiv sehen. Dadurch entsteht von vornherein eine positive Atmosphäre.

Detailhinweise zu Lektion 22:
Lernen
Situationen – Texte – Redemittel

1. Ohne Worte

a) Nachdem die KT spontane Einfälle und Assoziationen zu dem Cartoon an der Tafel gesammelt und die Situation beschrieben haben, kann L nach der Funktion der Figuren auf den Tischen fragen. Sie sollen herausfinden, dass die Attrappen einerseits die Kreativität und den Einfallsreichtum der Schüler zeigen und andererseits das Desinteresse des Lehrers sichtbar werden lassen, der nicht einmal bemerkt, dass vor ihm nur Imitationen von Schülern sitzen.

b) L kann die Klasse in vier Gruppen aufteilen und die KT möglichst viele Antworten auf die Frage sammeln lassen: „Was würden Sie in diesem Unterricht verändern?"
Die Gruppe mit den meisten Vorschlägen liest vor, und 1 KT schreibt die Vorschläge in Stichworten an die Tafel. Z.B. KT1: „Ich würde zuerst einmal die Sitzordnung verändern."
(Stichwort: 'Sitzordnung'.) Die übrigen Gruppen ergänzen dann noch nicht Genanntes.

Vorschläge, die L eventuell am Ende noch ergänzend hinzufügen kann, falls sie noch nicht von den KT eingebracht wurden:
- Angebot interessanter Materialien (Sie sollten Neugier und Interesse fördern.)
- Medieneinsatz (Video, Kassetten, Zeitungen, Zeitschriften, OHP)
- Aktivierung der Lernenden (Rollenspiele/Simulationen, sonstige Spiele zum Lachen und Spaß haben)
- Wechsel der Sozialformen (Partner-, Kleingruppen-, Plenums- und Eigenarbeit)
- Aktivierung verschiedener Lernkanäle (Mehrfach-Codierung von Lernstoff über die fünf Sinne, z.B. über Bilder, Musik, Körpersprache)
- Förderung von Eigentätigkeit und Kreativität (Referate, Projekte, Kurszeitungen, sonstige Eigentexte, auch in Gedichtform)
- Einsatz von Lernhilfen (von L – aber auch von den KT – ausgedacht, die u.a. Selbstkorrektur ermöglichen)
- Thematisierung von Lernstrategien (Austausch von Tipps und Tricks für effektiveres Lernen und Behalten)
- Einsatz alternativer Methoden

Zu dem Zeichner (weiterer Cartoon von ihm auf S. 39):
Johannes Hickel wurde 1946 in Bochum geboren und wuchs in Wien auf. Er unterrichtet Kunst und Fotografie an einem Gymnasium in Innsbruck und thematisiert in seinen Zeichnungen den Schulalltag mit Witz und z.T. schwarzem Humor. Die abgebildeten Cartoons stammen aus seinem Buch „Sanfter Schrecken – Blätter aus dem pädagogischen Alltag". Quelle und Meyer: Heidelberg/Wiesbaden 1985.

3. mensa – o Tisch

L soll die KT bitten, den Text einmal ohne Unterbrechung zu lesen und die unbekannten Wörter aus dem Kontext oder von der Wortbildung her so weit es geht zu erschließen. L kann dann das Leseverstehen überprüfen und einige wichtige Inhaltspunkte schriftlich in Kleingruppenarbeit aufschreiben lassen. Anschließend werden sie im Plenum vorgelesen und besprochen. Zusätzlich kann L den Text auch noch einmal mündlich grob wiedergeben lassen und zwar jeweils 1 - 2 Sätze pro KT.
L kann die KT dann fragen, ob sie in ihrem bisherigen Fremdsprachenunterricht ähnliche Lernmethoden kennen gelernt haben und sie berichten lassen. Anschließend kann L den berühmten lateinischen Ausspruch: *Non scolae, sed vitae discimus.* (Nicht für die Schule, sondern für das Leben lernen wir.) zur Diskussion stellen.
Zu persönlich erlebten bzw. praktizierten Lernmethoden sollen sich die KT in Aufgabe 5.c) „Lernen mit der Maus" äußern.

Zum Autor: Winston Churchill (geboren am 30. November 1874 in Oxford, gestorben am 24. Januar 1965 in London) war von 1940 bis 1945 britischer Premier- und Verteidigungsminister einer großen Koalition. Er war Motor des britischen Widerstands gegen Hitler und Initiator der „Grand Alliance" zwischen Großbritannien, den USA und der UdSSR. Im Juli 1945 erlitt er eine Wahlniederlage, war aber von 1951 bis 1955 wieder Premierminister. Seine vielen Talente als Kriegsführer, Parlamentarier, Redner, historischer Schriftsteller (Nobelpreis für Literatur 1953) und Maler machten Churchill zu einer herausragenden Persönlichkeit der britischen Geschichte.

4. Wortfeld „behalten"

L sollte darauf hinweisen, dass zwischen *sich etwas einprägen* und *sich etwas merken* kein großer Unterschied besteht, letzteres aber besonders in der gesprochenen Sprache häufiger ist. *Sich etwas einprägen* bedeutet, dass man sich intensiv darauf konzentriert, etwas dauerhaft zu behalten.

5. Lernen mit der Maus

Vorab sollten die Begriffe Multimedia und CD-ROM möglichst von den KT geklärt werden: Multimedia ist die Integration von Schrift, Bild, Ton und Video im Computer. CD-ROM (*Compact Disc Read Only Memory*) ist eine Speicherplatte, auf der Bild- und Tonsignale digital gespeichert sind (700 Millionen Bytes).

b) In schwächeren Gruppen kann L die KT die Vorgaben zunächst schriftlich in einen Dialog umformen, dann im Plenum vergleichen und mit verteilten Rollen vorlesen lassen. In Kleingruppen und im Plenum kann dann das freie Rollenspiel folgen.

c) Hier kann L eventuell zu den Lerntechniken der KT in ihrem bisherigen Unterricht Fragen stellen. Z.B.: Mussten Sie viel auswendig lernen, abschreiben, seitenweise Lückenübungen zu einer grammatischen Struktur machen, laut vorlesen, im Chor nachsprechen, übersetzen, Wörter aus Vokabelheften lernen, sich vor der Klasse abfragen lassen usw.? Wie war das Verhältnis zwischen Lehrenden und Lernenden? (autoritär/kooperativ/partnerschaftlich …?)
Wie war das Verhältnis der Lernenden untereinander? (kameradschaftlich/durch Konkurrenz bestimmt …?)

6. Superlearning

Superlearning ist der Titel eines von Sheila Ostrander, Nancy Ostrander und Lynn Schroeder im Jahre 1979 in den USA veröffentlichten Buches, das in Deutschland mit dem Untertitel „Leichter lernen ohne Stress – Die revolutionäre Lernmethode" im Goldmann Verlag (Sachbuch 980) erschienen ist. Das Super-Lernprogramm will zeigen, wie man sich selbst sinnvoll programmiert, sein ungenutztes geistiges Potential aktiviert, seine Lernkapazität um ein Mehrfaches steigert, mit Musik Sprachen lernt, sein Selbstbewusstsein aufbaut und Stress erfolgreich abbaut. Für L ist das Buch sicher informativ, allerdings sind Behauptungen und Erkenntnisse oft nicht wissenschaftlich abgesichert, z.B. wenn beschrieben wird, dass eine Lerngruppe an einem Tag 1000 französische Wörter gelernt habe.

b) Diese Übung bereitet den HV-Text c) vor. L kann die Sätze zunächst bei geschlossenen Büchern über OHP projizieren, dabei die bedeutungsähnlichen Ausdrücke am Rand verdecken und im Plenum erfragen. Anschließend kann der Text von mehreren KT vorgelesen werden.
Zur Grafik: L sollte betonen, dass diese Darstellung der Funktion der beiden Gehirnhälften nur eine sehr grobe Vereinfachung ist, da man bis heute nicht mit Sicherheit weiß, wo und wie das Gehirn Informationen genau verarbeitet. Als relativ gesichert gilt, dass durch mehrkanalige Vermittlung die Verfügbarkeit des Lernstoffs gesteigert werden kann.

c) Die KT sollten die Fragen vor dem Hören einmal durchlesen. Ebenfalls vor dem Hören sollte L darauf hinweisen, dass der Text ein Ausschnitt aus dem vom WDR produzierten Film „Superlearning – Eine Fremdsprache in acht Tagen" ist. Der Satz: „Nachdem Losanov seit 1980 keine Ausreiseerlaubnis mehr erhält", trifft heute nicht mehr zu. Seit Ende der achtziger Jahre hat er zahlreiche Seminare und Workshops über Superlearning unter anderem in der Schweiz, in Deutschland, England und in den USA abgehalten.

Phonetik

2. Sprechmelodie und Satzakzent
Der blaue Brief
Der Text stammt aus einer Sendereihe des Norddeutschen Rundfunks aus dem Jahr 1972 mit dem Titel „Papa, Charly hat gesagt ...". Die Texte der einzelnen Folgen wurden auch als rororo Taschenbuch in drei Bänden veröffentlicht. Im Vorwort zu Band 1 heißt es dazu: „'Papa, Charly hat gesagt ...' wurde zu einer der erfolgreichsten Sendereihen des Norddeutschen Rundfunks, ein wöchentlich wiederkehrendes Hörvergnügen. Vergnügliche und hintersinnige Dialoge, in denen ein achtjähriger Pfiffikus seinen mürrischen Vater mit einer entwaffnenden Logik und hartnäckiger Konsequenz durch Fragen zum bundesrepublikanischen Alltag in Verlegenheit bringt."
Im Anschluss an die phonetische Erarbeitung des Textausschnitts kann L die für die gesprochene Sprache typischen Reduktionen (z.B: (eine)'n blauen Brief, ich hab'(e) so '(ei)n usw.) sowie die Abtönungspartikeln heraussuchen lassen. Zum Abschluss kann L den kompletten Text abspielen. (s. Aktivitäten 5.)

Grammatik

Zeitenfolge und Positionen im Satz
Nebensätze mit Modalverben im Perfekt bzw. Plusquamperfekt

1. Erlebnis in der Schulzeit
c) L sollte noch einmal darauf hinweisen, dass das Plusquamperfekt immer einen Sachverhalt bezeichnet, der vor einem anderen in der Vergangenheit liegt (Vorzeitigkeit in der Vergangenheit). Diese Vorzeitigkeit wird immer durch Nebensätze signalisiert, die mit *nachdem* beginnen.
Z.B.: Nachdem Iliana die ganze Nacht gearbeitet hatte, war sie müde/ist sie müde gewesen. Oder: Iliana war müde/ist müde gewesen, nachdem sie die ganze Nacht gearbeitet hatte.

L kann die KT aus c) 2. dann noch einmal die Bildung des Plusquamperfekts ableiten lassen:
Präteritum von *haben* **oder** *sein* **+ Partizip Perfekt**
Bei Modalverben: **Präteritum von** *haben* **+ zwei Infinitive.**

Aktivitäten

Weitere Übungen und Spiele

1. Wortschatz-Spezialisten
L schreibt jeweils ein Wort auf 10 -15 Karteikärtchen. KT1 zieht ohne hinzusehen eins heraus und muss das darauf stehende Wort so geschickt durch Synonyme, Antonyme und Beispiele beschreiben, dass die übrigen KT es erraten können. Z.B. KT1 zieht das Wort *sich ärgern* und sagt: *„Mit welchem Verb kann man ausdrücken oder beschreiben, dass man sauer ist z.B., wenn man 5 Sekunden zu spät zur Haltestelle kommt und der Bus gerade abgefahren ist?"*
Wer das Verb zuerst richtig genannt hat, bekommt das Kärtchen. Dann zieht KT 2 das nächste Kärtchen usw. Wer am Ende die meisten Kärtchen hat, hat gewonnen.
Mögliche Wörter: *kriechen, fliehen, jemanden an etwas erinnern, skeptisch gegenüber etwas sein, jemanden überreden, widersprechen, fasziniert sein von etwas, zuständig sein für etwas ...*
r Vorteil,-e , e Gedächtnisschwäche,-n , Schuld haben an (A), langweilig, endgültig, gleichgültig, etwas ablehnen ...

2. Aufräumaktion (Passiv mit Modalverben)

L teilt die KT in zwei Gruppen, projiziert das Bild über OHP und wirft ein Papierbällchen zu KT1 aus Gruppe A. Diese(r) sagt dann, was gemacht werden muss, um das Zimmer wieder in Ordnung zu bringen. KT1 beschreibt zunächst mit einem Relativsatz, wo das jeweilige Objekt ist und was damit gemacht werden soll. Z.B. *Der Aschenbecher, der im Vordergrund auf dem Fußboden steht, muss geleert und auf den Schreibtisch gestellt werden.* Anschließend wirft KT1 aus Gruppe A das Bällchen zu KT1 aus Gruppe B usw.
Pro Satz werden an der Tafel 10 Punkte gegeben, von denen Fehler als halbe Punkte abgezogen werden. Satzbaufehler zählen als ganze Fehler. Wenn das Zimmer aufgeräumt ist, werden die Punkte an der Tafel abgerechnet.

Kontrollübungen zu Lektion 22

Name:	Datum:	Beginn des Tests:	Uhr

1. Ergänzen Sie passende Verben aus dem Wortfeld „behalten".

1. Churchill versuchte, sich die Deklination von *mensa* … ________________ 0,5+0,5

2. Der Lehrer war mit ihm zufrieden, denn er hatte alles gut … ________________ 0,5+0,5

3. Churchill hat sich immer gern an dieses Erlebnis … ________________ <u>0,5+0,5</u>

3 P.

2. Nennen Sie bedeutungsähnliche Ausdrücke.

1. Bei Tests versuchen die Schüler oft, <u>die Lehrer zu täuschen.</u> ________________ 0,5+0,5

2. Nicht alle Leute sind vom Lernen mit Multimedia <u>begeistert</u>. ________________ 0,5+0,5

3. Die meisten sind gegenüber den neuen Medien <u>misstrauisch</u>. ________________ <u>0,5+0,5</u>

3 P.

3. Ergänzen Sie die fehlenden Verben am Rand.

1. Das Gehirn … Informationen auf unterschiedliche Weise. ________________ 0,5+0,5

2. Wir müssen die Leistungsfähigkeit des Gehirns besser … ________________ 0,5+0,5

3. Bis heute weiß niemand, wie das Gedächtnis genau … ________________ 0,5+0,5

4. Man kann drei Arten von Gedächtnis … ________________ 0,5+0,5

5. Im Langzeitgedächtnis werden Informationen endgültig … ________________ <u>0,5+0,5</u>

5 P.

4. Schreiben Sie jeweils eine bedeutungsähnliche Diskussionsformel auf.

1. Bitte nicht alle auf einmal!

____ 1+0,5

2. Ich glaube, wir müssen langsam zum Schluss kommen.

____ <u>1+0,5</u>

3 P.

5. Markieren Sie die Sprechmelodie (↓ , ↑ , →) sowie die Haupt- und Nebenakzente (_ , =) in dem Gespräch zwischen Vater (V) und Sohn (S).

1. S: Charly hat gesagt, ( ) 'n blauen Brief kriegt jeder mal in seinem Leben. ( ) 0,5+0,5

0,5+0,5+0,5

0,5+0,5+0,5

2. V: Entschuldige, ( ) ich hab' nicht zugehört. ( ) Was war mit dem Brief? ( ) <u>0,5+0,5+0,5</u>

5,5 P.

6. Ergänzen Sie den folgenden Text. (Jeweils ca. 50% der Buchstaben sind vorgegeben.)

1. Der Tr______ beim Beha________ ist, troc________ Lernstoff i____ möglichst 0,5+0,5+0,5+0,5

lebe________ Bilder z____ verwandeln. 2. Dabei i____ es 0,5+0,5+0,5

gleich__________ , ob s____ über d____ Sinne aufge____________ werden 0,5+0,5+0,5+0,5

od____ Produkte d____ eigenen Fant________ sind. 3. Je biza______ die 0,5+0,5+0,5+0,5

Bil____ sind, de______ einfacher ka______ sie si____ das Ge________ merken. 0,5+0,5+0,5+0,5

4. Auch Assozi__________ zu Beka__________ können d______ Behalten för__________, 0,5+0,5+0,5+0,5

weil m______ so gespei________ Informationen leic________ abrufen ka______. <u>0,5+0,5+0,5+0,5</u>

13,5 P.

<table>
<tr><td>Name:</td><td>Datum:</td><td>Beginn des Tests:</td><td>Uhr</td></tr>
</table>

7. Ergänzen Sie (trennbare) Verben und Präpositionen.

1. Superlearning ______________ geistige Konzentration	0,5+0,5
________ körperlicher Entspannung.	0,5
2. Losanov __________ Forschungen _________ die Möglichkeiten des	0,5+0,5
stressfreien Lernens ____________.	0,5
3. Seine Methode ___________ ______ Erkenntnissen der Lernpsychologie.	0,5+0,5+0,5
4. Die linke Gehirnhälfte ist ________ Kreativität zuständig.	<u>0,5</u>
	5 P.

8. Rekonstruieren Sie Ilianas Geschichte anhand der folgenden Vorgaben.

1. nachdem – Iliana – letzten Satz – hinschreiben – ins Bett

____   1+0,5+0,5

____   1+0,5+0,5

2. plötzlich – sich erinnern – vergessen – Englischtest – vorzubereiten

____   1+0,5+0,5

____   1+0,5+0,5

3. weiterlernen wollen – aber – feststellen – nicht – sich konzentrieren

____   1+0,5+0,5

____   1+0,5+0,5

4. weil – schlecht – sich vorbereiten – schreiben – schlechten Test

____   1+0,5+0,5

____   <u>1+0,5+0,5</u>

16 P.

9. Wie kann man die folgenden Sätze auch mit dem Passiv formulieren?

1. Man sollte Lerngruppen aktiv am Unterricht beteiligen.

____   1+0,5+0,5

2. Man muss Schülern effektive Lernstrategien vermitteln.

____   <u>1+0,5+0,5</u>

4 P.

10. Drücken Sie die folgenden Sätze mit *je ... desto/umso* **aus.**

1. Wenn man oft Deutsch spricht, dann hat man weniger Sprechangst.

____   0,5+0,5+0,5

____   0,5+0,5+0,5

2. Wenn man viele Lernkanäle aktiviert, dann können Informationen dauerhafter
   gespeichert werden.

____   0,5+0,5+0,5

____   <u>0,5+0,5+0,5</u>

6 P.

11. Können wir im Schlaf lernen?
a) Lesen Sie zuerst den Text.

Bis heute konnte durch keinen der vielen Versuche bewiesen werden, dass wir es schaffen, im Schlaf eine neue Sprache zu lernen. Sie haben nur gezeigt, dass man den Schlaf für das Sprachenlernen nutzen kann. Wenn man Versuchspersonen z.B. in der Nacht ihre Lektionen von einer Kassette vorspielt, lernen sie die neuen Informationen am nächsten Tag schneller. Vieles spricht auch dafür, dass schon Gelerntes besser behalten wird, wenn man den Stoff im Schlaf noch einmal hört.

Besonders in der Traum-Phase werden die neuen Informationen im Gedächtnis gefestigt. Wenn die Versuchspersonen aber während dieser Zeit gestört werden, zeigt sich am nächsten Tag, dass sie nichts von dem Gelernten behalten haben. Eine tiefe und ungestörte Traum-Phase ist deshalb für das Gedächtnis besonders wichtig. Wer also statt zu schlafen, sich die ganze Nacht hindurch z.B. auf eine Prüfung vorbereitet, ist am nächsten Tag meist nicht klüger als zuvor.

Auch wenn es nicht möglich ist, eine Fremdsprache während des Schlafs zu lernen, meinen die Forscher, dass sich unsere Fähigkeit, schwierige Fragen zu lösen, im Schlaf verbessert. Wir können im Traum oft Lösungen oder zumindest Teillösungen finden, weil unser Unterbewusstsein an den Problemen weiterarbeitet, die uns am Tage beschäftigt haben.

b) Beantworten Sie die Fragen zu a)

1. Was haben Untersuchungen über das Lernen im Schlaf gezeigt?

Dass man ____

aber dass man z. B. ____

____

____

____

LV: 1   A/Gr: 0,5+0,5

0,5+0,5

LV: 2   0,5+0,5

2. Welche Bedeutung hat die Traum-Phase für das Lernen?

____

____

und ____

____

____

LV: 1   0,5+0,5

0,5+0,5

LV: 2   0,5+0,5

3. Wofür kann der Schlaf auch wichtig sein und warum?

____

____

____

____

0,5+0,5

LV: 2   0,5+0,5

8 P. | 8 P.

| Name: | Datum: | Beginn des Tests: | Uhr |

12. Schreiben Sie anhand der Vorgaben einen Bericht über den Buchkauf von Felix.

1. Felix – Buchhandlung – Suche nach Englischbuch – Grund
2. Angebot der Verkäuferin – Reaktion von Felix
3. Überredungsversuche der Verkäuferin – Argumente
4. Nach Ausprobieren – Felix – zurück – Bitte um Umtausch – Gründe

St: A/Gr:

1. _______________________________________

   _______________________________________   05+05+05

   ____

   _______________________________________   2   05+05+05

2. _______________________________________

   _______________________________________   05+05+05

   ____

   _______________________________________   2   05+05+05

3. _______________________________________

   _______________________________________   05+05+05

   ____

   _______________________________________   2   05+05+05

4. _______________________________________

   _______________________________________   05+05+05

   ____

   _______________________________________   2   05+05+05

                                          8.P.   12 P.

Insgesamt: 100 P.

Wie viel Zeit haben Sie gebraucht? _________ Minuten.

Lösungsschlüssel zu den Kontrollübungen

1. Wortfeld „behalten"
1. zu merken/einzuprägen 2. behalten 3. erinnert

2. Bedeutungsähnliche Ausdrücke
1. zu mogeln 2. fasziniert 3. skeptisch

3. Verben
1. verarbeitet 2. nutzen 3. funktioniert 4. unterscheiden 5. gespeichert

4. Diskussionsformeln
1. Bitte einer nach dem anderen./Bitte nicht alle durcheinander!/ Bitte nicht alle zusammen!/Also jetzt zuerst A, dann B und dann C.
2. Ich fürchte/glaube, wir haben nicht mehr viel Zeit./So langsam müssen wir die Diskussion beenden.

5. Sprechmelodie, Haupt- und Nebenakzente
1. S: Charly hat gesagt, (→) 'n blauen Brief kriegt jeder mal in seinem Leben. (↓)
2. V: Entschuldige, (→) ich hab' nicht zugehört.(↓) Was war mit dem Brief? (↑)
(Nebenakzente auf *gesagt* und *Leben* im 1. Satz und auf *Brief* im 2. Satz sind auch möglich und richtig.)

6. Textergänzung
1. Der Trick beim Behalten ist, trockenen Lernstoff in möglichst lebendige Bilder zu verwandeln. 2. Dabei ist es gleichgültig, ob sie über die Sinne aufgenommen werden oder Produkte der eigenen Fantasie sind. 3. Je bizarrer die Bilder sind, desto einfacher kann sie sich das Gehirn merken. 4. Auch Assoziationen zu Bekanntem können das Behalten fördern, weil man so gespeicherte Informationen leichter abrufen kann.

7. Verben und Präpositionen
1. verbindet ... mit 2. führte ... über ... durch 3. basiert/beruht ... auf 4. für

8. Textrekonstruktion
1. Nachdem Iliana den letzten Satz hingeschrieben hatte, ging sie ins Bett. 2. Plötzlich erinnerte sie sich, dass sie vergessen hatte, den/ ihren Englischtest vorzubereiten. 3. Sie wollte weiterlernen, aber sie stellte fest, dass sie sich nicht konzentrieren konnte. 4. Weil sie sich schlecht vorbereitet hatte, schrieb sie einen schlechten Test.

9. Passiv
1. Lerngruppen sollten aktiv am Unterricht beteiligt werden.
2. Schülern müssen effektive Lernstrategien vermittelt werden.

10. *Je ... desto/umso*
1. Je öfter man Deutsch spricht, desto/umso weniger Sprechangst hat man.
2. Je mehr Lernkanäle man aktiviert, desto/umso dauerhafter können Informationen gespeichert werden.

11. Können wir im Schlaf lernen?
b) Mögliche Varianten:
1. Dass man im Schlaf keine neue Sprache lernen kann, aber dass man z.B. neue Informationen am nächsten Tag schneller lernt oder Gelerntes besser behält, wenn man den Stoff nachts von der Kassette hört. 2. Neue/Die neuen Informationen werden in der Traum-Phase gefestigt, und man kann Gelerntes besser behalten, aber nur, wenn man im Schlaf nicht gestört wird. 3. Man kann im Schlaf/Traum oft Lösungen oder Teillösungen für Probleme finden./Im Schlaf kann man Lösungen oder Teillösungen für schwierige Fragen finden,/Man kann im Schlaf/Traum schwierige Fragen besser lösen,/Im Schlaf/Traum kann sich unsere Fähigkeit verbessern, für schwierige Fragen Lösungen zu finden,/weil das Unterbewusstsein an den Problemen weiterarbeitet (,die uns am Tag beschäftigt haben).

12. Bericht über den Buchkauf von Felix
1. Felix ging in eine Buchhandlung, weil er ein Englischbuch (für Fortgeschrittene) suchte, um sein Englisch zu verbessern./weil er sein Englisch auffrischen wollte. 2. Die Verkäuferin bot ihm (stattdessen) ein Multimedia-Paket/eine CD-ROM und ein Arbeitsbuch an, aber Felix war skeptisch/misstrauisch/unsicher/zögerte/konnte sich nicht dazu entschließen. 3. Die Verkäuferin versuchte, ihn zum Kauf zu überreden und nannte inhaltliche und preisliche Vorteile./und sagte, dass das Multimedia-Paket für Selbstlerner besser (ist) und (dass es) im Vergleich mit Sprachkursen sehr billig ist. 4. Nachdem er das Programm/Multimedia-Paket ausprobiert hatte, ging er in die Buchhandlung zurück und wollte es gegen ein (gutes) Lehrwerk (mit Lösungsschlüssel und Kassette) umtauschen,/um es gegen ein (gutes) Lehrwerk umzutauschen, weil er mit den Videoszenen und den Übungen nicht zufrieden war.

Kontrollstatistik zu Lektion 22						
Aufgabe	Punktzahl		Aufgabe	Punktzahl		Gesamtzeit: Punktzahl insgesamt: 100 Meine Punktzahl:
	total	meine		total	meine	
1	3		7	5		
2	3		8	16		
3	5		9	4		
4	3		10	6		
5	5,5		11	16		
6	13,5		12	20		

Hörverstehenstext

Sprachgenies oder Menschen wie du und ich?

In den USA haben Wissenschaftler unabhängig voneinander Menschen interviewt, die beim Sprachenlernen überdurchschnittlich erfolgreich waren und allgemein als sprachbegabt galten. Man wollte herausfinden, wie die „Sprachgenies" arbeiten, ob sie überhaupt arbeiten müssen oder ob sie sich Sprachen mühelos aneignen können.

Die Studien ergaben, dass gute Sprachenlerner vor allem aktiv sind und die Initiative ergreifen. Sie nutzen jede Gelegenheit zum Sprachenlernen, die sich ihnen bietet. Sie suchen sich z.B. Lernpartner, pflegen ihre Kontakte mit Muttersprachlern, kaufen sich Begleitmaterialien zum Lehrbuch, fragen nach geeigneter Lektüre, hören Radio oder sehen sich Filme in der Fremdsprache an.

Sie lernen Sprache durch Sprechen und haben dabei keine Angst, Fehler zu machen. Diese Angst führt oft dazu, Sprechgelegenheiten nur zögernd oder gar nicht zu nutzen. Sie wissen, dass niemand von ihnen erwartet, die Fremdsprache perfekt und akzentfrei zu sprechen.

Erfolgreiche Lerner stellen Fragen, bitten um Erklärungen, Wiederholungen und Fehlerkorrekturen. Sie geben nicht gleich auf, wenn sie einen Satz nicht verstehen, sondern sind bereit zu raten. Dabei nutzen sie ihr Weltwissen und ihre bereits erworbenen Kenntnisse, um unbekannte Wörter zu erschließen. Beim Lesen und Hören versuchen sie, Hilfen im Kontext oder der jeweiligen Situation zu finden.

Für Wortschatz und Grammatik suchen sie sich möglichst effektive Eselsbrücken und Lernhilfen, um das Neue dauerhaft im Gedächtnis zu verankern. Darüber hinaus planen sie regelmäßige Wiederholungsphasen ein, um das Gelernte auch wirklich spontan jederzeit abrufen und anwenden zu können.

Durch diese Untersuchungen wurde deutlich, dass Jugend, Begabung und Motivation zwar wichtige Voraussetzungen für das Sprachenlernen sind, dass man aber mit den richtigen Strategien und Techniken gute Chancen hat, zu den „Sprachgenies" zu zählen.

Diktat

IQ – das zweifelhafte Maß

IQ – die beiden Buchstaben stehen für Intelligenz Quotient. Bis heute meinen viele Forscher, dass man mit Hilfe von Tests die menschliche Intelligenz messen kann. Wer einen IQ von 85-115 Punkten hat, gilt als normal begabt, und das sind 70 Prozent aller Menschen. Hochbegabung beginnt bei 130, und da sind es dann nur noch 2,1 Prozent.

Die meisten IQ-Gegner sind der Auffassung, dass man Intelligenz weder auf eine Zahl reduzieren noch durch Tests messen kann, bei denen es vor allem um logisches Denkvermögen geht oder – wie sie meinen – um abstrakte, akademische Gehirnakrobatik. Sie vertreten die Meinung, dass es statt einer messbaren Grundintelligenz eine Vielzahl von verschiedenen Intelligenzen gibt, wie die analytische, die praktische, die kreative oder die emotionale. Diese können für den Lebenserfolg eine mindestens ebenso große Bedeutung wie der IQ haben oder sogar eine noch größere. Durch Untersuchungen wird bestätigt, dass IQ-Tests wenig oder gar nichts damit zu tun haben, wer im Beruf am erfolgreichsten ist.

Detailhinweise zu Lektion 23:
Krieg und Frieden
Situationen – Texte – Redemittel

1. Alternativen – Krieg und Frieden
1.a) L kann zwei „Igel" oder Kreise an die Tafel zeichnen, die Wörter *Krieg* und *Frieden* hineinschreiben und von 2 KT Wörter darumherum schreiben lassen, die die Gruppe damit assoziiert.

Daten und Fakten zum zweiten Weltkrieg
Die folgenden Informationen über den Zweiten Weltkrieg können L als Hintergrundinformationen dienen, wenn die KT Fragen zu dieser Zeit haben.

Am 1. September 1939 überfallen deutsche Soldaten Polen und lösen damit den Zweiten Weltkrieg aus. Nachdem Polen in wenigen Wochen besiegt worden ist, beginnt am 10. Mai 1940 die Offensive im Norden und Westen. Am 9. April werden Dänemark und Norwegen besetzt, im Mai marschieren die Deutschen in den Niederlanden, Belgien und Frankreich ein und nehmen am 19. Juli Paris ein. Im Herbst 1940 versucht Hitler vergeblich, in England zu landen. Am 25. Oktober greift Italien Griechenland an. Die Deutschen kommen den verbündeten Italienern zu Hilfe und zwingen die Griechen am 23. April 1941 zur Kapitulation. Auch in Nordafrika werden die Italiener im Februar 1941 von den deutschen Truppen unter General Rommel im Afrikafeldzug unterstützt. Nach anfänglichen Erfolgen werden sie im Mai 1943 von den Briten entscheidend geschlagen.
Im Winter 1940/41 rücken die Deutschen auf dem Balkan vor. Am 22. Juni 1941 überfallen deutsche Truppen die Sowjetunion und stehen am 5. Dezember 1941 30 km vor Moskau. Am 11. Dezember erklären Deutschland und Italien (Mussolini) den USA den Krieg. Am 22. November 1942 wird Hitlers 6. Armee bei Stalingrad eingeschlossen und im Februar 1943 endgültig besiegt.
Ab 1938 werden Millionen von Juden aus den besetzten Gebieten Europas in Konzentrationslager verschleppt und ab 1941 in Massenvernichtungslagern systematisch umgebracht.
Am 10. Juli 1943 landen Briten und Amerikaner auf Sizilien. Daraufhin bricht die Diktatur Mussolinis zusammen, und er wird vom italienischen König verhaftet. Hitler befreit Mussolini, und die deutschen Truppen können sich bis zum 4. Juni 1944 in Rom halten.
Mit der Landung der Alliierten am 6. Juni 1944 in der Normandie beginnt die Befreiung Europas von den Nationalsozialisten. Am 20. Juli 1944 scheitert das Attentat von Graf Stauffenberg auf Hitler. Am 25. August wird Paris von den Alliierten eingenommen. Der Kampf um Frankreich endet mit einer entscheidenden Niederlage der Deutschen.
Am 12. Januar 1945 beginnen die Russen mit ihrer Großoffensive gegen Deutschland, und am 8. Februar setzen die Westmächte über den Rhein. Am 25. April begegnen sich russische und amerikanische Truppen in der Nähe von Leipzig in Torgau an der Elbe.
Am 30. April 1945 erschießt sich Hitler in seinem Führungsbunker in Berlin. Am 8. Mai 1945 wird der Krieg durch die bedingungslose Kapitulation Deutschlands beendet.

b) Gedicht von Ernst Jandl. Unter der Jahreszahl 1944 steht zwölfmal 'Krieg' – zwölf Monate Krieg – und unter 1945 nur noch fünfmal, weil der Krieg im fünften Monat (im Mai) zu Ende war.

Zum Autor: Der österreichische Schriftsteller Ernst Jandl, geboren 1925 in Wien und dort am 9. Juni 2000 gestorben, wurde durch seine experimentellen Gedichte, Hörspiele und Lyrik bekannt. 1984 erhielt er den Georg-Büchner-Preis.

c) **Zum Autor:** Der christlich-sozialkritische Schriftsteller Joseph Reding, geboren 1929 in Castrop-Rauxel/Ruhrgebiet, ist Verfasser von Kurzgeschichten, Tagebuchskizzen und Aufsätzen sowie von zahlreichen Fernseh- und Rundfunkbeiträgen zu Problemen der dritten Welt.

2. Kleinkrieg
Der Text stammt aus „Die schönsten Geschichten" von Helmut Holthaus. Der Autor wurde 1909 in Remscheid geboren und starb 1966 in Staufen im Breisgau. Er war zunächst Redakteur bei einer Zeitung und später freier Schriftsteller. Er schrieb zahlreiche Kurzgeschichten und Beiträge für Zeitungs-Feuilletons.

g) Ausdrücke zur Strukturierung des zeitlichen Ablaufs: *zuerst, dann, danach, kurz darauf, anschließend/im Anschluss daran, etwas/ wenige Minuten/ später, nach einer Weile/nach einiger Zeit, nicht lange danach, schließlich, zuletzt, am Ende/zum (Ab)Schluss.*

L kann hier auf den Unterschied zwischen *am Ende* und *endlich* eingehen:
am Ende bezeichnet den Endpunkt einer Abfolge. Durch *endlich* kann man Folgendes ausdrücken:
- vorausgegangene längere Erwartung (*Da kommt der Bus ja endlich!*)
- nicht eingeplante Verzögerungen (*Jetzt komm doch endlich!*)
- lange Zweifel (*Glaubst du mir jetzt endlich?*)

Rechts von 2.k). Die Illustration ist von der Zeichnerin Marie Marcks. Sie wurde 1922 in Berlin geboren und lebt in Heidelberg. Sie wurde bekannt durch ihre Cartoons, meist aus dem familiären, pädagogischen und gesellschaftlichen Bereich.

4. „Coolness"-Training für jugendliche Gewalttäter
a) L sollte je nach Unterrichtsland vor dem Hören erklären, dass Gocarts kleine niedrige Rennwagen ohne Karosserie sind, mit denen man auf Jahrmärkten oder auf besonderen Pisten fahren kann.
Die 'Caritas' ist ein katholischer Verband, der notleidende und sozial gefährdete Menschen unterstützt.

c) In Ⓓ Ⓐ ⒸⒽ kann L auch zum Einhören den grau unterlegten Textausschnitt in c) vorlesen und in Standardsprache umformen lassen. Typische Kriterien für die gesprochene Sprache sind:
- Lautabschwächungen/Lautveränderungen (z.B.: Desis/Das ist, undes/und das)
- Reduktion/Ellipse (z.B.: (ei) ne Abwechslung, nich(t), fah(re)n, hab(e) ich, mach(e))
- Kontraktionen (z.B.: da kannst(d)u , we(nn)man …)

6. Auf zur Demo!
a) Zu *apropos* in Zeile 4 kann L erklären, dass das Wort *à propos* aus dem Französischen kommt und immer dann verwendet wird, wenn man sich bei der Nennung eines Wortes plötzlich an etwas erinnert. Z. B.: *Das kostet sicher eine Menge Geld. Apropos Geld, ich muss ja noch zur Bank!*

b) Der <u>Wehrdienst</u> (D) dauert zur Zeit (1998) 9 Monate, der <u>Präsenzdienst</u> (A)   8 Monate und die <u>Wehrpflicht</u> (CH) 4 Monate. In der Schweiz müssen darüber hinaus alle Männer im wehrfähigen Alter jedes Jahr drei Wochen Präsenzdienst leisten.

Der <u>Zivildienst</u> dauert in D 10, in A 12 und in CH 6 Monate.
In den letzten Jahren ist die Zahl der Wehrdienstverweigerer in Deutschland kontinuierlich angestiegen und liegt jetzt bei etwa 36 Prozent eines Jahrgangs.

8. Begründung für die Kriegsdienstverweigerung

b) Hauptpunkte von Jans Kriegsdienstverweigerung sind: Kindheitserinnerungen – Erfahrungen in der Grundschule und im Gymnasium – Erziehung im Elternhaus – Verhältnis zu Menschen anderer Länder – Verständnis von Patriotismus und Staat

10. „Nachts schlafen die Ratten doch"

Zum Autor: Wolfgang Borchert, deutscher Erzähler, Dramatiker und Lyriker, geb. 1921 in Hamburg, gestorben 1947 in Basel. Als Folge seines Fronteinsatzes und der Gefängnishaft im Zweiten Weltkrieg erkrankte er schwer. In der kurzen Zeitspanne zwischen Kriegsende und seinem frühen Tod war er schriftstellerisch äußerst produktiv. Sein bekanntestes Drama *Draußen vor der Tür*, wurde am 10.11.1947 als Hörspiel gesendet. Es handelt von einem Soldaten, der als Krüppel aus dem Krieg zurückkehrt, einen anderen Mann bei seiner Frau vorfindet und mit seinen Kriegserlebnissen nicht fertig wird. Einen Tag vor der Sendung starb Wolfgang Borchert.

Grammatik

2. Mögliche Positionen der attributiven Relativsätze

b) L kann die KT die in a) aufgeführten Beispiele wie folgt zusammenfassen lassen.
Zwischen dem Bezugswort und dem Relativpronomen können stehen: Verb oder Verbteil, Adverb, Attribut (zum Bezugsnomen), die Satznegation 'nicht' sowie eine Präposition.

3. Verschiedene Funktionen von *deren/dessen*

Auf Nachfrage kann L erklären, dass es neben diesen von der Bedeutung her possessivischen Relativpronomen (s. Satz 1 unten) auch noch die echten Relativpronomen (s. Satz 2) gibt, die nach Verben mit Genitivergänzung stehen.
1. Neben mir wohnt ein Pole, dessen Deutsch fast perfekt ist.
(sein Deutsch ist fast perfekt.)
2. Die Männer des 20. Juli, deren wir heute gedenken, ...
(Wir gedenken der Männer des 20. Juli.)
dessen und *deren* werden darüber hinaus auch als Ersatz für den Possessivartikel benutzt, wenn die Beziehung sonst nicht deutlich würde.
Z.B.: Stefan, sein Freund und dessen Sohn verbrachten das Wochenende in den Bergen.

Aktivitäten

6. Hörtext: *Rotkäppchen* ist eins der bekanntesten deutschen Märchen, geschrieben von den Brüdern Grimm (Jakob, geb. 4.1.1785 in Hanau/Hessen, gest. 20.9.1863 in Berlin und Wilhelm, geb. 24.2.1786 in Hanau, gest. 16.12.1859 in Berlin). Sie wurden vor allem durch ihre Märchen und Sagensammlungen berühmt. Von Jakob Grimm stammt die erste „Deutsche Grammatik" . Beide haben das „Deutsche Wörterbuch", eine Sammlung aller deutschen Wörter seit dem 16. Jahrhundert, in Angriff genommen. Es wurde schließlich 1961 mit Band 32 beendet. Aus Platzgründen konnte der Text des Märchens nicht auf der Kassette aufgenommen werden. Sie finden ihn auf S. 98f. bei den Transkriptionen abgedruckt.

Weitere Übungen und Spiele

Wortschatz

1. Adjektiv-Champion

L nennt einige Nomen und bittet die KT, ein Adjektiv aus der gleichen Wortfamilie dazu aufzuschreiben. 1 KT schreibt an der Rückseite der Tafel mit. Wer die meisten Adjektive gewusst hat, liest vor. Dabei wird mit den Adjektiven an der Tafel verglichen.
r Genuß,-"e, r Dreck, e Gewalt,-en, s Mitleid, e Aggression,-en, e Rücksicht, e Befähigung,-en, r Kompromiss,-e, s Chaos, s Prinzip,-ien, e Sorge,-n, s Vorbild,-er ...

2. Wortschatz-Champion

L diktiert KT1 an der Tafel 10 Wörter. Alle KT bilden jeweils einen Beispielsatz, in dem das Wort vorkommt. Anschließend lesen Freiwillige ihre Sätze vor. Wer die meisten Sätze ohne Fehler hat, ist Wortschatz-Champion.
e Perspektive,-en, r Konflikt,-e, versagen, e Gewalt,-en, rücksichtslos, e Auswirkung,-en, angewiesen sein auf (A), sorgen für (A), fördern, sich wenden an (A)

Grammatik

3. Ich sehe was, was du nicht siehst (Relativsätze)

L kann das Stadtbild aus Lb 2, Lektion 15, 10. auf Folie kopieren und es über OHP projizieren.
Dann bildet L zwei Gruppen (A und B) und bittet KT1 aus Gruppe A, auf einen Zettel zu schreiben, welche Person erraten werden soll. Die Mitglieder der Gruppe B müssen dann beim ersten Durchgang mit möglichst wenigen Fragen die gesuchte Person finden und dabei Relativsätze verwenden.
Z.B. KT1 (B): *Meinst du eine von den Personen, die auf dem Marktplatz stehen?*
KT1 (A) darf nur mit *ja* oder *nein* antworten.
An der Tafel wird die Zahl der Fragen festgehalten, die Gruppe B braucht, um die Person zu finden. Beim zweiten Durchgang versucht Gruppe A ebenfalls, eine von Gruppe B bestimmte Person möglichst schnell zu erraten.
Die Gruppe, die die wenigsten Fragen gebraucht hat, ist Sieger.

4. Fußballspiel mit Präpositivergänzungen

L teilt die Klasse in zwei gleich große Gruppen auf und zeichnet zwei Fußballtore an die Tafel.
KT1 aus Gruppe A wirft den 'Ball' zu KT2 aus Gruppe B und nennt ein Verb, das eine Präpositivergänzung verlangt.
KT2 muss mit diesem Verb und der entsprechenden Präpositivergänzung einen kurzen Satz bilden und wirft den Ball dann zu KT3 aus Gruppe A, wobei er/sie ein neues Verb nennt. usw.
Wenn jemand die richtige Präposition nicht weiß, bekommt die Gruppe einen Ball (als Minuspunkt) ins Tor gezeichnet.
Z.B.: KT1: *sich gewöhnen*
KT2: *Ich kann mich nicht an frühes Aufstehen gewöhnen.*

Kontrollübungen zu Lektion 23

<table>
<tr><td>Name:</td><td>Datum:</td><td>Beginn des Tests:</td><td>Uhr</td></tr>
</table>

1. Beginnen Sie die folgenden Sätze nicht mit der Uhrzeit, sondern mit verschiedenen Wörtern bzw. Ausdrücken, die die Abfolge bezeichnen.

Beispiel: (8.10 Uhr) Der Zweijährige verspritzte Kölnisch Wasser.

<u>Zuerst</u> verspritzte der Zweijährige Kölnisch Wasser.

1. (8.45 Uhr) Er warf das Feuerzeug in den Kaffee.

____   1+0,5+0,5

2. (9.00 Uhr) Er flog aus der Küche raus.

____   1+0,5+0,5

3. (11.00 Uhr) Er brüllte laut, weil er seine Milch nicht trinken wollte.

____   1+0,5+0,5

4. (14.00 Uhr) Er stellte fest, dass alles verboten ist.

____   <u>1+0,5+0,5</u>

8 P.

2. Was sagen bzw. fragen die Personen in den folgenden Situationen?

1. Tobias hat gerade beim Kochen etwas von Nworah gelernt.

   Tobias: „Nworah hat mir gerade beim Kochen etwas _________________________ ."   1+0,5

2. Nworah kennt das Ziel/den Grund für eine Demonstration nicht.

   Nworah: „Kannst du mir sagen, ____________ es bei der Demonstration __________"?   1+0,5+0,5

3. Jan stimmt zu, aber nicht hundertprozentig.

   Jan: „________________ ist das richtig, aber ..."   <u>1+0,5</u>

5 P.

3. Ergänzen Sie passende Verben.

1. Wer keinen Wehrdienst machen will, kann ihn ... ______________________   1+0,5

2. Man muss einen Antrag ... _______________________   1+0,5

   wenn man keinen Wehrdienst leisten will.

3. Jugendliche sollten lernen, Konflikte ohne

   Gewalt zu ... _______________________   1+0,5

   und ihre Aggressionen ... _______________________   1+0,5

4. Sie müssen lernen, Kompromisse zu ... _______________________   1+0,5

   und Rücksicht auf andere zu ... _______________________   <u>1+0,5</u>

9 P.

4. Schreiben Sie jeweils eine bedeutungsähnliche Diskussionsformel auf.

1. „Darf ich gerade mal eine kurze Zwischenfrage stellen?"

   oder: _______________________________________   1+1

2. „Einen Moment, ich möchte das gerade noch zu Ende führen."

   oder: _______________________________________   <u>1+1</u>

4 P.

5. Formen Sie die *dass*-Sätze in Infinitiv + *zu*-Sätze um.

1. Viele Jugendliche glauben, dass sie nicht fernsehsüchtig sind.

   Viele Jugendliche glauben, ____ 1+1

2. Man sollte Kindern nicht erlauben, dass sie so viel Geld für Videos ausgeben.

   Man sollte Kindern nicht erlauben, _______________________________ 1+1+1

3. Ich bin froh, dass ich noch keine Kinder erziehen muss.

   Ich bin froh, ____ 1+1+1

8 P.

6. Bilden Sie aus den Vorgaben jeweils einen Haupt- und Nebensatz.

1. Es wird nur selten über Schulen berichtet. In den Schulen engagieren sich die Schüler gegen
   Gewalt.

   Es wird nur selten ____

   ____ 1+1+1

2. In der Presse ist das Projekt einer Berliner Schule vorgestellt worden. In dem Projekt geht es
   um multikulturelle Aktivitäten.

   In der Presse ____

   ____ 1+1+1

3. Die Erfahrungen waren für alle interessant. Die Erfahrungen hatten die Jugendlichen gemacht.

   Die Erfahrungen ____

   ____ 1+1+1

9 P.

**7. Bilden Sie aus den Vorgaben jeweils einen Satz mit: *dessen, deren, was, wo(r)* + Präpo-
sition.**

1. Auf einem Spielplatz – ein Toter – wurde aufgefunden – Identität war nicht geklärt

   ____

   ____ 1+1+1

2. Eine Frau – alarmierte die Polizei – Kinder hatten den Toten entdeckt

   ____

   ____ 1+1+1

3. Die Nachbarn – der Polizei – sollten alles sagen – war ihnen aufgefallen

   ____

   ____ 1+1+1

4. Eine Frau hatte etwas gesehen – wollte mit dem Kommissar darüber sprechen

   ____

   ____ 1+1+1

12 P.

8. Machen Sie aus den Vorgaben jeweils einen komplexen Satz.

(An diesem Donnerstag hatte der Zweijährige Kölnisch Wasser auf dem Teppich verspritzt).

Beispiel:

Es roch gut. Seine Mutter war böse. Kölnisch Wasser ist verboten.

Obwohl es gut roch, war seine Mutter böse, denn Kölnisch Wasser ist verboten.

1. Er hatte das Feuerzeug in den Kaffee geworfen. Er bekam Haue. Er flog aus der Küche.

Weil ____

____

1+1+1

2. Wo war der Schrankschlüssel? Mama wusste es nicht. Ich wusste es auch nicht. Ich habe Haue gekriegt.

Mama wusste nicht, ______________________________ und weil

____

1+1+1

6 P.

9. Partikeln
Setzen Sie die Äußerungen der Mutter mit den passenden Partikeln in die direkte Rede.

1. (Die Mutter sagt wütend zu dem Zweijährigen, dass er ihre Sachen nicht anfassen soll.)

„Du _______________________________________!"

1+1+1

2. (Sie fragt sehr verägert, was er mit ihrem Feuerzeug gemacht hat.)

„Was _____________________________________?"

1+1+1

3. (Die Mutter auf dem Spielplatz bittet ihre Kinder, kurz zu ihr zu kommen.)

„Könnt ___________________________________?"

1+1+1

9 P.

10. Städtepartnerschaftsbewegung: Erfolgreichste Friedensinitiative Europas
a) Lesen Sie zuerst den Text.

Partnerschaften zwischen Städten in Europa gibt es heute überall. Sie entstanden schon bald nach dem Ende des Zweiten Weltkriegs, mit dem Ziel, den Friedensprozess zwischen den Menschen der zuvor verfeindeten Nationen zu fördern. Eine der ersten entstand zwischen der englischen Universitätsstadt Reading und Düsseldorf. Schon vor Weihnachten 1946 rief die Bürgermeisterin Phoebe Cusden ihre Mitbürger zu Spenden auf, als sie von den hungernden Kindern in Düsseldorf erfuhr. Bald danach kamen die ersten Pakete mit Nahrungsmitteln, Kleidern, Schuhen usw. in Deutschland an. Im Jahr darauf reisten die ersten Kinder nach Reading, wo sie jeweils drei Monate lang bei englischen Familien eingeladen waren, um sich zu erholen und sich wieder richtig satt zu essen. Seitdem haben sich zwischen den beiden Städten sehr intensive Kontakte entwickelt, z.B. zwischen Schulen und Universitäten, Theatergruppen, Sportclubs, Vereinen usw., die sich häufig besuchen und gemeinsam Feste feiern. Über die Zukunft haben sich die Verantwortlichen auch schon Gedanken gemacht. Vor allem sollen die Jugendlichen beider Länder durch Seminare, Schulprojekte, Austauschprogramme und gemeinsame Aktivitäten motiviert werden, sich für die europäische Idee einzusetzen. Außerdem sind Anträge in Brüssel gestellt worden, um neben kulturellen auch gemeinsame wirtschaftliche Projekte zu fördern.

<table>
<tr><td>Name:</td><td>Datum:</td><td>Beginn des Tests:</td><td>Uhr</td></tr>
</table>

b) Beantworten Sie die Fragen zu Text a) mit komplexen Sätzen.

	LV:	A/Gr:

1. Warum haben die Bürger von Reading die Initiative ergriffen und Kontakt mit einer deutschen Stadt aufgenommen? Nennen Sie zwei Gründe.

Weil ____

____   2   1+0,5+0,5

und weil ____

____   2   1+0,5+0,5

2. Was wurde für die Kinder getan?

____

____   2   1+0,5+0,5

und ____

____   2   1+0,5+0,5

3. Was ist den Verantwortlichen in der Zukunft wichtig? Nennen Sie zwei Punkte.

Ihnen ist wichtig, dass ____

____   2   1+0,5+0,5

und dass ____

____   2   1+0,5+0,5

   12 P.   **12. P**

11. „Stell dir vor, es war Krieg, und keiner hilft."

Hätten Sie bei der Spendenaktion für Bosnien mitgemacht oder nicht? Nennen Sie zwei Gründe.

Ich hätte bei der Spendenaktion für Bosnien ________________________________ ,

weil ____

____   1+1+0,5+0,5

und weil ____

____

____   1+1+0,5+0,5

   6 P.

Insgesamt: **100 P.**

Wie viel Zeit haben Sie gebraucht? _________ Minuten.

Lösungsschlüssel zu den Kontrollübungen

1. Zeitangaben
1. Dann/danach warf er …
2. Anschließend/kurze Zeit später/kurz darauf flog er …
3. Nach einer Weile/eine Weile später brüllte er …
4. Schließlich/Zuletzt/Am Ende/Zum Schluss stellte er fest …

2. Was sagen oder fragen die Personen?
1. beigebracht 2. …, worum es … geht 3. Im Prinzip/Prinzipiell/Grundsätzlich/Eigentlich

3. Passende Verben
1. verweigern 2. stellen 3. lösen, abzubauen 4. schließen, nehmen

4. Diskussionsformeln
Mögliche Varianten:
1. Darf ich (mal) kurz unterbrechen?/Dazu möchte ich kurz (et)was sagen/fragen …
2. (Einen Moment,) ich möchte das gerade noch abschließen./ich bin gleich fertig./nur noch einen Satz.

5. Infinitiv + *zu*-Nebensätze
1. (Viele Jugendliche glauben), nicht fernsehsüchtig zu sein.
2. (Man sollte Kindern nicht erlauben), so viel Geld für Videos auszugeben.
3. (Ich bin froh), noch keine Kinder erziehen zu müssen.

6. Relativsätze
1. Es wird nur selten über Schulen berichtet, in denen sich die Schüler gegen Gewalt engagieren.
2. In der Presse ist das Projekt einer Berliner Schule vorgestellt worden, in dem es um multikulturelle Aktivitäten geht./(Stilistisch nicht so gut:) In der Presse ist das Projekt einer Berliner Schule, in dem es um multikulturelle Aktivitäten geht, vorgestellt worden.)
3. Die Erfahrungen, die die Jugendlichen gemacht hatten, waren für alle interessant.

7. Sätze mit *dessen, deren, was, wo(r)* + Präposition
1. Auf einem Spielplatz wurde ein Toter aufgefunden, dessen Identität nicht geklärt war.
2. Eine Frau, deren Kinder den Toten entdeckt hatten, alarmierte die Polizei.
3. Die Nachbarn sollten der Polizei alles sagen, was ihnen aufgefallen war.
4. Eine Frau hatte etwas gesehen, worüber sie mit dem Kommissar sprechen wollte.

8. Komplexe Sätze
1. Weil er das Feuerzeug in den Kaffee geworfen hatte, bekam er Haue und (er) flog aus der Küche.
2. Mama wusste nicht, wo der Schrankschlüssel war und weil ich es auch nicht wusste, habe ich Haue gekriegt.

9. Partikeln
1. „Du sollst doch meine Sachen nicht anfassen!"
2. „Was hast du denn mit meinem Feuerzeug gemacht?"
3. „Könnt ihr mal gerade/gerade mal/mal eben kurz zu mir kommen?"

10. Städtepartnerschaftsbewegung
b) Mögliche Varianten:
1. Weil sie den Friedensprozess (der zuvor verfeindeten Nationen) fördern (wollten) und (weil sie) den (hungernden) Kindern helfen wollten/und (weil sie) von den hungernden Kindern erfahren hatten.
2. Pakete mit Nahrungsmitteln, Kleidern, Schuhen usw. wurden geschickt, und die Kinder wurden von englischen Familien eingeladen./Die Kinder bekamen Pakete mit … und wurden zu/von englischen Familien eingeladen.
3. (Ihnen ist wichtig, dass) sich die Jugendlichen für die europäische Idee einsetzen/engagieren (und dass) neben kulturellen auch gemeinsame wirtschaftliche Projekte gefördert werden.

11. „Stell dir vor, es war Krieg, und keiner hilft."
Mögliche positive Varianten:
- Ich hätte bei der Spendenaktion für Bosnien mitgemacht, weil die Menschen dort dringend Hilfe brauchen/weil sie große Not leiden/weil es ihnen an allem fehlt
- und (weil) man so wenigstens etwas tun kann, anstatt nur zuzusehen/und (weil) ich mir die Not nicht nur im Fernsehen ansehen möchte. …

Mögliche negative Varianten:
- Ich hätte bei der Spendenaktion für Bosnien nicht mitgemacht, weil dort alles viel zu chaotisch ist/weil da ein viel zu großes Durcheinander herrscht/weil das sicher nie ankommt
- und (weil) man nie weiß, was mit den Spenden passiert/und (weil) die Sachen sicher vorher gestohlen werden/und (weil) die Bevölkerung die Sachen meist überhaupt nicht bekommt. …

Kontrollstatistik zu Lektion 23						
Aufgabe	Punktzahl		Aufgabe	Punktzahl		Gesamtzeit:
	total	meine		total	meine	Punktzahl insgesamt: 100 Meine Punktzahl:
1	8		7	12		
2	5		8	6		
3	9		9	9		
4	4		10	24		
5	8		11	6		
6	9					

Hörverstehenstext

Gewalt auf dem Bildschirm

Eine kürzliche Umfrage hat gezeigt, dass in den Kinderzimmern von 21 Prozent aller 6 bis 14-Jährigen ein eigener Fernsehapparat steht. Viele sitzen täglich mehrere Stunden vor dem Bildschirm, anstatt sich an der frischen Luft zu bewegen und mit anderen zu spielen. Schuld daran ist oft die familiäre Situation. Da heute schon fast jede dritte Ehe geschieden wird, leben rund dreieinhalb Millionen Kinder nur mit einem Elternteil zusammen. Nach der Schule sind sie häufig allein, weil niemand Zeit hat oder sich die Zeit nimmt, sich um sie zu kümmern. So sehen sie sich dann oft ohne Wissen ihrer Eltern Filme oder Videos an, die nicht für ihr Alter bestimmt sind. Statistiken zeigen, dass ein Kind im Durchschnitt bis zu seinem 14. Lebensjahr schon 15 000 Morde gesehen hat, sei es durch Berichte aus Kriegs- und Krisengebieten oder durch Gewaltfilme.

Ein so hoher, unkontrollierter Gewaltkonsum bleibt nach Ansicht von Psychologen nicht ohne Folgen. Je jünger die Kinder sind, desto schwieriger ist es für sie zu verstehen, was in den Filmen wirklich passiert, was Realität und was Fiktion ist. Für sie wird oft nur deutlich, dass man Probleme und Konflikte am besten mit Gewalt lösen kann und dass derjenige gewinnt, der sich am rücksichtslosesten nimmt, was er will. Beispiele dafür erleben die Kleinen gewöhnlich schon auf dem Spielplatz. Wenn zwei sich um ein Spielzeug streiten, verliert der, der keine Gewalt einsetzt und nachgibt. Die Kinder erfahren nur selten, dass gewaltfreie Konfliktlösung und Fairness gegenüber Schwächeren für beide Seiten auch Vorteile haben kann.

Die Frage ist, wie man Kinder einerseits vor den gewalttätigen Vorbildern im Fernsehen schützen kann und wie man sie andererseits befähigen kann, Streitigkeiten auch ohne Gewalt zu lösen. Sicherlich müßten zuerst einmal die Programm-Macher dafür sorgen, dass weniger Gewalt und Brutalität im Fernsehen gezeigt wird. Wenn es nicht anders geht, müßten entsprechende Filme auch verboten werden können. Außerdem sollten Eltern elektronische Sperren in ihre Fernsehgeräte einbauen, um zu verhindern, dass ihre Kinder Filme sehen, die sie nicht sehen sollten. Darüber hinaus müssten in Kindergärten, Schulen und Elternhäusern Alternativen zu Gewaltlösungen thematisiert und auch eingeübt werden. So könnten die Kinder die Vorteile von gewaltfreien Konfliktlösungen verstehen und auch entsprechend handeln lernen.

Diktat

Friedenserziehung ist Menschenrechtserziehung

Friedenserziehung richtet sich gegen Gewaltvorbilder und bemüht sich um Verständigung und gewaltlose Konfliktlösung. Gewaltfreiheit soll aber nicht nur in den Schulen, sondern auch außerhalb praktiziert werden, in der Politik und in der Gesellschaft, in Hochschulen und Forschung, in Jugendgruppen und Familien, in Sport und Freizeit.

Die Frage ist aber, wie man Frieden lehren bzw. zum Frieden erziehen kann. Wichtig ist, dass Friedenserziehung nicht als Belehrung verstanden wird, sondern sie muss nach eigenen Wegen suchen und Interesse und Diskussionsbereitschaft an der Lösung von Problemen wecken.

Detailhinweise zu Lektion 24:
Religion und Religiosität
Situationen – Texte – Redemittel

1. Viele Wege

L kann die folgenden Texte, in denen die fünf Weltreligionen kurz vorgestellt werden, für interessierte KT mit guter Aussprache kopieren und sie bitten, zunächst wichtigen Wortschatz zu erklären und ihren Text vorzutragen. Bei Unterricht in Ⓓ Ⓐ ⒸⒽ können auch Angehörige dieser Religionen die Vorstellung übernehmen.

Der Buddhismus ist nach der Lehre ihres Gründers Gautama mit dem Ehrennamen 'Buddha' benannt. Buddhisten glauben an die Wiedergeburt und an das 'Karma', die Summe der guten und bösen Taten, durch die das gegenwärtige und die zukünftigen Leben bestimmt werden. Alle Wesen, auch die Götter, sind Teil des Karmas. Zu den wichtigsten Geboten zählen: Gewaltlosigkeit, Nächstenliebe, Enthaltsamkeit und Meditieren. Ziel der buddhistischen Lehre ist das 'Nirwana' (Sanskrit: „Erlöschen, Verwehen"), in dem die Gier nach dem Leben nicht mehr existiert. Diesen Zustand der Erlösung von der Last des irdischen Lebens kann ein Mensch schon zu Lebzeiten erreichen. Nach dem Tod tritt der Erlöste dann in das vollkommene Nirwana ein, seine Existenz erlischt, und er wird nicht mehr wiedergeboren.

Das Christentum ist der Glaube, der auf der Lehre von Jesus Christus beruht. Christen glauben, dass Jesus Christus der Sohn Gottes ist, der in die Welt gekommen ist, um die Menschheit zu erlösen. Durch seinen Tod am Kreuz hat Gott nach christlicher Auffassung gezeigt, dass er sich durch Jesus Christus den Menschen gleichgestellt hat und der Tod durch die Auferstehung Christi überwunden wurde. Zentraler Inhalt des christlichen Glaubens ist die Verkündigung von Jesus Christus, so wie sie in der Bibel im Neuen Testament festgehalten ist. Alle Menschen werden darin aufgerufen, ihren Nächsten und auch ihre Feinde zu lieben. Die Zahl der Anhänger des christlichen Glaubens wird auf über eine Milliarde Menschen geschätzt. Davon sind über die Hälfte Katholiken, über ein Drittel Protestanten, etwa ein Zehntel Orthodoxe und der Rest sonstige christliche Gemeinschaften.

Der Islam ist die jüngste der großen Weltreligionen, die auf die im Koran manifestierte Verkündigung des Propheten Mohammed (569 – 632) zurückgeht. Die fünf „Grundpfeiler" des Islam sind: 1. Das Glaubensbekenntnis:„Es gibt keinen Gott außer Allah, und Mohammed ist sein Prophet", 2. das tägliche Pflichtgebet, das fünfmal möglichst in einer Moschee gebetet werden muss, 3. die Armensteuer, 4. das Fasten im Monat Ramadan, 5. die Wallfahrt nach Mekka, die jeder möglichst einmal in seinem Leben machen soll. Weingenuss und Glücksspiel sind verboten. Das Eherecht erlaubt dem Mann, vier Frauen gleichzeitig zu haben. Schon bald nach dem Tod des Propheten Mohammed breitete sich der Islam in westlicher Richtung über ganz Nordafrika bis nach Spanien aus, das von 711 bis 1492 in islamischer Hand blieb. Im Osten eroberten die Muslime 642 das persische Sassanidenreich, und über Indien gelangte der Islam im Laufe der Jahrhunderte bis nach Indonesien. Die Zahl der Muslime schätzt man auf 1,2 Milliarden.

Das Judentum ist eine Volks- und Religionsgemeinschaft. Es ist die älteste monotheistische Religion und Mutterreligion des Christentums und des Islam. Die Juden glauben, das auserwählte Volk Gottes (Jahwes) zu sein. Eine Lebensordnung wurde ihnen durch Jahwe in der Thora gegeben, die sowohl das gesellschaftliche wie das religiöse Leben regelt (Z.B. Reinheit, Speisegesetze). Der Gottesdienst ist im Wesentlichen ein Gebetsgottesdienst, zu dem immer eine Kopfbedeckung gehört. Am Sabbat findet am Morgen und am Abend ein Gottesdienst in der Synagoge statt, der von einem Rabbiner geleitet wird. Die Hauptfeste des Judentums sind das Paschafest, das Wochenfest und das Laubhüttenfest, die im Familienkreis gefeiert werden. So ist die Familie Kern und Keimzelle des Judentums.

(Auf der Collageseite ist aus Platzgründen der Hinduismus nicht vertreten.)

Der Hinduismus ist eine Glaubens- und Lebensform der Inder. Sie bekennen sich zum Kastensystem und zur Seelenwanderung. Unter den Göttern des Hinduismus gilt Brahma als der Schöpfer, Wischnu als Erhalter und Schiwa als Zerstörer. Neben dieser Dreiheit gibt es viele andere Götter, die gelegentlich auch in menschlicher Gestalt auf der Erde leben. Die Gottheiten werden in zahleichen Festen und Wallfahrten verehrt. Für alle Hindus ist die Kuh ein heiliges Tier. Die Zahl der Hindus wird auf 516 Millionen geschätzt.

2. Ich glaube

1. **Nina Hagen** ist eine bekannte deutsche Pop-Sängerin.
3. **Ephraim Kishon**, geboren 1924 in Budapest, ist israelischer Schriftsteller und Journalist. Seit 1949 lebt er in Israel. Er hat Theaterstücke, Romane, Hörspiele und Satiren über das heutige Israel geschrieben.
4. **Rudolf Augstein** war bis 2002 Herausgeber des wöchentlich erscheinenden Nachrichtenmagazins „Der Spiegel".
6. **Nadja Auermann** ist ein bekanntes deutsches Model in der internationalen Modeszene.

3. Stabü, Reli, LER

Hintergrundinformationen für L (siehe Karte auf S. 34):
Nach Beendigung des Ersten Weltkriegs wurden Deutschland und Österreich von den Siegermächten USA, Großbritannien, Frankreich und UdSSR auf der Konferenz von Potsdam in vier Besatzungszonen aufgeteilt. Berlin bildete eine besondere Einheit unter Viermächteverwaltung. Die deutschen Ostgebiete Pommern, Schlesien und Ostpreußen wurden unter polnische Verwaltung gestellt. Die endgültigen Grenzen Polens wurden 1950 von der DDR und 1989 von der BRD anerkannt. Am 23. Mai 1949 wurde die Bundesrepublik gegründet und am 7. Oktober die Deutsche Demokratische Republik. Diese bestand bis zur Wende am 3. Oktober 1990.

8. Auf der Suche nach den Quellen des Glaubens

Bei Interesse kann L etwas zur Herkunft des Worts „ökumenisch" in Zeile 6 sagen:

Ökumene ist ein griechisches Wort und bezeichnet die gesamte bewohnte Erde. Die Kirche nannte ihre Konzilien (Zusammenkünfte) ökumenisch, wenn auf ihnen die Christen des gesamten römischen Reichs, d.h. der ganzen damals bekannten Welt vertreten waren. Ökumenisch bedeutet also: die ganze Welt umfassend.

Die ökumenische Bewegung versucht, die Aufspaltung der Christen in unterschiedliche Kirchen und Konfessionen zu überwinden. 1948 wurde deshalb der „Ökumenische Rat der Kirchen" gegründet, dem inzwischen ca. 300 Kirchen aus 90 Ländern angehören, z.B. Anglikaner, Reformierte, Lutheraner, Orthodoxe usw. Die katholische Kirche hat sich der Bewegung noch nicht angeschlossen.

In Deutschland hat die ökumenische Zusammenarbeit zwischen evangelischen und katholischen Christen in den letzten Jahrzehnten große Fortschritte gemacht. Dies zeigt sich z.B. an gemeinsamen Gottesdiensten, kirchlichen Trauungen bei Paaren verschiedener Konfession und in der Gemeindearbeit.

Aktivitäten

Weitere Übungen und Spiele

1. Wortschatzmeister
Die KT versuchen in Kleingruppen, in zwei bis drei Minuten möglichst viele Nomen mit Artikel und Pluralform zum Themenbereich „Religion und Kirche" aufzuschreiben.
Zwei KT schreiben an der verdeckten Tafel. Die Gruppe mit den meisten Wörtern hat gewonnen und liest vor. Die noch nicht an der Tafel stehenden Wörter werden ergänzt.
Anschließend nennen die übrigen KT ihre noch nicht genannten Wörter, die dann ebenfalls an der Tafel ergänzt werden.

2. Vermutungen (Satzförmige Ergänzungen)
L gibt die folgende Situation vor und lässt die KT mit den Verben des Sagens und Denkens möglichst viele fantasievolle Vermutungen anstellen, z.B.:
L: *Ein Mann und eine Frau wollen heiraten. Die Gäste sitzen schon alle in der Kirche, aber die Braut kommt nicht. Warum nicht? Was glauben Sie?*

KT1: *Ich glaube, die Braut hat den Termin verwechselt.*
KT2: *Ich glaube, alle Ampeln standen auf Rot, und sie kommt nur ein bisschen zu spät. ...*

L oder die KT können sich weitere Situationen ausdenken.

3. Hilfslehrer/Hilfslehrerin (Wortschatzwiederholung)
Alle KT schreiben drei schon eingeführte – möglichst schwierige – neue Wörter der gerade behandelten Lektion auf einen Zettel und tauschen ihn mit ihren Nachbarn aus. Alle müssen die Wörter durch Paraphrasierungen oder Beispiele zunächst schriftlich erklären und sich dann vom Nachbarn kontrollieren lassen. Anschließend liest jeweils 1 KT eins der neuen Wörter vor. Wer von den übrigen KT das Wort fehlerfrei erklären kann, bekommt einen farbigen Zettel. Wer am Ende die meisten farbigen Zettel hat, wird zum Hilfslehrer/zur Hilfslehrerin ernannt.

4. Lückenfüller (Wiederholung von Präpositionen, Artikelwörtern und Adjektivendungen)
Möglichst an einem Montag bittet L die KT, in zwei bis drei komplexen Sätzen aufzuschreiben, was sie am Wochenende erlebt bzw. gemacht haben. Dabei sollen sie alle Präpositionen und die folgenden Artikelwörter sowie die Adjektivendungen weglassen. Dann tauschen je zwei KT ihre Sätze aus, ergänzen die Lücken und korrigieren eventuelle sonstige Fehler. L teilt die KT in zwei Gruppen auf und lässt abwechselnd 1 KT vorlesen. Wenn die Sätze fehlerfrei sind, bekommt die Gruppe einen Punkt an der Tafel.
Die Gruppe mit den meisten Punkten hat gewonnen.

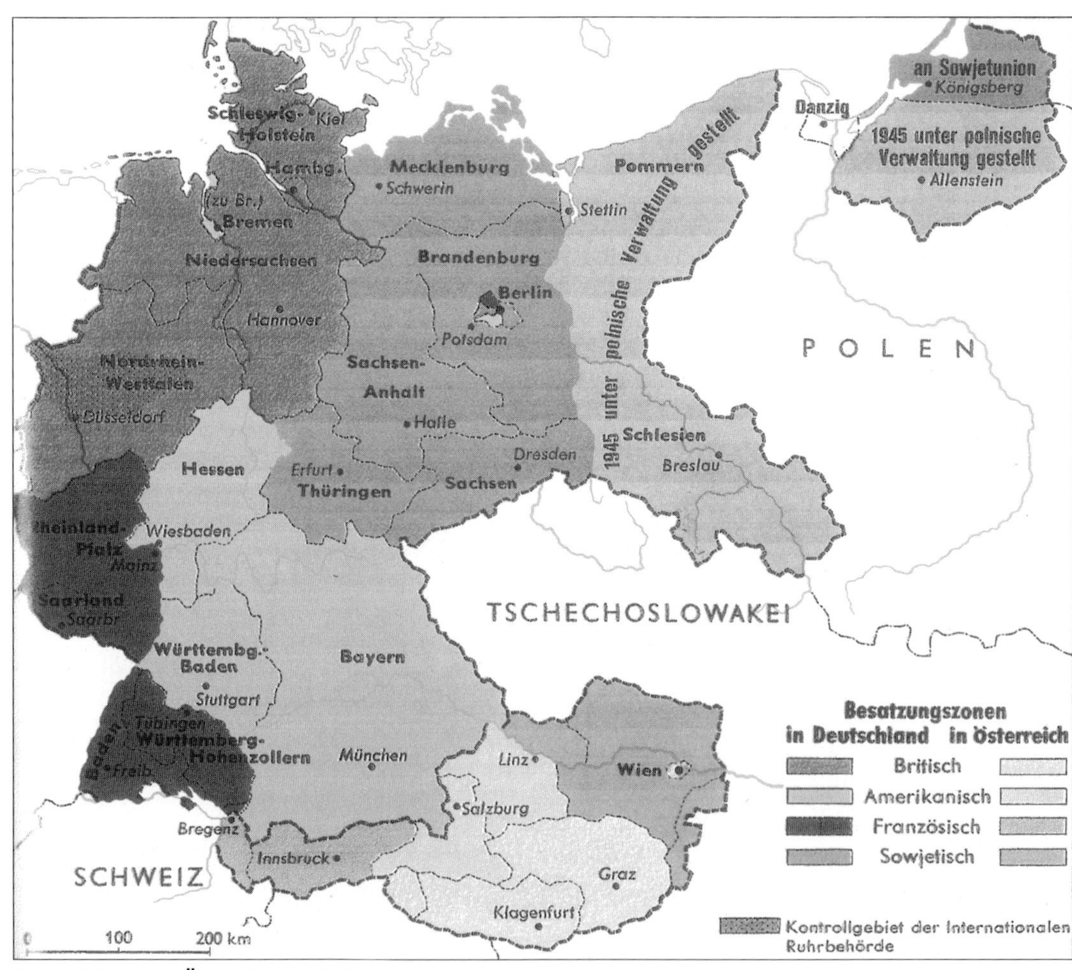

Deutschland und Österreich nach 1945

Kontrollübungen zu Lektion 24

<table>
<tr><td>

Name: Datum: Beginn des Tests: Uhr

</td></tr>
</table>

1. Ergänzen Sie, was die Personen in den folgenden Situationen sagen oder fragen können. Benutzen Sie Alternativen für die unterstrichenen Satzteile.

1. Jan weiß nicht, was LER <u>bedeutet</u> und fragt Philipp:

   „Sag mal Philipp, ____?   1+1

2. Felix möchte von Philipp wissen, <u>wovon</u> der LER-Unterricht <u>handelt</u>.

   „Kannst du mir mal sagen, ____________ es im LER-Unterricht ____________?   1+1

3. Jan liest in der Zeitung: Über 80% der Bevölkerung sind konfessionslos aufgewachsen. Er berichtet Philipp:

   „Hier in der Zeitung ____________, dass über 80% der Bevölkerung ____________

   ____ .   <u>1+1</u>

           6 P.

2. Ergänzen Sie die Präpositionen.

1. Atheisten glauben nicht ________ Gott.   1
2. Wer sich in der ehemaligen DDR ________ die Christenlehre entschieden hatte, bekam später meist Probleme.   1
3. Wie stehen die Schüler ________ Ethikunterricht?   1
4. Wie ist die Relation ____________ evangelischen und katholischen Christen?   1
5. Clemens erzählte seiner Mutter ________ der Sekte.   1
6. Was wissen Sie ____________ Sekten?   1
7. Der Text informiert die Leser ____________ die Taizé-Bewegung.   1
8. Rund 70 000 junge Leuten nahmen ________ dem Treffen in Stuttgart teil.   1
9. Die Taizé-Bruderschaft setzt sich ________ die Opfer von Gewalt in aller Welt ein.   1
10. Es gehört ________ ihren Grundprinzipien, keine Spenden anzunehmen.   <u>1</u>

           10 P.

3. Ergänzen Sie die Nomen.

1. Die Teilnahme am Religionsunterricht ist nicht freiwillig, sondern ____________.   0,5+0,5
2. In Brandenburg ist LER eine ____________________ zum Religionsunterricht.   0,5+0,5
3. Der Guru erlaubte keinen Widerspruch, sondern verlangte absoluten ____________.   0,5+0,5
4. Clemens wollte sterben und beging ____________________ .   0,5+0,5
5. Stuttgarter Familien haben den Jugendlichen Zimmer zur ____________ gestellt.   <u>0,5+0,5</u>

           5 P.

4. Formen Sie die Sätze mit bedeutungsähnlichen Diskussionsformeln um.

1. <u>Soviel ich weiß</u> steht das im Grundgesetz.

   _______________________________ steht das im Grundgesetz.   1+1

2. <u>Ich bezweifle</u>, dass hier in jeder Stadt eine Moschee steht.

   _______________________, dass hier in jeder Stadt eine Moschee steht.   1+1

3. <u>Was meinst du mit</u> multikultureller Gesellschaft?

   _______________________ multikultureller Gesellschaft?   <u>1+1</u>

           6 P.

5. Markieren Sie bei den folgenden Wörtern den Wortakzent mit einem Strich unter der Silbe für langen Vokal (Prob**le**m) **und einem Punkt für kurzen** (H**i**ntergrund).

1. Weltreligion   2. Religionsunterricht   3. Studienplatz   4. Gesellschaft | 0,5+0,5+0,5+0,5

5. Vergangenheit   6. alternativ   7. Zivildienst   8. Bundesrepublik | <u>0,5+0,5+0,5+0,5</u>

4 P.

6. Formen Sie die dass-Sätze in satzförmige Ergänzungen um und umgekehrt.

1. Ich fürchte, wir haben uns noch nicht einmal richtig vorgestellt.

   Ich fürchte, ____ | 1+1

2. Wir sind der Meinung, dass man die Jugendlichen selbst entscheiden lassen sollte, was für sie wichtiger ist.

   Wir sind der Meinung, ______________________________________

   ____ | <u>1+1</u>

4 P.

7. Bilden Sie aus den Satzteilen komplexe Sätze.

1. bei Augsburg/Schwester Elisabeth/seit fünf Jahren/in einem Kloster/lebt// die//früher/war/ Stewardess/auf einem Luxusdampfer

   ____

   ____ | 1+1+1

2. meist schweigend/arbeitet/in verschiedenen Bereichen/den ganzen Tag/sie// und/sehr glücklich/ist/dabei/(sie)

   ____

   ____ | <u>1+1+1</u>

6 P.

8. Ergänzen Sie: erst – nicht/kein__ mehr – noch –noch nicht/nie – nur – schon

1. A: Warst du _______________ einmal in Deutschland? | 1

2. B: Nein, das ist mein erstes Mal. Ich war überhaupt _______________ _______________ im | 1

   Ausland. Wie oft warst du denn _______________ auf einem Taizé-Treffen? | 1

3. A: _______________ einmal in Budapest. Das ist auch nicht so weit von uns. Da sind wir | 1

   nicht den ganzen Tag, sondern _______________ ein paar Stunden mit dem Bus | 1

   gefahren.

4. B: Ich glaube, wir müssen zum Mittagessen gehen. Es ist _______________ fast ein Uhr. | 1

5. A: Geht deine Uhr denn richtig? Auf meiner ist es _______________ halb eins. | 1

   Vielleicht hast du deine _______________ _______________ auf die deutsche Zeit | 1

   umgestellt.

6. B: Ja, das kann sein. Hast du übrigens _______________ etwas von der Stadt hier gesehen? | 1

7. A: Nein, ich hatte _________ keine Zeit. Hast du eigentlich einen Stadtplan? | 1

8. B: Wir haben alle einen bekommen, aber ich glaube ich habe ihn

   _______________. Frag doch mal im Büro. | 1

9. A: Hab' ich schon, da gibt's auch _______________ _______________. | <u>1</u>

12 P.

9. Ergänzen Sie Präpositionen und Endungen.

1. Taizé ist der Name ein___ klein___ Dorf___ ___________   0,5+0,5+0,5+0,5

   französisch___ Burgund ___________ d___ Nähe d___ Schweizer Grenze.   0,5+0,5+0,5+0,5

2. Hier gründete Roger Schutz ein___ Bruderschaft aus Mitglieder___ verschieden___   0,5+0,5+0,5

   Konfessionen.

3. ___________ etwa 20 Jahr___ veranstalten sie ________   0,5+0,5+0,5

   verschieden_____ Metropolen Europa___ Jugendtreffen.   0,5+0,5

8 P.

10. Ergänzen Sie die passenden Partikeln.

   Jan (J) und Philipp (P) sprechen über alte DDR-Zeiten.
1. J: Sag _____________, gab's _______________ bei euch früher keinen Religionsunterricht?   1+1
2. P: Nein, du weißt _______________ , wir hatten Staatsbürgerkunde.   1
3. J: Gab's auch Schüler, die Religionsunterricht wollten?
4. P: Ja, _______________ , aber die mussten dann _________________ außerhalb der   1+1

   Schulzeit in die Christenlehre gehen.   **5 P.**

11. Lesen Sie den folgenden Leserbrief an eine Illustrierte und die Antwort darauf.
   „Mein Bruder ist in eine Sekte eingetreten."

Leserbrief	Antwort
Es geht um meinen Bruder Thomas (38). Er hat nach dem Tod unseres Vaters vor drei Jahren die Firma übernommen. Zunächst ist auch alles gut gegangen. Thomas war unverheiratet und hat seine ganze Zeit und Energie in die Firma gesteckt. Er war ein sehr erfolgreicher Geschäftsmann. Bis er diese Frau traf. Er verliebte sich in sie und ging von da an pausenlos in „Seminare". Inzwischen weiß ich, dass sie einer Sekte angehört und dass auch mein Bruder in diese Sekte eingetreten ist. Er hat versucht, auch mich von der „Wahrheit" zu überzeugen und redet oft stundenlang auf mich ein. Ich höre ihm zu und versuche, ihm die Augen zu öffnen. Aber wenn es um seine Sekte und seine Freundin geht, ist er nicht ansprechbar. In der letzten Zeit geht es leider auch mit der Firma immer schlechter. Es fehlt viel Geld. Wo ist es geblieben? Was kann ich bloß tun?	Leider können Sie nicht viel tun, besonders dann nicht, wenn Ihr Bruder nicht bereit ist, sich von der Sekte und damit auch von der Frau zu lösen. Auch die Polizei oder andere öffentliche Institutionen können Ihnen nicht helfen, denn Ihr Bruder ist erwachsen und kann über sein Leben frei entscheiden. Wenn Sie Firmen-Mitinhaberin sind, könnten Sie versuchen, mit Hilfe eines Anwalts noch größeren finanziellen Schaden zu verhindern. Auf jeden Fall sollten Sie sich mit der Selbsthilfegruppe der evangelischen Kirche in Hamburg in Verbindung setzen. Sie wurde von Menschen gegründet, deren Angehörige oder Freunde in zweifelhafte Sekten eingetreten sind. Sie tauschen Erfahrungen aus und erarbeiten Strategien, wie man die Beziehungen zu den Betroffenen verbessern kann und die Türen für Gespräche miteinander offen hält. Die Telefonnummer ist 32 78 48.

b)   Beantworten Sie die folgenden Fragen zum Text.   <u>LV:</u>   <u>A/Gr:</u>

1. Warum engagiert sich der Bruder plötzlich nicht mehr für seine Firma? Nennen Sie zwei Gründe.

   Weil ____   2   1+0,5+0,5

   ____

   und (weil) ____

   ____   2   1+0,5+0,5

4 P.   **4 P.**

	LV:	A/Gr:

2. Wie hat die Freundin des Bruders möglicherweise versucht, ihn zum Eintritt in die Sekte zu überreden? Nennen Sie zwei Argumente.

Wahrscheinlich hat sie versucht ihm klarzumachen, dass _______________________   2   1+0,5+0,5

____

und dass ____   2   1+0,5 +0,5

____

3. Warum soll sich die Schwester an die Selbsthilfegruppe wenden? Nennen Sie zwei Gründe.

Weil ____

____   2   1+0,5 +0,5

und (weil) ____

____   2   1+0,5 +0,5

8 P.   8 P.

12. Religion und Ethik

1. Antworten Sie in einem Satz auf die folgenden Fragen über die religiöse bzw. ethische Erziehung von Kindern in Ihrem Heimatland: Ab welchem Alter, wie lange, wie oft täglich/wöchentlich, von wem werden sie unterrichtet?

Bei uns in ____

____   1+1+1

____   0,5+0,5

2. Schreiben Sie einige Informationen über das größte (religiöse) Fest in Ihrem Heimatland auf. Wie heißt es, wann feiert man es, was macht man bei diesem Fest gewöhnlich?

____

____

____

____   1+1+1+1+1

____   0,5+0,5

10 P.

Insgesamt: 100 P.

Wie viel Zeit haben Sie gebraucht? _________ Minuten.

Lösungsschlüssel zu den Kontrollübungen

1. Alternativen

1. ..., was heißt LER (denn/eigentlich)?/wofür steht (eigentlich/denn) LER?/was versteht man (denn/eigentlich) unter LER? 2. ..., worum (es im LER-Unterricht) geht? 3. (Hier in der Zeitung) steht, (dass über 80% der Bevölkerung) konfessionslos aufgewachsen sind.

2. Präpositionen

1. (glauben) an (A) 2. (sich entscheiden) für (A) 3. (stehen) zu (D) (hier: zum) 4. (die Relation) zwischen (D) 5. (erzählen) von (D) 6. (wissen) von/über (A) 7. (informieren) über (A) 8. (teilnehmen) an (D) 9. (sich einsetzen) für (A) 10. (gehören) zu (D)

3. Nomen

1. Pflicht/obligatorisch 2. Alternative 3. Gehorsam 4. Selbstmord 5. Verfügung

4. Diskussionsformeln

1. Soweit ich weiß/Soweit ich informiert bin .../Wenn ich mich nicht irre/täusche ...
2. Ich kann mir nicht vorstellen, dass .../Ich habe (starke) Zweifel, ob ...
3. Was verstehst du unter ...?

5. Wortakzent

1. Weltreligion 2. Religionsunterricht 3. Studienplatz 4. Gesellschaft 5. Vergangenheit 6. alternativ 7. Zivildienst 8. Bundesrepublik

6. Umformung

1. (Ich fürchte), dass wir uns noch nicht einmal richtig vorgestellt haben.
2. Wir sind der Meinung, man sollte die Jugendlichen selbst entscheiden lassen, was ...

7. Komplexe Sätze

1. Schwester Elisabeth, die früher auf einem Luxusdampfer Stewardess war, lebt seit fünf Jahren in einem Kloster bei Augsburg./Seit fünf Jahren lebt Schwester Elisabeth, die früher auf einem Luxusdampfer Stewardess war, in einem Kloster bei Augsburg.
2. Den ganzen Tag arbeitet sie meist schweigend in verschiedenen Bereichen und (sie) ist dabei sehr glücklich. /Sie arbeitet den ganzen Tag meist schweigend in verschiedenen Bereichen und ...

8. Passende Adverbien

1. schon 2. noch nie/nicht, schon 3. Erst, nur 4. schon 5. erst, noch nicht 6. schon 7. noch 8. mehr 9. mehr.

9. Präpositionen und Endungen

1. Taizé ist der Name eines kleinen Dorf(e)s im französischen Burgund in der Nähe der Schweizer Grenze. 2. Hier gründete Roger Schutz eine Bruderschaft aus Mitgliedern verschiedener Konfessionen. 3. Seit etwa 20 Jahren veranstalten sie in verschiedenen Metropolen Europas Jugendtreffen.

10. Partikeln

1. mal denn/eigentlich 2. ja/doch 4. schon, eben/halt

11. Leserbrief

1. (Weil) er sich in eine Frau verliebt hat (die einer Sekte angehört hat) (und weil) er in ihre Sekte eingetreten ist./(Weil) er sich in eine Frau verliebt hat (und weil) er von da an pausenlos in Seminare ihrer Sekte ging.
2. (... dass) Arbeit (und Erfolg) im Leben nicht das Wichtigste ist/(sind)./ (... dass) es im Leben außer Arbeit und Erfolg auch noch etwas anderes gibt (und dass) er mit ihr zusammen in der Sekte wirklich glücklich wäre./(und dass) er in der Sekte die „Wahrheit" finden würde.
3. (Weil) sie dort Erfahrungen (mit Angehörigen von Sektenmitgliedern) austauschen kann und (weil sie) lernen kann, wie man die Beziehungen zu den Betroffenen verbessern kann./wie man mit den Betroffenen Kontakt halten kann.

12. Religion und Ethik

1. Bei uns in ... müssen/können die Kinder ab ... Jahren ...mal wöchentlich von Geistlichen/Lehrern/Lehrerinnen in ... in Religion/Ethik unterrichtet werden. Bei uns in ... wird kein Religions- oder Ethikunterricht angeboten./gibt es keinen Religions- oder Ethikunterricht. Die Kinder lernen alles von ihren Eltern.
2. Das größte Fest in ... heißt ... und wird am/vom ... bis zum ... gefeiert. Gewöhnlich macht man sich Geschenke./geht man in die Kirche./den Tempel./die Moschee .../ lädt Verwandte und Freunde zu einem Festessen ein./besucht sich ...

Kontrollstatistik zu Lektion 24						
Aufgabe	Punktzahl		Aufgabe	Punktzahl		Gesamtzeit:
	total	meine		total	meine	Punktzahl insgesamt: 100 Meine Punktzahl:
1	6		7	6		
2	10		8	12		
3	5		9	8		
4	6		10	5		
5	4		11	24		
6	4		12	10		

Hörverstehenstext

Staat, Religion und Schule

Für amerikanische Einwanderer war früher die Religionsfreiheit einer der häufigsten Gründe für ihre Reise in die neue Welt. Durch die strenge Trennung von Staat und Kirche wird dort bis heute garantiert, dass es z. B. in den öffentlichen Schulen keinen Religionsunterricht gibt. Der Unterricht beginnt zwar jeden Tag mit einem Gebet, aber konfessionell-religiöse Aktivitäten sind nicht erlaubt. Ein deutscher Austauschlehrer, der im landeskundlichen Teil seines Deutschunterrichts zur Weihnachtszeit einen Weihnachtsbaum und eine <u>Krippe</u> mit dem Jesuskind in den Unterricht mitbrachte, wurde vom Schulleiter darauf hingewiesen, dass religiöse Symbole nicht ins Klassenzimmer gehören, auch nicht, um folkloristische Sitten und Bräuche zu demonstrieren.

Auch in Frankreich sind Staat und Kirche in den öffentlichen Schulen streng getrennt. Es ist nicht erlaubt, religiöse Symbole in die Klassen mitzubringen und an den Wänden aufzuhängen.

In der Bundesrepublik geht die Trennung von Staat und Kirche nicht so weit. Anders als z.B. in den USA und Frankreich zieht der Staat in Deutschland in der Regel nicht nur die Steuern für die Kirchen automatisch vom Verdienst ab, sondern er finanziert auch die Ausbildung von Geistlichen an staatlichen Institutionen. In den Schulen ist der staatlich finanzierte und organisierte Religionsunterricht ein reguläres Lehrfach, in dem es Noten gibt. Schüler ab 14 Jahren, die nicht am Religionsunterricht teilnehmen wollen, brauchen nur die betreffenden Lehrer über ihre Entscheidung zu informieren. Besonders in den katholischen Landesteilen hängen häufig Kruzifixe in den Klassenzimmern.

Diktat

Kirchentage in Deutschland

Im Jahre 1949 wurde der erste evangelische Kirchentag gegründet und dann bis 1959 einmal jährlich veranstaltet. Seit 1959 finden evangelische und katholische Kirchentage im Wechsel alle zwei Jahre statt.

Die Kirchentage sind eine Bewegung von Freiwilligen, die Christen zuammenbringen und im Glauben stärken wollen. Sie dauern in der Regel fünf Tage. Das Programm wird in zahlreichen Planungsgruppen über ein Jahr lang vorbereitet. Zu den wichtigsten Ereignissen eines Kirchentages gehören Gottesdienste, Bibelarbeit, Vorträge, Diskussionen, Gruppenarbeiten, kulturelle Programme mit gemeinsamen Festen und Feiern. Unter anderem werden auch Themen der modernen Gesellschaft angesprochen wie Arbeitslosigkeit, Ausländerproblematik, Umwelt usw. Wichtige Initiativen der Kirchentage waren in der Vergangenheit Dialoge zwischen verschiedenen Religionen bzw. Konfessionen sowie moderne Formen der Gottesdienste mit neuer Musik und Meditation.

Detailhinweise zu Lektion 25: Vorurteil
Situationen – Texte – Redemittel

1. Vor dem Urteil kommt das Vorurteil

Die KT sollen sich zunächst die Bilder ansehen und dann mit Hilfe dieser oder ähnlicher Beispiele die unten auf der Seite stehende Aufgabe lösen. Mögliche Definitionen:

Unter Vorurteil versteht man Meinungen, die sich die Menschen über andere bilden oder die sie übernehmen, ohne genügend Informationen zu besitzen oder sie kritisch zu prüfen./

Vorurteil bedeutet, dass man sich eine zumeist negative Meinung über etwas oder jemanden bildet, ohne sich vorher zu informieren./

Man spricht von Vorurteil, wenn sich z.B. Einheimische gegenüber Ausländern negativ verhalten, ohne dafür objektive Gründe zu haben.

L kann dann erfragen, was für Vorurteile auf den Abbildungen dargestellt sind und was den KT spontan dazu einfällt.

Foto A: Vorurteile über Fremde, Ausländer
(s. auch STR 3. „Die Einheimischen und die Fremden")

Cartoon B, C, D: Vorurteile über Nationalitäten bzw. deren Eigenschaften. Bei den Cartoons handelt es sich natürlich um eine übertriebene, satirische Darstellung.

B: Hier wird übertrieben, indem suggeriert wird, dass Deutsche so fleißig sind, dass sie immer alle Hände voll zu tun haben und notfalls bei der Arbeit auch den Mund zu Hilfe nehmen müssen. Der Mann ist offensichtlich Arbeiter – was man an Helm und Schraubenschlüssel erkennt – geht zusätzlich einer weiteren Tätigkeit in Anzug und Krawatte nach und beschäftigt sich in seiner Freizeit mit Sticken – einer traditionellerweise Frauen vorbehaltenen Beschäftigung. Er stickt ein bekanntes deutsches Sprichwort in den Stickrahmen: *Ohne Fleiß kein Preis.*

C: Humorvoll scheinen die Deutschen nur auf Kommando zu sein, und zwar in der Karnevalszeit, was durch die rote Pappnase und die Narrenkappe der Karnevalisten symbolisiert wird.

D: Zur Umwelt scheinen die Deutschen ein gespaltenes Verhältnis zu haben, bei dem „die rechte Hand nicht weiß, was die linke tut". Grobe Umweltverschmutzung durch Industrie, Verkehr usw. lässt man zu und schützt sich dann nur durch eine Gasmaske, anstatt die Ursachen zu bekämpfen. Die hochgezogene Schulter, die geöffnete rechte Hand – eine Geste der Ratlosigkeit – sowie das Fragezeichen über dem Kopf symbolisieren diese Passivität. Bei geringfügiger Umweltverschmutzung dagegen ist der Deutsche sehr aktiv: Die linke Hand sucht nach einer passenden Entsorgungsmöglichkeit für einen Apfelrest – möglicherweise nach einer Mülltonne für „organischen Müll" – anstatt ihn einfach wegzuwerfen.

Foto E: Vorurteile über Behinderte
(s. auch STR 10. „Aktion Sorgenkind")

Cartoon F: Vorurteile über Frauen
(s. auch STR 9. „Frauen sind schlauer")
Zur Zeichnerin Marie Marcks s. Hb, Band 3, S. 25.

Foto G: Zu den Möglichkeiten Vorurteile zu überwinden, kann L die KT Vorschläge machen bzw. über eigene oder fremde Erfahrungen berichten lassen.

3. Die Einheimischen und die Fremden

Variante zu a): Die KT sehen sich Foto A zunächst genau an, schlie-
ßen dann ihre Bücher und beschreiben es schriftlich. Anschließend lesen einige ihre Beschreibungen vor, und die Varianten der übrigen KT werden gemeinsam besprochen.

L kann dann fragen, ob die KT das Foto für gestellt oder für echt halten und sie ihre Meinung begründen lassen. Tatsache ist, dass das Bild gestellt ist. Gerhard Kromschröder, Reporter bei der Illustrierten „STERN", hat sich als Inder verkleidet und versucht, zusammen mit seinem indischen Kollegen, dem Fotografen Ullal, herauszufinden, in wie weit die Deutschen Vorurteile gegenüber Ausländern haben. Die Berichte über ihre Erfahrungen haben sie im „STERN" (4/1982) veröffentlicht.

4. Gemütlicher Abend in der Gaisbergstraße

L, die nicht mit Band 1 gearbeitet haben bzw. den Film „Der Schwarzfahrer" von Pepe Danquart in Lektion 9 nicht gezeigt haben, können ihn bei Unterricht in Deutschland in den Landesbildstellen der Bundesländer, in Universitätsbibliotheken oder Video-Läden ausleihen.

Vor 4.: L kann den Film zunächst ohne Ton abspielen. Anschließend können die KT das Gesehene und inhaltlich Vermutete zusammenfassen und mit der Situation in ihrem Heimatland vergleichen. Nach dem zweiten Abspielen mit Ton dann weiter mit 4.

5. „Ein Essen für zwei"

Die Geschichte gehört zu den modernen Sagen, in denen von außergewöhnlichen Erlebnissen, Ereignissen oder rätselhaften Erscheinungen in der heutigen Zeit berichtet wird. Der Erzähler betont dabei immer, dass der Freund eines Freundes oder eines guten Bekannten die Geschichte garantiert selbst erlebt hat. So werden diese Berichte meist mit persönlichen Varianten erzählt, z.T. aber auch durch die Medien verbreitet.

Volkssagen, wie sie z.B. von den Brüdern Grimm in den „Deutschen Sagen" (1816-18) gesammelt wurden, gehören heute schon zum literarischen Bildungsgut und werden kaum noch mündlich erzählt. Einige Beispiele für solche Sagen sind in STUFEN INTERNATIONAL in den landeskundlichen Zwischenkapiteln abgedruckt: Wilhelm Tell (nach Lektion 11), Das Donauweibchen (nach Lektion 13), Der Rattenfänger von Hameln (nach Lektion 15), Die Loreley (nach Lektion 17), Die Weiber von Weinsberg (nach Lektion 19).

8. „Die blaue Amsel" von Franz Hohler

Zum Autor: Franz Hohler wurde 1943 geboren und lebt als Kabarettist und Schriftsteller in Zürich. Mit seinen Einmann-Programmen ist er auf vielen Bühnen und im Fernsehen in Ⓓ Ⓐ Ⓒⓗ aufgetreten. Darüber hinaus hat er Theaterstücke, Gedichte, Erzählungen und Romane geschrieben und wurde mit zahlreichen Preisen ausgezeichnet.

11. Vorurteile überwinden helfen

Um die Fantasie der KT nicht einzuschränken, sollte L das Foto des Rollstuhlfahrers bei geschlossenen Büchern über OHP projizieren und Antworten auf die Fragen unter a) und b) sammeln.

12. „Die Kaninchen, die an allem schuld waren" von James Thurber

a) L kann die KT anhand der Überschrift und der Zeichnung zunächst in 4-5 Gruppen Vermutungen anstellen lassen, worum es in diesem Text geht und die Vermutungen stichwortartig notieren lassen.

Anschließend werden die verschiedenen Varianten im Plenum verglichen.

Nach c): L kann weitere Fragen zum Text beantworten lassen, z.B.:

1. Welche menschlichen Verhaltensweisen werden hier kritisiert?
   (Intoleranz gegenüber der Lebensweise anderer (Z.3-5),
   Falsche Beschuldigungen erheben (Z.5-7, Z.7-9, Z.14-16),
   Fehlende Solidarität und Hilfsbereitschaft (Z.12-13),
   Anwendung von Gewalt gegenüber Schwächeren (Z.16),
   Verbreitung von Lügen und Unwahrheiten (Z.20-21).

2. Durch welche Formulierung wird die Irrationalität in der Argumentation der Wölfe immer wieder deutlich? (Durch den Gegensatz zwischen den unhaltbaren Anschuldigungen und der Phrase: „... die ja, wie jedermann weiß ..."

3. Welche Textstellen sind ironisch gemeint?
   L kann eventuell zunächst nach der Bedeutung von 'Ironie' fragen. Eine mögliche Definition: Man übt Kritik oder macht sich indirekt über jemanden lustig, indem man etwas anderes oder das Gegenteil von dem sagt, was man meint. Z.B., wenn der Chef einen Angestellten, der ständig zu spät kommt, fragt: „Wie schaffen Sie es, immer so pünktlich zu sein?"
   Ironie im Text:
   - „ ... die ja wie jedermann weiß ..." (Z.7, Z.8, Z.14-16),
   - „ ... denn das war die einzig richtige" (Z.5),
   - „ ... die Kaninchen zu zivilisieren ..." (Z.9),
   - „ ... natürlich um ihnen zu helfen ... natürlich um sie zu schützen." (Z.17-18).

d) Als Vater der europäischen Fabeln gilt der griechische Dichter Äsop, der vermutlich um die Mitte des 6. Jahrhunderts vor Christus auf der griechischen Insel Samos lebte. In traditionellen Fabeln sind die handelnden 'Personen' meist Tiere, die neben ihren tierischen jeweils eine typisch menschliche Charaktereigenschaft haben. Der Löwe z.B. ist ein gerechter Herrscher, der Fuchs ist schlau, der Wolf gefräßig und böse, der Esel dumm usw. L kann die KT fragen, ob die Tiere in ihrem Land mit den gleichen Eigenschaften verbunden werden und weitere Beispiele nennen lassen. Es treten meist nur zwei Tiere auf, die zwei gegensätzliche Eigenschaften verkörpern. Zunächst wird die Situation geschildert, in der sich das Geschehen meist dialogisch bis zum Höhepunkt entwickelt. Aus dem Schluss wird dann eine moralische Belehrung für den Leser abgeleitet.

Im 17. und 18. Jahrhundert wurden die Fabeln im europäischen Raum durch Jean de La Fontaine (1621-1695) und Gotthold Ephraim Lessing (1729-1781) als literarische Kurzform wieder sehr beliebt. An die Stelle der moralischen Belehrung am Ende trat nun die Betonung der bürgerlichen Lebensklugheit. Der Hauptunterschied zu traditionellen Fabeln besteht darin, dass die Tiere hier nicht nur eine typisch menschliche Charaktereigenschaft verkörpern, sondern sich insgesamt wie Menschen verhalten.

e) Diese Geschichte wurde 1939 in New York veröffentlicht und bezieht sich auf die Judenverfolgung im Dritten Reich.

Zum Autor: James Thurber wurde am 8. Dezember 1894 in den USA, in Columbus/Ohio, geboren. Er starb am 2. November 1961 in New York. Er war Schriftsteller und Zeichner. Bekannt wurde er durch seine selbst illustrierten satirischen Skizzen, seine Fabeln, Erzählungen und Essays über Moralkritik an der Zeit. Unter anderem schrieb er „75 Fabeln für Zeitgenossen" (1956), aus denen der Text im Lb stammt.

Grammatik

Konjunktiv II
Irreale Vergleichssätze mit *als ob*

1. In der Straßenbahn

L kann vor Beginn der Übungen zu den irrealen Vergleichssätzen noch einmal die Suggestiv-Frage stellen, warum der Konjunktiv zu den leichtesten Strukturen der deutschen Grammatik zählt. Antwort: Es gibt nur zwei Zeitstufen (Gegenwart/Zukunft und Vergangenheit, symbolisiert durch den zweigesichtigen Gott Janus), siehe Lb 2, Lektion 15, Gr 11. und Lektion 20, Gr 7.)

Zur Wiederholung kann L noch einmal die „Lernhilfen" aus Lb 2, Lektion 20, Gr 7.c) (S. 184) aufschreiben bzw. aufsagen lassen und anschließend kurze Drills anbieten. Z.B.:

L:	KT:
Ich habe heute keine Zeit.	
Aber wenn ich Zeit ...	hätte, dann ..
Ich hatte gestern keine Zeit.	
Aber wenn ich Zeit ...	gehabt hätte, dann ...
Ich konnte nicht mitkommen.	
Aber wenn ich ...	hätte mitkommen können, dann ...
Ich bin heute nicht zu Hause.	
Aber wenn ich zu Hause ..	wäre, dann ...
Ich war gestern nicht zu Hause.	
Aber wenn ich zu Hause ...	gewesen wäre, dann ...
usw.	

Nominalstil – Verbalstil

3. Übersicht

a) Rahmenwörter bzw. Subjunktoren

L kann die folgende Übersicht über OHP projizieren und mit weiteren Beispielen erklären.

Bevor und *nachdem*   leiten immer einen Nebensatz ein, *nachdem* signalisiert immer **Vorzeitigkeit,** *bevor* aber nicht. Z.B.:

Nachdem ich gegessen habe, gehe ich spazieren   NS = zeitlich **früher** als HS

(spazieren gehen, **davor** essen)

Bevor ich esse, gehe ich spazieren.   NS = zeitlich **später** als HS

(spazieren gehen, **danach** essen)

b) Satzverbindende Adverbien

Damit die KT die Adverbien *vorhin* und *nachher* nicht verwechseln, kann L die folgenden beiden Lernhilfen für alle KT fotokopieren, ersatzweise an die Tafel zeichnen. L sollte ausdrücklich darauf hinweisen, dass *vorhin* und *nachher* immer nur 'heute', also am Tag der Sprechzeit, verwendet werden dürfen.

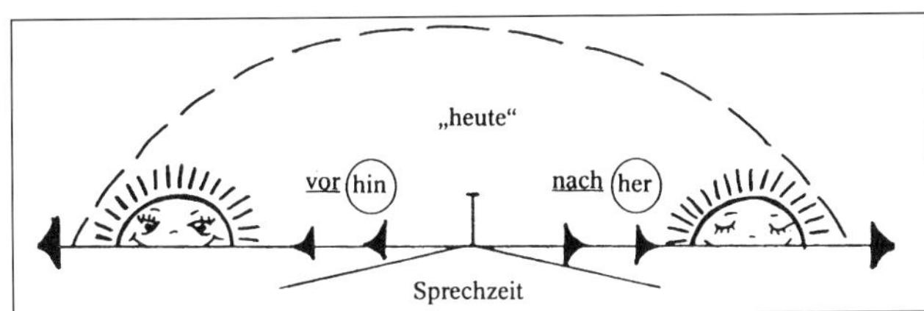

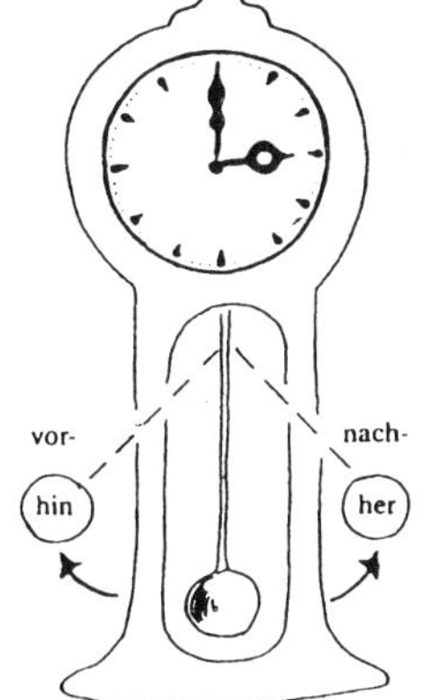

> Vorhin und nachher,
> das vergess' ich nicht mehr.

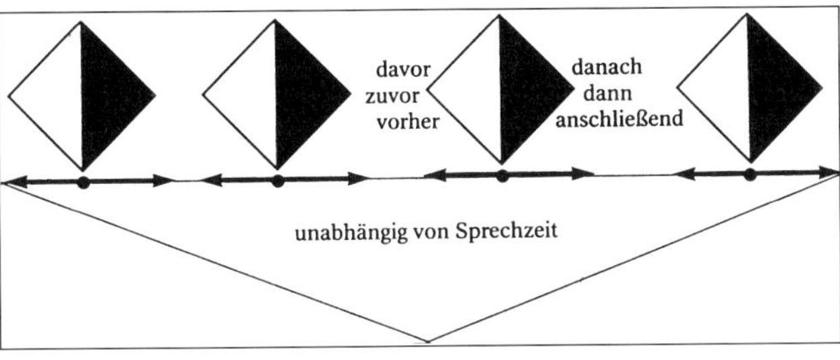

Davor/zuvor/vorher und *danach/dann/anschließend*
sind sprechzeitunabhängig, das heißt, man kann sie in Gegenwart,
Vergangenheit und Zukunft benutzen. Sie drücken aus, dass etwas
vor oder nach einem bestimmten Zeitpunkt, Ereignis oder Geschehen
stattfindet oder stattgefunden hat, z.B.:

Ich war gestern im Kino, **vorher/danach** habe ich in der
Stadt etwas gegessen.

Ich will morgen ins Kino gehen, **vorher/danach** esse ich in der
Stadt noch etwas.

Zuvor und **vorher** sind bedeutungsgleich mit **davor**.
Nur **davor** kann man bei Reihungen mehrfach benutzen.
Der Wortakzent liegt dann immer auf der ersten Silbe (d**a**vor).
Zuvor ist schriftsprachlich.
Dann und **anschließend** sind bedeutungsgleich mit **danach**.

Aktivitäten

Weitere Übungen und Spiele

1. Gymnastikübung zum Genus
Um den Wortschatz der Lektion zu wiederholen, kann L die KT in drei
Gruppen einteilen. Die erste soll jeweils bei maskulinen, die zweite
bei neutralen und die dritte bei femininen Wörtern aufstehen, die L
aus dem Bereich „Situationen – Texte – Redemittel" nennt. Z.B.:

L: Witz   – Gruppe 1 steht auf, und ein KT sagt das Nomen mit
                    Artikel und Pluralform.
   Panik   – Gruppe 3 steht auf, …
   Klischee – Gruppe 2 steht auf, … usw.

2. Konjunktiv II-Meister/in
Kettenübung:
KT1 beginnt. Z.B.: *Wenn ich gestern Zeit gehabt hätte, wäre ich
schwimmen gegangen.*
KT2 wiederholt: *Wenn er/sie gestern Zeit gehabt hätte, wäre er/sie
schwimmen gegangen.*
KT2 fügt ein weiteres Beispiel hinzu: *Und ich hätte Tennis gespielt.*
KT3 wiederholt das von KT1 und 2 Gesagte und fügt ein weiteres Bei-
spiel hinzu.
Wer einen Fehler macht, scheidet aus. Wer übrig bleibt, ist Konjunk-
tiv-Meister/in.

3. Spiel mit der Maus (Nominal- und Verbalstil)
L teilt die KT in zwei Gruppen.
KT1 aus Gruppe A sagt einen kurzen Satz mit einer Präposition am
Anfang wie in der Übersicht Gr 3. Z.B.: *Trotz des Regens bin ich spa-
zieren gegangen.* und wirft eine kleine Stoffmaus, einen Papierball
oder Ähnliches zu KT1 aus Gruppe B. Diese/r muss den Satz in einen
Nebensatz umformulieren – *Obwohl es geregnet hat, bin ich spazie-
ren gegangen.* –, dann einen neuen Beispielsatz mit einer anderen
Präposition am Anfang nennen und die Maus zu KT2 aus Gruppe A
werfen, usw.
Die Fehler jeder Gruppe werden an der Tafel markiert, und die Gruppe mit den wenigsten Fehlern hat gewonnen.

4. Sprichwörter-Raten
L schreibt die Anfänge von möglichst vielen Sprichwörtern aus STU-
FEN INTERNATIONAL auf Kärtchen und lässt jeweils 1 KT 'blind' eins
ziehen. Wenn KT das Sprichwort korrekt ergänzen kann, darf er/sie
weitere Kärtchen ziehen, und zwar so lange, bis er/sie einen Fehler
macht. Dann ist KT2 an der Reihe.
Wer am Ende die meisten Kärtchen hat, hat gewonnen.

Beispiele:
Reden ist Silber – (Schweigen ist Gold.)
Wie man in den Wald hineinruft – (so schallt es heraus.)
Übung macht – (den Meister.)
Früh übt sich – (wer ein Meister werden will.)
Es ist noch kein Meister – (vom Himmel gefallen.)
Was Hänschen nicht lernt – (lernt Hans nimmermehr.)

(Aus STUFEN INTERNATIONAL, Lb 2:)

Gegensätze – (ziehen sich an.)
Gleich und gleich – (gesellt sich gern.)
Liebe – (macht blind/geht durch den Magen.)
Erst die Arbeit – (dann das Vergnügen.)
Viele Köche – (verderben den Brei.)
Hunger ist – (der beste Koch.)
Ein voller Bauch – (studiert nicht gern.)

Kontrollübungen zu Lektion 25

1. Schreiben Sie statt „_Die_ Engländer" eine klischeefreie Formulierung auf.

1. Die Engländer tragen unmögliche karierte Anzüge.

____

____

0,5+0,5

1 P.

2. Stellen Sie dem Rollstuhlfahrer Georg Rentrup drei Fragen _zu seiner Tour_. Benutzen Sie jeweils verschiedene Partikeln.

1. ____

____

1+0,5+0,5

2. Was würden Sie machen, wenn ____

____

1+0,5+0,5

und (wenn) ____

1+0,5+0,5

6 P.

3. Ergänzen Sie die fehlenden Verben in der passenden Form.

1. Die „Aktion Sorgenkind" wurde 1964 ...   __________   1+0,5

2. Sie soll dazu beitragen, Vorurteile zu ...   __________   1+0,5

3. Naturkatastrophen können große Schäden ...   __________   1+0,5

4. Am Ende der Konferenz wurde ein Beschluss ...   __________   1+0,5

5. Für die Verspätung wurde kein Grund ...   __________   1+0,5

6. Wissen Sie, welche Unterschiede zwischen Hasen und Kaninchen ...   __________   1+0,5

9 P.

4. Schreiben Sie bedeutungsähnliche Ausdrücke.

1. Es ist _falsch zu glauben_, dass Frauen weniger intelligent sind. __________   1+0,5

2. Frauen _arbeiten oft besser_ als Männer.   __________   1+0,5

3. Frauen sind genauso _talentiert_ wie Männer.   __________   1+0,5

4. Wissenschaftler haben sich _lächerlich gemacht_.   __________   1+0,5

5. Die Wölfe wollten die Kaninchen _attackieren_.   __________   1+0,5

6. Die anderen Tiere wollen den Kaninchen _eventuell_ helfen.   __________   1+0,5

9 P.

5. Schreiben Sie jeweils eine bedeutungsähnliche Diskussionsformel auf.

1. Vielleicht habe ich mich nicht klar ausgedrückt, aber ...

____

1+0,5+0,5

2. Das muss ein Missverständnis sein.

____

1+0,5+0,5

4 P.

6. Wie heißen die Präpositionen?

1. In dem Film geht es ______ einen jungen Afrikaner und eine alte Frau.　　　1

2. Die Leute zählen Aisye schon ______ den Deutschen.　　　1

3. Der schwarze Amselmann verliebte sich ______ eine blaue Amselfrau.　　　1

4. Was halten Sie ______ dem Titel „Frauen sind schlauer"?　　　1

5. Selbst die jüngsten Kinder erinnern sich ______ die Kaninchenfamilie.　　　1

6. Die Kaninchen hatten angeblich Schuld ______ allem Unglück.　　　1

7. Die anderen Tiere erkundigten sich ______ den Wölfen nach den Kaninchen.　　　1

8. Die anderen Tiere wollten wissen, was ______ den Kaninchen geschehen ist.　　　<u>1</u>

8 P.

7. Beenden Sie den Satz sinngemäß.

1. Eine alte Frau beschimpfte einen Afrikaner in der Straßenbahn.

　Aber er tat so, als ob ________________________________　1+1+0,5

2. Er hatte ihre Fahrkarte aufgegessen.

　Aber er tat so, als ob ________________________________　1+1+0,5

5 P.

8. Bilden Sie jeweils einen komplexen Satz mit Brücken- und Rahmenwörtern. Beginnen Sie jeden Satz mit einem anderen Rahmenwort.

1. Ein Schüler ging in ein Selbstbedienungsrestaurant. Er wollte zu Mittag essen.

　________________________________　0,5+0,5

　________________________________　0,5+0,5

2. Er hatte seinen Löffel vergessen. Er stand auf. Er holte sich einen.

　________________________________　1+1

　________________________________　0,5+0,5

3. Er kam zurück. Er sah einen jungen Mann. Er aß seine Suppe.

　________________________________　1+1

　________________________________　0,5+0,5

8 P.

9. Formen Sie die unterstrichenen Satzteile in Nebensätze um.

1. <u>(An)Statt einer Entschuldigung</u> lächelte ihn der junge Mann an.

　________________________________　1+0,5+0,5

2. Schließlich stand er auf und ging <u>ohne Dank</u> weg.

　________________________________　1+0,5+0,5

3. <u>Nach dem Essen</u> unterhielten sie sich miteinander.

　________________________________　1+0,5+0,5

4. <u>Beim Abschied</u> verabredeten sie ein neues Treffen.

　________________________________　1+0,5+0,5

8 P.

10. Formen Sie die Sätze ins Perfekt um.

1. Georg Rentrup wollte etwas für Behinderte tun.

____   1

2. Er lernte seine Behinderung akzeptieren.

____   1
                                                2 P.

11. Eigenarten

a) Lesen Sie den Anfang von Peter Bichsels Text „Eigenarten".

Als ich vor zehn Jahren für längere Zeit in Amerika war, versuchte ich wieder einmal – und wieder einmal erfolglos – Tagebuch zu führen. Ich wollte meine Beobachtungen, meine Erfahrungen und Erlebnisse aufzeichnen. Schon nach wenigen Tagen gab ich es wieder auf. Ich stellte fest, dass es mir im fremden Amerika nicht gelang, von Menschen zu schreiben – ich schrieb dauernd von „der Amerikaner" oder „die Amerikaner". Sobald mir etwas auffiel, was ich nicht als gewöhnlich empfand, was bemerkenswert und außergewöhnlich war, dann bezeichnete ich es gleich als „amerikanisch". Wenn ich einen Menschen sah, der so oder so über die Straße ging, dann stand in meinem Tagebuch: „Die Amerikaner gehen so und so über die Straße."

Weil ich in einem fremden Land das Außergewöhnliche nicht vom Gewöhnlichen unterscheiden kann, behauptete ich einfach, dass alles, was ich hier sehe, typisch amerikanisch sei. Weil wir wissen, dass die anderen anders sind, deshalb haben sie es auch zu sein. Schließlich macht man auch keine Reise, um festzustellen, dass die Leute dort gleich sind wie wir, gleich freundlich, gleich sauber, gleich fleißig. Die Reise lohnt sich schließlich nur, wenn die anderen anders sind.

Daraus entstehen auch die Vorurteile. Ich stelle mir etwas vor, wenn ich höre: Ein Italiener, ein Jugoslawe, ein Holländer. Ich stelle mir halt dann doch nicht einen Menschen vor, sondern den Angehörigen einer Nation, und eine Nation, das ist etwas mit gemeinsamen Eigenschaften. Wenn ich mich ein wenig darüber freue, daß ein Schweizer einen Sportwettkampf gewinnt, dann freue ich mich eigentlich darüber, daß ein gleicher wie ich gewonnen hat. ...

b) Beantworten Sie die folgenden Fragen zum Text.

1. Warum gab Peter Bichsel das Tagebuchschreiben bald wieder auf?

   Weil ____

   ____

   ____   LV: A/Gr:

   und ____

   ____   2   1+0,5+05

   ____   2   1+0,5+05

2. Warum macht man Reisen in fremde Länder?

   Weil ____

   ____   2   1+0,5+05

3. Wie entstehen Vorurteile über Angehörige anderer Nationen?

   Dadurch, dass _____________________________________

   ____   2   1+0,5+05
                                                8 P.   **8 P.**

12. Der Schwarzfahrer
   Fassen Sie die Geschichte vom Schwarzfahrer kurz zusammen, ähnlich wie Nworah sie seinen Freunden erzählt hat. Verwenden Sie die folgenden Vorgaben, und beachten Sie das Tempus.
   Kontrolleur, einsteigen – Afrikaner, Frau Karte wegreißen, aufessen – Kontrolleur, will Karte sehen – glaubt Frau nicht – muss aussteigen – Strafe zahlen

Ein junger Afrikaner setzte sich in einer Straßenbahn neben eine alte Frau. Während der Fahrt

St/l: | A/Gr:

6 P. | 18 P.

Insgesamt: | 100 P.

Wie viel Zeit haben Sie gebraucht? _________ Minuten.

Lösungsschlüssel zu den Kontrollübungen

1. Klischeefreie Formulierung
Einige/Manche Engländer tragen unmögliche karierte Anzüge.
Es gibt/Ich kenne Engländer, die … /Ich habe gehört, dass es Engländer gibt, die …

2. Fragen an Georg Rentrup
Mögliche Varianten:
1. Warum machen Sie diese Tour?/Was bezwecken Sie mit dieser Tour?/Was ist Ihnen bei Ihrer Tour besonders wichtig?/Welche positiven/negativen Erfahrungen haben Sie auf Ihrer Tour gemacht/gesammelt?
2. Was würden Sie machen, wenn Sie allein auf einer Landstraße wären – und Ihr Rollstuhl kaputt ginge?/kaputt gehen würde?/– und Sie eine Panne hätten?/– und plötzlich ein Unwetter käme?/ein Unwetter kommen würde?/
Was würden Sie machen, wenn Sie unterwegs krank würden und nicht die richtigen Medikamente bei sich hätten? Was würden Sie machen, wenn Sie ins Fernsehen eingeladen würden und über Ihre Touren berichten sollten?

3. Verben
1. gegründet 2. beseitigen/überwinden (abzubauen) 3. verursachen/anrichten 4. gefasst 5. genannt/angegeben 6. bestehen (existieren)

4. Bedeutungsähnliche Ausdrücke
1. Es ist ein Irrtum 2. leisten … mehr 3. begabt 4. blamiert 5. angreifen 6. unter Umständen/vielleicht/wenn es möglich ist

5. Diskussionsformeln
Mögliche Varianten:
1. Vielleicht ist das nicht ganz deutlich geworden, aber ich meine …/Vielleicht habe ich das nicht klar/eindeutig genug gesagt/formuliert. 2. Das hast du falsch verstanden./Du hast mich nicht richtig verstanden./Das habe ich so nicht gesagt/nicht behauptet.

6. Präpositionen
1. (gehen) um (A) 2. (zählen) zu (D) 3. (sich verlieben) in (A) 4. (halten) von (D) 5. (sich erinnern) an (A) 6. (Schuld haben) an (D) 7. (sich erkundigen) bei (D) 8. (geschehen) mit (D)

7. als ob
1. Aber er tat so, als ob er nichts verstehen würde./nichts verstanden hätte./kein Deutsch könnte./taub wäre./nichts hören würde./sie nicht mit ihm sprechen würde.
2. Aber er tat so, als ob er gar nichts gemacht hätte./nichts mit ihr zu tun hätte.

8. Komplexe Sätze
1. Um zu Mittag zu essen, ging ein Schüler in ein Selbstbedienungsrestaurant./(Weil er zu Mittag essen wollte, ging …)
2. Weil er seinen Löffel vergessen hatte, stand er auf und holte sich einen.
3. Als er zurückkam, sah er einen jungen Mann, der seine Suppe aß/sah er einen jungen Mann seine Suppe essen.

9. Nebensätze
1. (An)Statt sich zu entschuldigen, lächelte ihn der junge Mann an.
2. Schließlich stand er auf und ging weg, ohne (ihm) zu danken./ohne sich bei ihm zu bedanken./und ging, ohne (ihm) zu danken, weg.
3. Nachdem sie gegessen hatten, unterhielten sie sich miteinander.
4. Als sie sich verabschiedeten, verabredeten sie ein neues Treffen.

10. Infinitivsätze im Perfekt
1. Georg Rentrup hat etwas für Behinderte tun wollen.
2. Er hat seine Behinderung akzeptieren gelernt.

11. Eigenarten
b) Mögliche Varianten:
1. Weil es ihm nicht gelang, von Menschen zu schreiben./Weil er nicht von Menschen schreiben konnte, sondern dauernd von „der" oder „die" Amerikaner/von „den" Amerikanern, und weil er immer gleich alles Außergewöhnliche als „amerikanisch" bezeichnete/und weil er das Außergewöhnliche nicht vom Gewöhnlichen unterscheiden konnte.
2. Weil man feststellen will, ob/dass die anderen (wirklich) anders sind./wie die anderen sind.
3. Dadurch, dass man sich nicht einzelne Menschen/Individuen vorstellt, sondern Angehörige einer Nation (mit gemeinsamen Eigenschaften).

12. Der Schwarzfahrer
Mögliche Varianten:
Während der Fahrt schimpfte sie (laut) über Ausländer. (Der Afrikaner tat so, als ob er ihr gar nicht zuhören würde./kein Deutsch könnte./nichts verstehen würde./taub wäre.)
Schließlich/Nach einer Weile/Nach einiger Zeit stieg ein Kontrolleur ein. Plötzlich/Auf einmal riss der Afrikaner ihr die Fahrkarte weg/aus der Hand und aß sie auf./ Als der Kontrolleur ihre Karte sehen wollte, sagte sie: „Der Neger hat sie aufgefressen."/dass der Neger sie aufgefressen hatte./hätte.
Natürlich glaubte ihr der Kontrolleur nicht, und sie musste aussteigen und Strafe zahlen./und obwohl sie heftig protestierte/trotz ihres lauten Protests, musste sie aussteigen und Strafe zahlen.

Kontrollstatistik zu Lektion 25						
Aufgabe	Punktzahl		Aufgabe	Punktzahl		Gesamtzeit:
	total	meine		total	meine	Punktzahl insgesamt: 100 Meine Punktzahl:
1	1		7	5		
2	6		8	8		
3	9		9	8		
4	9		10	2		
5	4		11	16		
6	8		12	24		

Hörverstehenstext

Grenzenlose Berufschancen

Bürger aus Ländern der Europäischen Union können heute überall in Europa arbeiten. Eine spezielle Arbeitserlaubnis ist nicht mehr nötig. Deshalb möchten in den letzten Jahren immer mehr junge Deutsche einige Zeit in ihrem Beruf im Ausland verbringen, und zwar am liebsten in Großbritannien oder Frankreich. Vier von zehn deutschen Arbeitnehmern entscheiden sich für diese beiden Länder. Ein Auslandsaufenthalt für einige Monate oder Jahre ist auf jeden Fall ein Vorteil für die weitere berufliche Karriere. Eine Umfrage des Instituts für Arbeitsmarktforschung hat ergeben, dass jeder achte Beschäftigte in Deutschland Fremdsprachenkenntnisse an seinem Arbeitsplatz braucht. Sprachen und berufliche Flexibilität sind aus diesem Grund für die Firmen sehr wichtig. Viele Unternehmen bewerten es positiv, wenn jemand Berufserfahrungen in einem anderen Land gesammelt hat.

Um jungen Leuten Jobs im Ausland zu vermitteln, gibt es in den Ländern der Europäischen Union speziell ausgebildete Europa-Experten in den Arbeitsämtern der großen Städte. Sie helfen beim Job-Wechsel ins Ausland und informieren über Arbeitsbedingungen und Berufschancen auf dem EU-Arbeitsmarkt. Sie kennen Kultur und Lebensbedingungen der anderen Mitgliedsstaaten und geben den Interessenten wertvolle Tipps für das gewünschte Land. Darüber hinaus informieren sie über die Voraussetzungen, die man erfüllen muss, ob z.B. Schulabschlüsse und Diplome akzeptiert werden, was in der Bewerbung stehen muss, wie viel Geld man ungefähr verdient, wie hoch Versicherungen und Steuern sind und worauf man bei den Arbeitsverträgen achten muss.

Jede gemeldete Stelle geben die Euro-Berater sofort per Computer in eine zentrale Datenbank ein, so dass sich Interessenten auf dem Bildschirm aktuelle Angebote europaweit ansehen können.

Wer auf diesem Weg nicht schnell genug etwas findet, kann auch privat aktiv werden. Man kann sich von den Beratern wichtige Adressen geben lassen und dann im Urlaub in das gewünschte Land fahren, um persönlich Kontakt mit großen Firmen oder Arbeitsvermittlungen aufzunehmen. Wenn man eine abgeschlossene Berufsausbildung und gute Kenntnisse der Landessprache hat, hat man im Allgemeinen gute Chancen, auch einen Job zu finden.

Diktat

Geteile Arbeit – doppelter Vorteil

Die vorhandenen Arbeitsplätze in Deutschland reichen nicht aus. Aber bei einer Umfrage gaben 40 Prozent der Vollzeitbeschäftigten an, dass sie gern weniger arbeiten würden. Könnte man also nicht durch das Teilen von Stellen mehr Arbeitsplätze schaffen? Im Prinzip, ja, ist die einstimmige Antwort von Gewerkschaften, Politikern und Arbeitgebern.

Doch von der grundsätzlichen Bereitschaft bis zur praktischen Umsetzung ist es ein langer Weg, insbesondere weil die Unternehmer Angst vor steigenden Personalkosten haben.

Dabei gibt es bei geteilter Arbeit viele Vorteile. Die Maschinen könnten länger produzieren, Krankheiten von Mitarbeitern könnten besser ausgeglichen werden und die Produktivität würde steigen, weil alle besser motiviert wären. Zwar würden sich zunächst die Personalkosten erhöhen, weil die Verwaltungskosten für Voll- und Teilzeitbeschäftigte gleich sind, aber schon nach weniger als einem Jahr könnten die Unternehmen Gewinne von 2-4 Prozent machen.

Detailhinweise zu Lektion 26:
Arbeit und Beruf
Situationen – Texte – Redemittel

1. Arbeit – das halbe Leben?
Nach a) kann L die KT die Bilder beschreiben und mit der Situation im eigenen Land vergleichen lassen.

Foto A: Lehrlingsausbildung in einem Industriebetrieb
(s. STR 2. „Einstieg in das Arbeitsleben: Das Duale System")

Cartoon B: Rationalisierung und Automatisierung in Betrieben/Wegfall von Arbeitsplätzen

Foto C: Arbeitslosigkeit und Gang zum Arbeitsamt
(s. STR 6. „Arbeitslos")

Hintergrundinformationen für L zu „Arbeitsämtern":
Arbeitsämter sind die Zweigstellen der Bundesanstalt für Arbeit in Nürnberg. Die Bundesanstalt für Arbeit ist eine Körperschaft des öffentlichen Rechts und verwaltet sich selbst, das heißt die Entscheidungen werden gemeinsam von Vertretern der Gewerkschaften, der Arbeitgeberverbände und des Staates getroffen. Die Arbeitsämter sollen dazu beitragen, die Arbeitslosigkeit möglichst gering zu halten, die Beschäftigungsstruktur zu verbessern und zugleich das Wirtschaftswachstum zu fördern. Zu den Aufgaben der Arbeitsämter gehören z.B. Arbeitslosenversicherung, Berufs- und Ausbildungsberatung, Arbeitsvermittlung, berufliche Weiterbildung, Rehabilitation Behinderter sowie Zahlung von Arbeitslosengeld, Arbeitslosenhilfe, Kurzarbeitergeld usw. Die Dienste der Arbeitsämter sind kostenlos.
(s. auch Gr 2. „Arbeitslosigkeit" und Diktat, Hb, S. 58.)

Foto D: Stellensuche
(s. STR 8. „Auf Arbeitssuche" und 9. „Bewerbung um einen Job")

Foto E: Teilzeitarbeit, Frauenarbeit
(s. Gr 5: „Neue Arbeitsformen: Jobsharing" und „Kommunikationszentrum", S. 102: „Arbeitswoche einer Telearbeiterin")
Hintergrundinformation: Obwohl die Gewerkschaften schon seit Jahren für gleiche Bezahlung bei gleicher Arbeit von Frauen und Männern kämpfen, ist dieses Ziel vor allem in der Wirtschaft noch nicht erreicht.

2. Einstieg in das Arbeitsleben: Das Duale System
b) Zu Zeile 1. *Nach der Schulausbildung* bedeutet hier nach der neunjährigen (in einigen Bundesländern zehnjährigen) Schulpflicht.
Im Anschluss an g) kann die berufliche Ausbildung in den Heimatländern thematisiert werden.
Dazu können die wichtigsten Punkte im Plenum gesammelt und von einem/einer KT an die Tafel geschrieben werden:
1. Schulische Voraussetzungen, eventuelle Unterschiede für bestimmte Berufsgruppen
2. Art der Ausbildung. Z.B. Wer vermittelt die theoretischen und die praktischen Kenntnisse?
3. Dauer der Ausbildung
4. Tägliche/Wöchentliche Arbeitszeiten
5. Bezahlung während der Ausbildung bzw. Kosten der Ausbildung
6. Prüfungen, Abschlüsse
7. Mögliche Weiterbildung

Bei Unterricht in Ⓓ Ⓐ ⒸⱧ erfragen die KT zunächst in Kleingruppen Informationen über die Heimatländer zu den oben genannten Punkten, notieren die wichtigsten Fakten und stellen sie vor. Z.B.: *Besim hat gesagt, dass man in der Türkei mit einer Berufsausbildung beginnen kann, wenn man …*
Bei Unterricht außerhalb von Ⓓ Ⓐ ⒸⱧ können die KT ebenfalls in Kleingruppen die Unterschiede der Berufsausbildung in Deutschland und im Heimatland aufschreiben und anschließend im Plenum vergleichen. Z.B.: *Anders als in Deutschland/Im Gegensatz zu Deutschland/Im Unterschied zu Deutschland …*

7. Lohnnebenkosten
Zu Verdienst, Brutto- und Nettoeinkommen, Steuern, Abgaben usw. vergleiche Lb 2, Lektion 13, S. 51f.

8. Auf Arbeitssuche
a) Alternative Form beim Datum: Heidelberg, den 15.2.1997
Zu den Anrede- und Grußformeln kann L eine kurze Übung einschieben und die folgenden Formeln über OHP projizieren oder ersatzweise diktieren. Die KT sollen die Anredeformeln möglichst in eine linke Spalte schreiben wie im Beispiel, damit die Grußformeln (siehe unten) anschließend rechts ergänzt werden können. (1 KT schreibt an der verdeckten Tafel.):

Mein süß____ Schätzchen!	____________
Lieb____ Eva, lieb____ Peter,	____________
Lieb____ Herr Weinert,	____________
Sehr geehrt____ Frau Gruber,	____________
Sehr geehrt____ Damen und Herren,	____________

Herzlich____ Grüße – Mit freundlich____ Grüßen – Einen ganz herzlich____ Gruß – Mit einem lieb____ Gruß und 1000 Küssen – Mit den best____ Grüßen

Die KT ergänzen und vergleichen die Endungen und ordnen mögliche Grußformeln den Anredeformeln zu. Zum Teil sind mehrfache Zuordnungen möglich.

9. Bewerbung um einen Job
Bei Unterricht in D kann L auf Nachfrage folgende Informationen weitergeben:
Ausländer, die nicht aus EU-Staaten kommen, dürfen innerhalb eines Kalenderjahres 90 Tage oder 13 Wochen arbeiten. (Für Bürger aus den EU-Staaten gibt es keine Beschränkungen.) Wie viele Stunden das täglich sind, bleibt dem Einzelnen überlassen. Aber z.B. schon zwei Arbeitsstunden pro Tag zählen als ein Arbeitstag.
Jeder Arbeitsuchende braucht eine Arbeitserlaubnis vom Arbeitsamt und eine Steuerkarte, in die der Verdienst eingetragen wird. Von diesem Verdienst müssen Steuern gezahlt werden, die aber am Jahresende auf Antrag wieder zurückgezahlt werden, wenn der Jahresverdienst 7235 € nicht übersteigt.
Außerdem müssen bei einem Verdienst ab 325,- € pro Monat neben den Steuern auch etwa 20 % Rentenversicherung gezahlt werden, und zwar 10 % vom Arbeitgeber und 10 % vom Arbeitnehmer, die am Jahresende nicht zurückerstattet werden (Zahlen von 2002).

L kann ergänzen, dass es wegen der hohen Zahl von Arbeitslosen zur Zeit nicht leicht ist, einen Job zu finden, besonders wenn sprachliche Verständigungsschwierigkeiten hinzukommen.

10. „Anekdote zur Senkung der Arbeitsmoral" von Heinrich Böll
Kurzinformationen zu Heinrich Böll s. Lb, S. 121, E.

13. „Am Fließband" von Günther Wallraff
d) Durch video- und computergesteuerte Arbeitsgänge müssen Arbeiter kaum noch schwere körperliche Arbeit leisten. Sie haben hauptsächlich Kontrollfunktion. Der durch Automatisierung und Rationalisierung verringerte Bedarf an Arbeitskräften hat zu Massenentlassungen und Arbeitslosigkeit geführt.

Zum Autor: Günther Wallraff wurde am 1.10.1942 in Burscheid bei Köln geboren. Er machte bis 1962 eine Buchhändlerlehre. Danach arbeitete er in verschiedenen Industriebetrieben und schrieb Reportagen darüber. Später war er Redakteur bei den Zeitschriften „Pardon" und „konkret". Es geht ihm hauptsächlich um die Darstellung der realen Arbeitswelt. Was er in seinen Reportagen als Protokolle notierte, hatte er „vor Ort" selbst erfahren bzw. von anderen gehört, mit denen er zusammen am Fließband stand.

Phonetik

1. Interjektionen
Die meisten der hier vorgestellten Interjektionen haben mehr als ein Tonmuster. Das Tonmuster entscheidet über die „Bedeutung". *Oje* und *tja* (ebenso die in Lektion 28 erscheinenden *au, iih, igitt* und *pfui*) haben nur ein Tonmuster und damit nur eine Bedeutung.

Interjektionen stehen – quasi wie ein Satz – als eigenständige Reaktion auf eine Äußerung oder eine Situation. Oft folgt allerdings eine weitere Äußerung, die die Bedeutung der Interjektion explizit machen kann, wie das in den Beispielsätzen zu 1.b) der Fall ist.

Hier – im Phonetikkapitel – geht es darum, dass die KT lernen, den engen Zusammenhang zwischen Tonmuster und Bedeutung zu verstehen und zu beherrschen.

2. „Empfindungswörter" von Rudolf Otto Wiemer
Unabhängig von dem oben angegebenen phonetischen Lernziel kann L dieses Gedicht auch als Text behandeln und zunächst bedeutungsähnliche Ausdrücke zu „empfindung" sammeln lassen (Gefühl, Emotion). Danach kann L fragen, welche Gefühle die KT schon einmal Deutschen gegenüber empfunden haben und mit welcher Interjektion man diese Gefühle ausdrücken könnte. Nachdem sie das Gedicht still gelesen haben (1.a), kann L die Bedeutung der noch nicht bekannten Interjektionen erfragen bzw. sie erklären. Man verwendet

aha	– wenn man ausdrücken will, dass man etwas plötzlich verstanden hat oder über etwas sehr erstaunt ist. „Aha, so ist das!" „ Aha, das ist also der Grund."
ei	– wenn man sich über etwas wundert (heute allerdings nicht mehr sehr gebräuchlich). Rotkäppchen sagt in dem Grimmschen Märchen: „Ei Großmutter, was hast du für große Ohren ..."
hurra	– wenn man spontan Begeisterung ausdrücken will. (Heute auch nicht mehr sehr gebräuchlich.)
pfui	– wenn man etwas als schmutzig, eklig oder auch unmoralisch ablehnt/zurückweist. „Pfui, fass das nicht an!"

	„Pfui, so etwas tut man einfach nicht!"
nanu	– wenn man Überraschung und Verwunderung ausdrücken will. „Nanu, was ist denn das?"
oho	– wenn man Erstaunen und Bewunderung ausdrücken will. „Oho! Das hätte ich nicht gedacht!" "Oho!, das hast du ja toll gemacht!"
jaja	– drückt oft Bedauern oder Akzeptieren von etwas nicht Veränderbarem aus. „Ja ja, so ist das heutzutage."

2.b) Nachdem die KT versucht haben, Kontexte für die jeweiligen Interjektionen zu finden, kann L das Gedicht vom Band abspielen. (2.c) Als mögliche Interpretation könnten die Interjektionen mit Entwicklungen in der deutschen Geschichte im 20. Jahrhundert verbunden werden:

aha die deutschen	– Erstaunen und Überraschung, als die Deutschen sich Anfang des Jahrhunderts zu einer Großmacht entwickelten.
ei die Deutschen	– Verwunderung, dass die Deutschen überall präsent waren und z.B. auch als Kolonialmacht auftraten.
hurra die deutschen	– Begeisterung von Teilen der Bevölkerung deutschsprachiger Nachbarländer im zweiten Weltkrieg, als die Deutschen einmarschierten.
pfui die deutschen	– Abscheu und moralische Entrüstung über die Geschehnisse in der Hitlerzeit.
ach die deutschen	– Ablehnung der Deutschen und Desinteresse an ihrem Schicksal nach dem Krieg.
nanu die deutschen	– Erstaunen über die Anfänge des (wirtschaftlichen) Wiederaufstiegs Anfang der fünfziger Jahre.
oho die deutschen	– Erstaunen gemischt mit zweifelnder Bewunderung über das „Wirtschaftswunder" danach.
hm die deutschen	– Nachdenklichkeit und Unsicherheit: Wohin bewegen sich die Deutschen politisch?
nein die deutschen	– Verwunderung über die Entwicklung der Deutschen innerhalb eines halben Jahrhunderts.
ja ja die deutschen	– Akzeptieren, dass die Deutschen sind, wie sie sind.

Danach können die KT versuchen, das Gedicht möglichst ausdrucksvoll zu lesen.

Zu 2.d) Zunächst könnte man „Österreicher" und „Schweizer" nennen und sehen, ob die KT hier Unterschiede zu den Deutschen machen und warum. Um eventuell bei heterogenen Gruppen Probleme zu vermeiden, kann man statt Nationalitäten auch Berufsgruppen nehmen: *die Juristen, die Lehrer, die Fußballprofis* usw.

(Weitere Anregungungen für die Unterrichtsgestaltung zu diesem Gedicht findet man in: Rüdiger Krechel „Konkrete Poesie im Unterricht des Deutschen als Fremdsprache". Julius Groos Verlag: Heidelberg 1983, S.169 ff.)

Zum Autor: Rudolf Otto Wiemer (geboren am 24.3.1905 in Friedrichsroda, Thüringen, gestorben am 5.6.1998) war zunächst Lehrer, daneben Bibliothekar, Schauspielrezensent und Puppenspieler. Er schrieb Kinderbücher, Kindertheaterstücke und Hörspiele, später auch Gedichte und Erzählungen.

Grammatik

Maskuline Nomen auf *-(e)n* im Plural und Sonderformen im Singular

1. Berufswünsche
b) L kann die KT zunächst in Kleingruppenarbeit weitere maskuline Nomen mit den in der Tabelle angegebenen Endungen suchen lassen. Die Gruppe, die die meisten gefunden hat, liest vor. 1 KT schreibt sie an die Tafel.

- *-ist:* Kommunist, Sozialist, Kapitalist, Nationalist, Pianist, Komponist, Polizist, Optimist, Pessimist, Tourist, Journalist, Pazifist, Christ …
- *-ast:* Gymnasiast, Fantast …
- *-ent:* Präsident, Referent, Dissident, Student, Assistent, Konsument, Patient, Konkurrent …
- *-ant:* Spekulant, Garant, Demonstrant, Emigrant, Elefant, Konsonant, Diamant …
- *-et:* Prophet, Athlet, Magnet, Planet …
- *-at:* Automat, Diplomat, Soldat, Demokrat …
- *-af:* Fotograf, Biograf, Paragraph …
- *-oge:* Pädagoge, Politologe, Biologe, Psychologe, Geologe, Theologe …
- *-aut:* Astronaut, Kosmonaut

c) Weitere maskuline Nomen auf *-(e)n* im Plural, die außer im Nominativ auch im Singular *-(e)n* haben: alle Nomen aus b) sowie:
Mensch, Bote, Insasse, Zeuge, Franzose, Däne, Chinese, Russe … Rabe, Hase, Affe, …

Auf Nachfrage: Wie *Name* haben auch einige weitere maskuline Nomen, die im Singular auf *-e* bzw. *-n* enden, im Genitiv die Endung *-ns.* Z.B.: *des Buchstabens, des Friedens, des Gedankens, des Willens, des Glaubens …*

Nomen aus Adjektiven und Partizipien

2. Arbeitslosigkeit
Weitere Nomen: *der/die Anwesende, der/die Arbeitssuchende, der/die Behinderte, der die Berufstätige, der/die Lehrende, der/die Lernende, der/die Reisende, der/die Sachverständige, der/die Studierende*

Trennbare und untrennbare Verben

3. a) Zu den Verben in der Schere rechts: Wenn diese Präfixe konkrete Bedeutungen haben, sind sie oft trennbar. Z.B. *mit einem Boot über einen Fluss setzen – einen Text übersetzen*
L kann den KT eine verbale und graphische Lernhilfe zu diesen sowohl trennbaren als auch untrennbaren Verben anbieten:

Zu den trennbaren Verben siehe auch Lb 2, Lektion 7, Gr 4.

Aktivitäten

Weitere Übungen und Spiele

Wortschatz

1. Im Beruf geschätzte Eigenschaften (Wortschatz, Lb, S.92,4.)
Alle KT notieren in Einzel- oder Teamarbeit in zwei Minuten möglichst viele Eigenschaften, auf die Ausbildungsbetriebe Wert legen, und zwar mit Artikel und eventuell Pluralform.
2 KT schreiben an der verdeckten Tafel.
Wer die meisten Begriffe notiert hat, liest vor.

2. Zeit-Spiel
Die KT sammeln in Kleingruppen möglichst viele Verben, die man mit „Zeit" verbinden kann. Zwei KT schreiben an der verdeckten Tafel. Wer die meisten Verben gefunden hat, liest vor. Danach ergänzen die übrigen KT, was noch nicht genannt wurde, und die beiden KT schreiben an der Tafel mit. Z.B.: *Zeit verschenken/verschwenden/verlieren/verbringen/stehlen/sparen/gewinnen/finden/totschlagen/nutzen, Zeit vergeht, eine Zeit angeben, sich Zeit nehmen/lassen, sich die Zeit vertreiben, jemandem Zeit geben.*
L schreibt die genannten Kollokationen auf kleine Kärtchen.
Anschließend sollen jeweils zwei Freiwillige eins davon ziehen und abwechselnd versuchen, die Bedeutung pantomimisch darzustellen. Die übrigen KT müssen raten, um welche Kollokationen es geht. Wer sie am schnellsten erraten hat, bekommt von L das Kärtchen. Wer am Ende die meisten Kärtchen hat, ist Zeitkönig/in.

Grammatik

3. Fußballspiel (trennbare und untrennbare Verben im Perfekt)
L teilt die Gruppe in zwei Mannschaften, zeichnet 2 Tore an die Tafel und nennt den beiden Gruppen abwechselnd jeweils einen Satz mit einem trennbaren oder untrennbaren Verb im Präsens. Die KT müssen ihn ins Perfekt umformen. Bei einem Fehler zeichnet L einen Ball in das Tor der jeweiligen Mannschaft.
Wer nach drei bis vier Minuten die wenigsten „Tore" hat, hat gewonnen.

4. Vorsilben-Wettspiel (untrennbare Verben)
L schreibt drei Verben mit untrennbarer Vorsilbe an die Tafel. Z.B.: *vergessen – gehören – besuchen.*
Die KT sollen in drei Minuten möglichst viele Verben mit den Vorsilben *ver-, ge-* und *be-* aufschreiben.
Wer die meisten hat, liest vor, und die übrigen KT müssen jeweils einen Satz mit dem genannten Verb bilden.

Kontrollübungen zu Lektion 26

Name: Datum: Beginn des Tests: Uhr	

1. Nennen Sie vier Eigenschaften (mit Artikel), die Ausbilder wichtig finden.

1. ________________________________ 1+0,5

2. ________________________________ 1+0,5

3. ________________________________ 1+0,5

4. ________________________________ 1+0,5

6 P.

2. Ergänzen Sie die zu den unterstrichenen Wörtern passenden Verben.

1. Auch wer eine Lehre beginnt, muss weiter die <u>Schule</u> … ________________ 0,5+0,5

2. Wissen Sie, worauf Ausbildungsbetriebe <u>Wert</u> … ________________ 0,5+0,5

3. Ihnen ist wichtig, dass die Azubis immer ihre <u>Pflicht</u> … ________________ 0,5+0,5

4. Die Jugendlichen versuchen, ihr <u>Berufsziel</u> möglichst zu … ________________ 0,5+0,5

5. Welche <u>Fragen</u> würden Sie an Sandra Peters … ________________ 0,5+0,5

6. Sie ist auf die Walz gegangen, um <u>Erfahrungen</u> zu … ________________ 0,5+0,5

7. Herr Treiber hat ein Stellenangebot gefunden, das eventuell ________________ 0,5+0,5
   für ihn <u>in Frage</u> …

8. Der Fabrikarbeiter würde gern ein richtiges <u>Familienleben</u> … ________________ 0,5+0,5

8 P.

3. Ergänzen Sie das Gespräch zwischen Nworah (N) und Herrn Treiber (T).

1. N: Guten Tag Herr Treiber, ____________ Sie heute frei? 1

2. T: Nein, ich bin ____________________ geworden. 1+0,5

3. N: Oh, das wusste ich nicht, das ________________________. 1+0,5+0,5

4. T: Tja, da ________________________. 1+1+0,5
   Das ist ja heutzutage nichts Ungewöhnliches.

7 P.

4. Beantworten Sie die Fragen zu formalen Elementen in Geschäftsbriefen.

1. Was muss immer links oben stehen?

   ________________________________ 0,5+0,5

2. Was muss immer rechts oben stehen. Geben Sie ein Beispiel:

   ________________________________ 0,5+0,5

3. Wie heißt die übliche Anrede, wenn man den Namen nicht kennt?

   ________________________________ 1+0,5+0,5

4. Wie heißt die übliche Schlussformel am Ende?

   ________________________________ 1+0,5+0,5

5. Was schreibt man unter die Unterschrift, wenn man weitere Unterlagen hinzufügt?

   ________________________________ 1

7 P.

5. Ergänzen Sie die Präpositionen.

1. Sonja, Silke und Lars müssen sich _______ ihre Berufstätigkeit gewöhnen.   1

2. Ausbildungsbetriebe halten bestimmte Eigenschaften _______ wichtig.   1

3. Erinnern Sie sich noch _______ den Namen Sandra Peters?   1

4. Haben Sie schon einmal etwas _________ die Walz gehört?   1

5. Die Gewerkschaften kämpfen _______ den Erhalt von Arbeitsplätzen.   1

6. Herr Treiber bemüht sich _______ eine neue Stelle.   1

7. Er hat sich bei einer Firma in Walldorf _______ eine Stelle beworben.   1

8. Er würde sich _________ ein persönliches Gespräch sehr freuen.   1

9. Der Fabrikarbeiter träumt _______ einem Haus in einer schönen Gegend.   1

9 P.

6. Ergänzen Sie die Endungen der Nomen.

1. Viele Deutsch__ sind heutzutage von Arbeitslosigkeit bedroht. 2. Die Zahl der Arbeits-   1

los__ ist inzwischen schon auf über 11% angewachsen. 3. Fast jeder hat einen Bekannt__   1+1

oder Verwandt__ , der seine Stelle verloren hat. 4. Besonders schwierig ist die Situation   1

für ältere Langzeitarbeitslos__ . 5. Aber auch bei den Jugendlich__ gibt es Probleme,   1+1

weil sie meist wenig oder kein Arbeitslosengeld bekommen. 6. Auch eine große Zahl von

Selbständig__ kämpft ums Überleben. 7. Oft müssen sie einen Teil ihrer Beschäftigt__   1+1

entlassen, um die Firma zu retten. 8. Aus Angst vor Arbeitslosigkeit überlegt sich heute manch

ein Krank__ , ob er zu Hause bleiben oder doch lieber arbeiten gehen soll. 9. Statistiken   1

zeigen, dass es seit 1954 nicht mehr so wenige Krank__ gegeben hat.   1

10 P.

7. Bilden Sie aus den folgenden Satzteilen Sätze im Perfekt.

1. am Fließband/eine Frau/einen neuen Kollegen/einarbeiten

____   1+1

2. beobachten/ein Kontrolleur/die Arbeiter/heimlich

____   1+1

3. niemand/bisher/widersprechen/der Einsparung von Mitarbeitern

____   1+1

4. Nur einmal/der Meister/vorbeikommen

____   1+1

8 P.

8. Verbinden Sie die folgenden Hauptsätze durch Verbindungselemente wie:
   entweder ... oder, teils ... teils, weder ... noch, zwar ... aber

1. Junge Mütter geben ihre Berufstätigkeit ganz auf. Sie übernehmen eine Teilzeit- oder Telearbeit.

____   1+0,5

____   1+0,5

2. Viele Frauen würden gern bei ihren kleinen Kindern bleiben. Die finanzielle Situation der Familie erlaubt das nicht.

____   1+0,5

____   1+0,5

6 P.

9. Job-Ideen
a) Lesen Sie die drei Kurztexte.

Britta Tasto, 26,
Hauswirtschafts-
leiterin

Carola Pfeifer, 26,
Studentin

Karin Schramm, 39,
Steuerfachgehilfin

1. Schulkinder, deren Eltern berufstätig sind, holen sich ihr Mittagessen häufig nur aus dem Kühlschrank, statt ein gesundes warmes Essen mit allen nötigen Nährstoffen und Vitaminen einzunehmen. Brittas Essens-Service, speziell für diese Schlüsselkinder, wäre da eine gute Lösung. Sie würde jeden Tag eine warme, leckere und vollwertige Mahlzeit direkt zu dem Kind nach Hause bringen.

2. Bestimmte technische Geräte für Haushalt, Küche und Garten sind sehr teuer, wenn man sie sich kaufen muss, obwohl man sie in der Regel nur ein- bis zweimal im Jahr braucht. Bei Carola könnte man die Geräte mieten statt kaufen. Man brauchte einfach nur anzurufen, wenn man ein Gerät verleihen oder leihen möchte. Per Computer ginge die Adressenvermittlung zwischen Anbieter und Interessent schnell und unkompliziert, und die Kosten wären sehr gering.

3. Die Zahl der Arbeitslosen und Sozialhilfeempfänger steigt ständig an. Deshalb wäre es sinnvoll, beispielsweise beim Sozialamt eine Job-Zentrale einzurichten, bei der Privatpersonen anrufen können, wenn sie Hilfe bei kleineren Arbeiten brauchen (z.B. bei der Gartenarbeit oder beim Wohnungtapezieren usw.) Wer etwas verdienen möchte, könnte sich direkt bei der Zentrale die Adresse geben lassen und den Minijob gegen einen fairen Lohn machen.

b) Suchen Sie zu jedem Text eine mögliche Überschrift (ca. 3–4 Wörter), und schreiben Sie sie auf die Linien oben.

c) Fassen Sie den Inhalt der Texte in jeweils einem komplexen Satz zusammen.

1+1+1
3 P.

LV: A/Gr:

Text 1:

Britta Tasto will ____   1   1+0,5+0,5

damit ____   1   1+0,5+0,5

Text 2:

Carola Pfeifer möchte ____   1   1+0,5+0,5

und ____   1   1+0,5+0,5

Text 3:

Karin Schramm will, dass ____   1   1+0,5+0,5

und ____   1   1+0,5+0,5

6 P.   **12 P.**

<table>
<tr><td>Name:</td><td>Datum:</td><td>Beginn des Tests:</td><td>Uhr</td></tr>
</table>

10. Können Sie sich ein Leben ohne Berufstätigkeit vorstellen?
Begründen Sie Ihre Antwort in drei komplexen Sätzen.

St: | A/Gr:

1. Ich könnte mir ein Leben ohne Berufstätigkeit _______________________

weil ____

____

____

____

____

____

____

____

____

____

____

____

____

6 P. | 12 P.

Insgesamt: | 100 P.

Wie viel Zeit haben Sie gebraucht? _______ Minuten.

Lösungsschlüssel zu den Kontrollübungen

1. Eigenschaften
Mögliche Antworten: die Zuverlässigkeit, die Leistungsbereitschaft, die Ehrlichkeit, der Fleiß, die Initiative, das Pflichtbewusstsein, die Zielstrebigkeit, die Pünktlichkeit, der Ordnungssinn, die Disziplin, die Selbstsicherheit

2. Verben
1. (die Schule) besuchen 2. (Wert) legen auf (A) 3. (seine Pflicht) erfüllen/tun 4. (ein Ziel) erreichen 5. (jemandem Fragen) stellen 6. (Erfahrungen) sammeln 7. (in Frage) kommen 8. (ein Familienleben) führen

3. Gespräch zwischen Nworah und Herrn Treiber
1. haben 2. arbeitslos 3. (das) tut mir (aber sehr) Leid (auch: leid) 4. (da) kann man (eben/halt) nichts machen

4. Formale Elemente in Geschäftsbriefen
1. Name, Anschrift und Telefonnummer des Absenders
2. „Heidelberg", (den) (häufig auch nur das Datum) 1.1.1999
3. Sehr geehrte Damen und Herren,
4. Mit freundlichen Grüßen
5. Anlage:

5. Präpositionen
1. (sich gewöhnen) an (A) 2. (halten) für (A) 3. (sich erinnern) an (A) 4. (hören) über (A) 5. (kämpfen) für/um (A) 6. (sich bemühen) um (A) 7. (sich bewerben) um (A) 8. (sich freuen) über (A) 9. (träumen) von (D)

6. Endungen der Nomen
1. (Viele) Deutsche 2. (Die Zahl der) Arbeitslosen 3. (einen) Bekannten oder Verwandten 4. (für ältere) Langzeitarbeitslose 5. (bei den) Jugendlichen, 6. (von) Selbständigen 7. (einen Teil ihrer) Beschäftigten 8. (ein) Kranker 9. (so wenige) Kranke

7. Sätze im Perfekt
1. Eine Frau hat einen neuen Kollegen am Fließband eingearbeitet./ Eine Frau hat am Fließband einen neuen Kollegen eingearbeitet.
2. Ein Kontrolleur hat die Arbeiter heimlich beobachtet.

3. Niemand hat der Einsparung von Mitarbeitern bisher widersprochen./Bisher hat niemand der Einsparung von Mitarbeitern widersprochen./Der Einsparung von Mitarbeitern hat bisher niemand widersprochen.
4. Nur einmal ist der Meister vorbeigekommen./Der Meister ist nur einmal vorbeigekommen.

8. Zweiteilige Elemente, die Hauptsätze verbinden
1. Entweder geben junge Mütter ihre Berufstätigkeit ganz auf(,) oder (sie) übernehmen eine Teilzeit- oder Telearbeit./Junge Mütter geben ihre Berufstätigkeit entweder ganz auf (,) oder (sie) übernehmen eine Teilzeit- oder Telearbeit./ Teils geben junge Mütter ihre Berufstätigkeit ganz auf, teils übernehmen sie ..../Junge Mütter geben ihre Berufstätigkeit teils ganz auf, teils übernehmen sie ...
2. Zwar würden viele Frauen gern bei ihren kleinen Kindern bleiben, aber die finanzielle Situation der Familie erlaubt das   nicht./Viele Frauen würden zwar gern bei ihren kleinen Kindern bleiben, aber ...

9. Job-Ideen
b) Mögliche Varianten:
1. Essen-Service/Warmes Essen für Schlüsselkinder 2. Mieten statt kaufen: Geräteverleih/Geräteverleih per Telefon 3. Private Jobbörse beim Sozialamt/Jobs durch das Sozialamt

c) Mögliche Varianten:
1. Britta Tasto will für Kinder kochen, deren Eltern berufstätig sind, damit sie eine warme Mahlzeit bekommen./B.T. will für Schlüsselkinder kochen, damit sie jeden Tag ein warmes Mittagessen bekommen.

2. Carola Pfeifer möchte teure technische Geräte vermieten, und die Leute brauchen nur bei ihr anzurufen, wenn sie ein Gerät leihen oder verleihen wollen./C.P. möchte technische Geräte vermieten, und es würde nur einen Anruf und eine geringe Gebühr kosten.

3. Karin Schramm will eine Job-Zentrale gründen/einrichten/organisieren, bei der die Leute telefonisch kleine Jobs anbieten können, die die Arbeitslosen dann zu einem fairen Lohn erledigen/machen/ausführen.

Kontrollstatistik zu Lektion 26						
Aufgabe	Punktzahl		Aufgabe	Punktzahl		Gesamtzeit:
	total	meine		total	meine	Punktzahl insgesamt: 100
						Meine Punktzahl:
1	6		6	10		
2	8		7	8		
3	7		8	6		
4	7		9	21		
5	9		10	18		

Hörverstehenstext

Die Grille und die Ameise
(nach La Fontaine (1621-1695)

Die Grille hatte den ganzen Sommer lang gesungen. Als es nun Winter geworden war und Schnee auf den Wiesen und Feldern lag, fand sie nichts mehr zu fressen. Sie wurde immer schwächer vor Hunger, und schließlich entschloss sie sich, zu ihrer Nachbarin, der Ameise, zu gehen und sie um Hilfe zu bitten. Sie klopfte leise an ihre Tür. Die Ameise öffnete und sah vor sich die Grille stehen, die am ganzen Körper vor Kälte zitterte. Ihr Gesicht war grau, und sie war ganz abgemagert.

„Liebe Ameise", sagte die Grille, „ich bin so schrecklich hungrig. Nirgendwo kann ich auch nur den kleinsten Bissen finden. Sei so gut, und leih mir ein wenig Korn. Im Sommer gebe ich es dir mit Zins und Zinseszins ganz bestimmt zurück."

Die Ameise war bekannt für ihren Reichtum und ihre großen Vorräte für den Winter, die sie in fleißiger Arbeit im Sommer gesammelt hatte. Sie war aber auch dafür bekannt, dass sie geizig war und nicht gerne jemandem etwas lieh.

Deshalb fragte sie die Grille unfreundlich: „Warum hast du dir keine Vorräte angelegt? Was hast du denn den ganzen Sommer über gemacht?" Die Grille antwortete: „Ich habe Tag und Nacht gesungen und den Menschen Freude gemacht."

„So", sagte die Grille kalt, „wenn du im Sommer singen musstest, dann kannst du ja jetzt im Winter tanzen." Und anstatt ihrer armen Nachbarin zu helfen, lachte sie nur hartherzig und schlug ihre Tür zu.

Diktat

Arbeitslosigkeit

Wer arbeitslos wird, kann Arbeitslosengeld bekommen. Man muss aber in den drei Jahren vor der Arbeitslosigkeit mindestens zwölf Monate berufstätig gewesen sein und Arbeitslosenversicherung gezahlt haben. Die Höhe des Arbeitslosengeldes berechnet man nach dem durchschnittlichen Netto-Verdienst der letzten 52 Wochen vor der Arbeitslosigkeit.

Ein verheirateter Arbeitsloser mit einem Kind erhält 67% des bisherigen Netto-Lohns oder Gehalts. Arbeitslose ohne Kinder bekommen 60%. Für die Zeit der Arbeitslosigkeit ist man kranken- und pflegeversichert. Auch die Rentenversicherung läuft ohne eigene Beitragszahlungen weiter.

Arbeitslosengeld können ehemalige Wehr- oder Zivildienstleistende mindestens sechs Monate lang bekommen. Für alle anderen richtet sich die Dauer des Anspruchs auf Arbeitslosengeld nach der Dauer der Versicherungszeit und dem Lebensalter.

Danach kann man Arbeitslosenhilfe beantragen. Die Arbeitslosenhilfe hängt vom Vermögen des Arbeitslosen und vom Verdienst und Vermögen des Ehepartners oder Lebenspartners ab. Maximal kann ein verheirateter Arbeitsloser mit einem Kind 57% des früheren durchschnittlichen Netto-Verdienstes bekommen, ohne Kind 50%.

Arbeitslosenhilfe kann man für unbegrenzte Zeit, aber nicht länger als bis zum 65. Lebensjahr bekommen. Man muss sie jedes Jahr neu beantragen.

(Bundesministerium für Arbeit und Sozialordnung, Stand: Juni 1998)

Detailhinweise zu Lektion 27:
Engagement
Situationen – Texte – Redemittel

1. Mitmachen statt zusehen

L kann die Klasse in 5 Gruppen aufteilen. Jede wählt ein Bild aus, formuliert gemeinsam, was dort von wem – eventuell auch warum – gemacht wird und gibt die gesammelten Informationen oder Vermutungen im Plenum wieder. Anschließend können die KT über Engagement in ähnlichen oder anderen Bereichen berichten.

Foto A: Ende eines Abflussrohrs, das von Greenpeace-Aktivisten geschlossen wird, damit die verschmutzten Abwässer aus einem Industriebetrieb nicht in den nächsten Bach bzw. Fluss gelangen können.
Hintergrundinformation für L über Greenpeace s. Diktat, Hb, S. 67.

Foto B: Beispiel für das Engagement von Kindern für ihre Zukunft.
(s. auch „Kommunikationszentrum", Lb, S. 117, „Bürgerinitiativen – wie sie funktionieren")

Foto C: Häusliche Pflege von Behinderten z.B. durch Familienangehörige, Zivildienstleistende oder Teilnehmer/innen am Freiwilligen Sozialen Jahr.
(s. auch STR 7. „Das Freiwillige Soziale Jahr")

Bild D: Engagement für hungernde Kinder
Käthe Kollwitz: „Deutschlands Kinder hungern" (1924)
(s. auch Gr 4. „Engagement international: SOS-Kinderdörfer")
Zu Käthe Kollwitz s. Lb, S. 89, H.

Foto E: Engagement zur Rettung von Unfallopfern im Freizeitbereich. Hier: Bergwacht, mit größtenteils ehrenamtlichen Helfern.
(Weitere vergleichbare Organisationen: Zur Rettung Ertrinkender: Deutsche Lebensrettungsgesellschaft (DLRG), zum Schutz vor Bränden, Unfällen usw.: Feuerwehr.)
(s. auch 1.a) „Ehrenamt"

2. Pro und kontra Umweltengagement

L kann die KT nationale oder internationale Umweltorganisationen kurz beschreiben lassen. Bei Unterricht in D A CH kann L außerdem im Bereich der Projektarbeit die Anschriften der folgenden Umweltorganisationen an Freiwillige vergeben, die diese Organisationen dann in einem Kurzreferat der Gruppe vorstellen.
Zuvor kann L die KT in Kleingruppen einen entsprechenden Musterbrief mit der Bitte um Informationsmaterial schreiben lassen, der dann im Plenum vorgelesen und besprochen wird.

In Deutschland:
Z.B.: „BUND" (Bund für Umwelt und Naturschutz in Deutschland)
Mehr als 200 000 Mitglieder engagieren sich in rund 2500 Kreis- und Ortsgruppen für den konkreten Schutz der Natur, vom Schutzzaun für Frösche bis zum Anbringen von Nistkästen für Vögel. Bei den Treffs werden Informations-Kampagnen geplant, unterstützt von bundesweiten Arbeitsgruppen, die zu einzelnen Problembereichen forschen.

Informationen:
BUND, Am Köllnischen Park 1, D-10179 Berlin
Telefon ++49/030-2758640
Fax: ++49/030-27586440
E-Mail: bund@bund.net
Internet: http://www/bund.net

„Robin Wood": Die 1982 gegen sauren Regen und sterbende Wälder gegründete Umweltorganisation weitete sich inzwischen auf Themen wie Verkehr (auch Flugverkehr), Müll, Energie und Tropenwälder aus. Fast alle der rund 3000 Mitglieder sind in ca. 30 Regionalgruppen aktiv.
Informationen:
Robin Wood e.V., Langemarckstr. 210, D-28199 Bremen
Tel.: ++49/0421-59828-8
Fax: ++49/0421-5982872
E-Mail: geschaeftsstelle@robinwood.de
Internet: http://www.umwelt.org/robin-wood

International: „World Wide Fund for Nature" (WWF). Schwerpunkte dieser Umweltstiftung sind: Schutz des Klimas, der Wälder, der Meere, der bedrohten Pflanzen- und Tierarten sowie Land- und Forstwirtschaft. In mehr als 15 Großstädten gibt es ehrenamtliche WWF-Gruppen, die Informationsveranstaltungen durchführen und Spenden sammeln.
Informationen:
WWF, Rebstöckerstr. 55, D-60326 Frankfurt
Tel. ++49/069-79144-0
Fax: ++49/069-617221
E-Mail: info@wwf.de
Internet: http://www.wwf.de

3. beschließen, sich entschließen, sich entscheiden

Als Lernhilfe kann L vorschlagen, bei dem Diphtong 'ei' in dem Verb *entscheiden* an die Zahl *zwei* zu denken, weil es bei *entscheiden* meist um das Auswählen zwischen zwei (oder mehr) Möglichkeiten geht.

4. *Greenpeace:* Taten statt Warten

Hintergrundinformationen für L: s. Diktat, Hb, S. 67.

6. Ich hatte einen Traum …

Kurzinformation zum Autor des Gedichts „Sensible Wege" s. Lb, S.184.

9. Politisches Engagement

b) Die Weiße Rose. Dieser Ausschnitt aus dem Buch „Die Weiße Rose" ist zusammen mit der Autorin Inge-Aicher-Scholl, der jüngeren Schwester von Hans und Sophie, überarbeitet worden. Die Flugblätter der Weißen Rose und das Attentat auf Hitler im Juli 1944 durch Graf Stauffenberg sind im Bewusstsein der Deutschen die wichtigsten Ereignisse im Zusammenhang mit dem Widerstand gegen Hitler. Die Geschwister Scholl und Graf Schenk von Stauffenberg gaben im Nachkriegsdeutschland vielen Straßen, Schulen und auch Kasernen ihren Namen.

Grammatik

Konjunktiv II Passiv

1. Öffentliche Verkehrsmittel statt Privatauto

Vor Übung 1. kann L noch einmal Bildung und Gebrauch von Passiv und Konjunktiv II wiederholen.

Das Passiv bildet man mit *werden* und Partizip Perfekt.

Man benutzt das Passiv

- wenn der „Täter" (das Agens) nicht interessiert, selbstverständlich, unwichtig oder unbekannt ist.

- wenn der „Täter" aus bestimmtem Gründen nicht genannt werden soll.

- wenn allgemeine Aussagen, Forderungen, Verbote, Fragen usw. formuliert werden.

Man findet Passivkonstruktionen oft in Zeitungs- und Gesetzestexten, in wissenschaftlichen Texten, in Vorschriften, Anweisungen, Regeln usw. (Vergleiche auch Lb 2, Lektion 15, Gr 5.)

L kann die KT auch die Regel oder den Merkvers zur Bildung des Konjunktiv II aus Lb 2, Lektion 20 noch einmal aufschreiben lassen. 1 KT schreibt an der verdeckten Tafel.

Vergangenheit ist stets okay mit *hätte/wäre* plus P.P.* Bei **Modalverben** aber – vergiss dass nie – steht immer *hätte* plus I.I.**	Bei **Gegenwart und Zukunft** – ganz primitiv – nimm *würde* und den Infinitiv. Bei **Modalverben** *haben* und *sein – würde?* Danke nein!

* P.P.= Partizip Perfekt ** I.I. = zwei Infinitive

Anschließend Vergleich im Plenum. Danach kann L noch einmal eine kurze Drillübung zum Konjunktiv II einfügen. Z.B.:

L: Ich kenne das Buch nicht, aber wenn ich es … Ich kann das nicht verstehen, aber wenn ich das … Ich war nicht müde, aber wenn ich müde … Ich hatte Besuch, aber wenn ich keinen Besuch … Ich konnte nicht arbeiten, aber wenn ich … Ich bin nicht gefragt worden, aber wenn ich … Ich musste nicht operiert werden, aber wenn ich …	KT: kennen würde, dann … verstehen könnte, dann … gewesen wäre, dann … gehabt hätte, dann … hätte arbeiten können, dann … gefragt worden wäre, dann … hätte operiert werden müssen, …

Aktivitäten

1. Projekte

a) Zum Schreiben von Briefen mit der Bitte um Informationsmaterial siehe auch oben zu STR 2.

2. Spiele und Aufgaben

Flaschenpost: L kann die KT in Einzelarbeit eine kleine Geschichte zu dem Cartoon schreiben lassen. Freiwillige lesen ihre Texte im Plenum vor. Besonders originelle Versionen können in die Klassenzeitung aufgenommen werden. Anschließend sammelt L die Texte zur Korrektur ein und kann dann für den nächsten Unterrichtstag aus einem KT-Text (ohne Namensnennung) eine Fehlersuchübung machen. Dazu schreibt L den KT-Text per Computer auf die linke Hälfte einer DIN A 4-Seite und zwar möglichst mit zweizeiligem Abstand und kopiert ihn für alle. Auf der rechten Seite sollen die KT dann Fehlerhaftes durch Alternativ-Vorschläge mit Bleistift korrigieren. Wer die meisten Fehler gefunden hat, liest vor, begründet die jeweiligen Korrekturen und nennt Alternativen, die im Plenum besprochen werden.

Negationselemente

4. Engagement international: SOS-Kinderdörfer

d) Statt *jemanden/m* und *niemanden/m* kann man heute auch im Akkusativ und Dativ Singular *jemand* und *niemand* benutzen, insbesondere in der gesprochenen Sprache.

Z.B.: *Man kann sich z.B. eine Wohnung mit jemand teilen. Ich kenne hier niemand.*

Als weitere Negationswörter kann L hinzufügen:

- *keinesfalls, keineswegs, auf keinen Fall* als verstärkte Alternative zur Negation *nicht*, oft bedeutungsentsprechend zu *gar nicht/überhaupt nicht/absolut nicht*.

  Z.B.: *Das kommt keinesfalls in Frage. Damit bin ich keineswegs einverstanden.*

- sowie *keinerlei* als Verstärkung von *kein*, oft bedeutungsentsprechend zu *überhaupt kein_*.

  Z.B.: *Da sehe ich keinerlei Probleme.*

- Außerdem: *kaum* als Bedeutungsentsprechung zu *fast nicht/fast nichts*.

  Z.B.: *Ich habe heute kaum geschlafen. Von dem Film habe ich kaum etwas verstanden.*

- sowie *alle* als Bedeutungsentsprechung zu *nicht(s)/kein mehr da sein*.

  Z.B.: *Das Brot ist alle. (Es ist kein Brot mehr da.)*

Weitere Übungen und Spiele

1. Was kann für den Schutz der Umwelt getan werden?

(Wortschatz und Konjunktiv II, Passiv mit Modalverben)

Die KT sollen die folgenden Wörter auf ein Blatt schreiben: *Luft, Wasser, Energie, Rohstoffe, Verkehr.*

KT1 schreibt die Wörter an die verdeckte Tafel. Anschließend sollen alle in Kleingruppenarbeit versuchen, möglichst viele verschiedene Forderungen im Konjunktiv Passiv dazu zu schreiben. Z.B.:

Luft – *dürfte nicht verschmutzt/verunreinigt/durch Schadstoffe belastet werden – müsste sauber gehalten werden.* usw.

Anschließend Vergleich im Plenum. Das Team, das die meisten unterschiedlichen Gründe aufgeschrieben hat, hat gewonnen. Dieses Spiel ist eine Vorbereitung für Aufgabe 10 in den Kontrollübungen.

2. Satzversteigerung (unter anderem zu Konjunktiv II Passiv)

L erfragt bzw. erklärt zunächst die Bedeutung von „Versteigerung". (Auf einer Versteigerung bekommt derjenige das angebotene Objekt, der den höchsten Preis dafür bietet.) Hier werden nun keine Objekte, sondern Sätze angeboten, die die in Dreier- bzw. Fünfergruppen aufgeteilten KT ersteigern können. Vorbereitung des Spiels durch L:

1. L schreibt fünfzehn Sätze – zehn davon fehlerhaft – auf Kärtchen und auf Folie oder kopiert die Beispielsätze in der Tabelle und schneidet sie aus.
2. L fertigt Spielgeld an, und zwar pro DIN A 4-Seite 8 „Scheine" á 50,- € und 6 á 100,- €, kopiert, zerschneidet und verteilt sie. Jede Gruppe erhält 1000,- €.
3. L projiziert jeden Satz einzeln von der Folie über OHP oder liest ihn zweimal vor.
4. Die KT entscheiden in ihrer Gruppe, ob sie ihn für grammatisch richtig halten und ersteigern wollen. Wer das Meiste geboten hat, bekommt das Kärtchen mit diesem Satz. Beim Ersteigern muss jede Gruppe darauf achten, am Anfang kein zu hohes Gebot für einen Satz zu machen, da sonst für die restlichen nicht mehr genug Geld übrig bleibt.
5. Wenn alle Sätze versteigert sind, werden die Sätze auf der Folie noch einmal aufgedeckt, besprochen und die Fehler erklärt.

6. Gewinner ist die Gruppe, die die meisten richtigen Sätze ersteigert hat. Bei gleichem Ergebnis in mehreren Gruppen entscheidet das noch vorhandene Geld.
7. L sammelt Geld und Satzkärtchen wieder ein.

Variation: Dieses Spiel kann auch mit falschem, d.h. nicht passendem Wortschatz gemacht werden.

(Leicht verändert übernommen aus: Hermann Funk und Michael König „Grammatik lehren und lernen". Fernstudieneinheit 1. München: Goethe-Institut/Langenscheidt 1991, S. 103-4; ursprüngliche Quelle: Mario Rinvolucri „Grammar Games". Cambridge: Cambridge University Press 1984, S.18-21)

Beispielsätze: zum Kopieren und Ausschneiden

1. Umweltschutz würde ohne die vielen ehrenamtlichen Helfer kaum möglich.	9. Wenn die Solarenergie stärker sich durchsetzen würde, könnten einige traditionelle Kraftwerke eingespart werden.
2. Schon Kindern sollte in der Schule beigebracht werden, wie die Umwelt geschützt werden kann.	10. Auch private Verbraucher müssten gezwungen werden, Energie zu sparen.
3. Den Menschen muss klar gemacht werden, dass jeder für Umweltschutz verantwortlich ist.	11. In den Städten dürften statt normale Autos nur noch Elektroautos gefahren werden.
4. Viele Bürger wären nicht einverstanden, wenn Benzin drastisch verteuern werden würde.	12. Die Menschen müssen sich auch daran gewöhnen, dass nicht mehr sinnlos konsumiert werden darf.
5. Wenn eine Geschwindigkeitsbegrenzung auf Autobahnen durchgesetzt werden könnte, hätte man viel Benzin sparen können.	13. Wenn mehr Verkehrsteilnehmer bereit wären, öffentliche Verkehrsmittel zu benutzen, hätte man die Luftverschmutzung in den Großstädten stark reduzieren können.
6. Politiker hätten dafür sorgen müssen, dass Umweltverschmutzer von Anfang an viel härter bestraft werden würden.	14. Niedrigere Fahrpreise würden sicher viele motiviert, mit dem Auto zur Arbeit zu fahren.
7. Man hätte schon viel früher Filteranlagen in Industriebetrieben zur Pflicht machen müssen.	15. Wir hätten heute weniger Probleme gehabt, wenn man schon früher mehr für den Klimaschutz getan hätte.
8. Umweltschützer fordern, dass Atomkraftwerke so bald wie möglich abschaffen werden müssen.	

Kontrollübungen zu Lektion 27

Name: Datum: Beginn des Tests: Uhr	

1. Ergänzen Sie die fehlenden Wörter (auch Partikeln).
Pro und kontra Umweltengagement. Jan (J) – Philipp (P)

1. J: _______ , heute war ich mit Lisa bei einer Veranstaltung   **1**

   von „Rettet eure Umwelt" und habe mich spontan __________________,   **0,5+0,5**

   da __________________ zu werden.   **0,5+0,5**

2. P: Ich finde, der Staat sollte sich mehr für die Umwelt __________________,   **0,5+0,5**

   dafür zahlen wir ______ schließlich ______________ .   **1+0,5+0,5**

3. J: Das tut er ______ auch, aber für die Umwelt ist ________ nicht   **1+1**

   nur der Staat, sondern auch jeder Einzelne ____________________.   **0,5+0,5**

                                                   9 P.

2. Nennen Sie bedeutungsähnliche Ausdrücke.

1. Greenpeace nimmt bei seinen Aktionen auch

   <u>Konflikte</u> in Kauf.   __________________   **1+0,5**

2. Die letzte Aktion <u>war vor drei Jahren.</u>   __________________   **1+0,5**

3. Greenpeace kämpft für <u>einen Ausstieg aus</u> der

   Atomenergie.   __________________   **1+0,5**

4. Ihnen kommt es <u>hauptsächlich</u> auf die Lösung

   von Problemen an.   __________________   **1+0,5**

5. Veränderung kann man nicht <u>kurzfristig</u> erreichen.   __________________   **1+0,5**

6. Greenpeace <u>hat erreicht,</u> dass das Interesse an

   Solarenergie steigt.   __________________   **1+0,5**

                                                   9 P.

3. Ergänzen Sie passende Verben.

1. Es ist wichtig, dass wir in Zukunft sorgfältiger mit Rostoffen __________________   **0,5+0,5**

   und die Umwelt in allen Bereichen vor Schäden __________________ .   **0,5+0,5**

2. Unternehmer kann man meist nur für Umweltschutz __________________,   **0,5+0,5**

   wenn er Profit nicht __________________ .   **0,5+0,5**

                                                   4 P.

4. Ergänzen Sie den folgenden Text. (Jeweils ca. 50% der Buchstaben sind vorgegeben.)

1. Britta Steilmann i___ eine außergew____________ Frau.   **0,5+0,5**

2. Sie vers____________, ihre Modekol________________ möglichst gift________   **0,5+0,5+0,5**

zu produ________. 3. Sie we_______, dass Veränd________________ nur   **0,5+0,5+0,5**

ü______ die Wirts____________ funktionieren. 4. Unternehmer müs________ Geld   **0,5+0,5+0,5**

ver____________, sonst küm__________ sie _______ nicht   **0,5+0,5+0,5**

u___ Umweltschutz. 5. Im verg________________ Jahr wu_______ sie   **0,5+0,5+0,5**

v_________ Bundespräsidenten f________ ihr Engag________________ ausgezeichnet.   **0,5+0,5+0,5**

                                                   10 P.

5. Negationselemente. Ergänzen Sie die Gegenteile.

Für Straßenkinder ist vieles anders.

1. Normalerweise haben Kinder <u>jemanden</u>, der für sie sorgt.

   Für Straßenkinder sorgt meist _________________________.   0,5+0,5

2. Um die meisten Kinder kümmern sich Vater <u>und</u> Mutter.

   Um Straßenkinder kümmert sich oft ____________ Vater ____________ Mutter.   0,5+0,5

3. Normalerweise haben Kinder <u>irgendwo</u> ein Zuhause.

   Straßenkinder haben meist _________________________ ein Zuhause.   0,5+0,5

4. Normale Kinder haben <u>immer</u> genug zu essen und zu trinken.

   Straßenkinder haben ____________ genug zu essen und zu trinken.   0,5+0,5

4 P.

6. Benutzen Sie den Konjunktiv II, und sagen Sie das Gegenteil.

1. Weil sich die Kinder zu wenig draußen bewegen, werden sie krank.

   Aber wenn die Kinder ___________________________________   1+0,5+0,5

   ____   1+0,5+0,5

2. Weil der Verkehr immer stärker wurde, konnten die Kinder nicht mehr wie früher auf den

   Straßen spielen.

   Aber wenn der Verkehr _________________________________   1+0,5+0,5

   ____   1+0,5+0,5

8 P.

7. Zur Bildgeschichte (Lb, S. 108). Sagen Sie das Gegenteil:
Was wäre gewesen, wenn ... ?

1. Nachdem die Fabrik vergrößert worden war, wurde die Luft immer schlechter.

   Wenn die Fabrik ______________________________________   1+1+0,5+0,5

   ____   1+1+0,5+0,5

2. Der Besitzer wurde schließlich gezwungen, für sauberere Luft zu sorgen und musste

   Filter in die Schornsteine einbauen.

   Wenn der Besitzer ____________________________________

   ____   1+1+0,5+0,5

   ____   1+1+0,5+0,5

12 P.

8. Formulieren Sie die folgenden Sätze statt mit *man* mit dem Konjunktiv II Passiv.

1. Wenn man Wohnhäuser besser gegen Kälte isolieren würde, könnte man

   Heizkosten sparen.

   Wenn ____   1+0,5+0,5

   ____   1+0,5+0,5

2. Wenn man mehr für die Umwelt tun würde, könnte man viele Schäden vermeiden.

   Wenn ____   1+0,5+0,5

   ____   1+0,5+0,5

8 P.

9. Jugendgemeinderäte
a) Lesen Sie den folgenden Text.

Politik lernen durch Mitsprache. Unter diesem Motto versuchen einige Städte und Gemeinden in Süddeutschland, das Interesse von Jugendlichen an der Politik zu wecken. Jeder zwischen 15 und 18 Jahren, der bereit ist, sich für die Lokalpolitik zu engagieren, kann sich zum Jugendgemeinderat wählen lassen. Diese Jugendvertreter haben die Möglichkeit, aktiv am politischen Leben der Stadt oder Gemeinde teilzunehmen. Sie treffen sich ungefähr vier- bis sechsmal im Jahr zu Jugendgemeinderatssitzungen. Da diskutieren sie ihre Wünsche und Probleme mit den zuständigen Fachleuten und versuchen, ihre Interessen durchzusetzen. Wenn ihre Anträge beschlossen und formuliert sind, werden sie dem Gemeinderat zur Entscheidung vorgelegt. Bei allen Sitzungen des Gemeinderats können sich die Jugendvertreter zu Wort melden und mitdiskutieren.

In Filderstadt, einer Kleinstadt in der Nähe von Stuttgart, gibt es zum Beispiel 20 Jugendgemeinderäte, die sehr aktiv sind und auch schon viel erreicht haben. So haben sie sich zum Beispiel dafür eingesetzt, dass die Fußballer einen kleinen Fußballplatz bekommen, außerdem organisieren sie viele Sportveranstaltungen und Turniere wie z.B. Volleyball-, Handball- oder Schwimmturniere. Um die Integration ausländischer Jugendlicher zu fördern, haben sie ein Ausländercafé als multikulturellen Treffpunkt gegründet, wo sich die Jugendlichen am Wochenende treffen und besser kennen lernen können. Darüber hinaus organisieren sie z.B. Aktionswochen mit Kinonächten, Kabarett, Jugendtheater usw. Hin und wieder veranstalten sie auch Podiumsdiskussionen, auf denen die Jugendlichen ihre politische Meinung sagen können. Pro Jahr stellt die Stadt den Jugendgemeinderäten 5000 Euro für ihre Projekte zur Verfügung, die natürlich beantragt und vom Gemeinderat genehmigt werden müssen.

b) Beantworten Sie die folgenden Fragen zum Text.

1. Unter welchen Bedingungen kann man Jugendgemeinderat werden?

	LV:	A/Gr:
	1	0,5+0,5
	1	0,5+0,5

2. Was gehört zu den Aufgaben der Jugendgemeinderäte?

		0,5+0,5
und	1	
	1	1+0,5+0,5

3. Nennen Sie drei Bereiche (nicht die einzelnen Beispiele) für die sich die Jugendgemeinderäte in Filderstadt hauptsächlich eingesetzt haben.

Sie	1	0,5+0,5
	1	0,5+0,5
	1	0,5+0,5

4. Was müssen die Jugendgemeinderäte tun, wenn sie Geld für ihre Projekte brauchen?

	1	1+0,5+0,5
	8 P.	10 P.

10. Umweltschutz
Schreiben Sie einen zusammenhängenden kurzen Text (mindestens <u>drei komplexe</u> Sätze), und beschreiben Sie, was Ihrer Meinung nach getan werden könnte, damit die Umwelt besser geschützt wird.

Denken Sie z.B. an Reinhaltung von Wasser und Luft, sparsamen Umgang mit Energie und Rohstoffen, verändertes Verhalten in Bezug auf Verkehr und Konsum usw.

Begründen Sie Ihre Vorschläge mit *damit/um ... zu/weil so .../denn dann ...* usw.

<u>St:</u>   <u>A/Gr:</u>

Ich bin der Meinung ____

____

____

____

____

____

____

____

____

____

____

6 P.   12 P.

Insgesamt: 100 P.

Wie viel Zeit haben Sie gebraucht? __________ Minuten.

Lösungsschlüssel zu den Kontrollübungen

1. Fehlende Wörter
1. Also, entschlossen, Mitglied 2. einsetzen/engagieren, ja, Steuern
3. ja, (eigentlich), doch, verantwortlich

2. Bedeutungsähnliche Ausdrücke
1. Konfrontationen 2. ist drei Jahre her 3. die Abschaffung 4. vor
allen Dingen/ganz besonders 5. von heute auf morgen (schnell,
sofort, in kurzer Zeit) 6. ist es gelungen/hat es geschafft

3. Verben
1. umgehen, schützen 2. interessieren/gewinnen, ausschließt/un-
möglich macht (verhindert)

4. Textergänzung
1. Britta Steilmann ist eine außergewöhnliche Frau.
2. Seit ihrem 21. Lebensjahr versucht sie, ihre Modekollektionen so
giftfrei wie möglich zu produzieren.
3. Sie weiß, dass Veränderungen nur über die Wirtschaft funktionieren.
4. Unternehmer müssen Geld verdienen, sonst interessieren sie sich
nicht für Umweltschutz.
5. Im vergangenen Jahr wurde sie vom Bundespräsidenten für ihr
Engagement ausgezeichnet.

5. Negationselemente
1. niemand 2. weder ... noch 3. nirgends/nirgendwo 4. nie/niemals

6. Konjunktiv II
1. Aber wenn sich die Kinder mehr draußen bewegen würden, würden sie nicht krank (werden).
2. Aber wenn der Verkehr nicht immer stärker geworden wäre, hätten die Kinder wie früher auf den Straßen spielen können.

7. Was wäre gewesen, wenn ... ?
1. Wenn die Fabrik nicht vergrößert worden wäre, wäre die Luft nicht
immer schlechter geworden.
2. Wenn der Besitzer nicht schließlich/schließlich nicht gezwungen
worden wäre, für sauberere Luft zu sorgen, hätte er keine Filter in
die Schornsteine einbauen müssen/einzubauen brauchen.

8. Konjunktiv II Passiv
1. Wenn Wohnhäuser besser gegen Kälte isoliert (werden) würden,
könnten Heizkosten gespart werden.
2. Wenn mehr für die Umwelt getan (werden) würde, könnten viele
Schäden vermieden werden.

9. Jugendgemeinderäte
b) Fragen zum Text
1. Wenn man zwischen 15 und 18 Jahren alt ist und bereit ist, sich
für Lokalpolitik zu engagieren./und sich für Lokalpolitik interessiert./und sich für Lokalpolitik einsetzen möchte.
2. Sie treffen sich ungefähr vier- bis sechsmal im Jahr zu Jugendgemeinderatssitzungen./Sie müssen ungefähr vier- bis sechsmal im
Jahr an Jugendgemeinderatssitzungen teilnehmen und versuchen,
ihre Wünsche und Interessen gegenüber den Fachleuten durchzusetzen.
3. Sie haben sich hauptsächlich/vor allem/vor allen Dingen/besonders
für Sport, Integration ausländischer Jugendlicher und für Kultur
(Freizeitaktivitäten) eingesetzt.
4. Sie müssen die Projekte beantragen und vom Gemeinderat geneh-
migen lassen.

10. Umweltschutz
Mögliche Varianten:
1. Ich bin der Meinung, dass das Wasser nicht verschmutzt werden
dürfte/rein gehalten werden müsste, damit man überall sauberes
Trinkwasser ohne zu viele Chemikalien hätte./damit man z.B. in Flüs-
sen und Seen baden könnte./... dass man mit Wasser sparsamer
umgehen müsste./... dass man besonders Trinkwasser nicht verschwenden darf./... dass der Wasserverbrauch reduziert werden
müsste.
2. Außerdem meine ich, dass Energie in allen Bereichen eingespart
weren müsste./... dass mit Energie sparsamer umgegangen werden
müsste, denn dann würde die Umwelt weniger belastet./brauchte
man weniger Kraftwerke, die auch die Umwelt belasten.
3. Weiterhin bin ich der Auffassung, dass mit Rohstoffen sparsamer
umgegangen werden müsste,/... dass Rohstoffe weitgehend wieder-
verwertet/recycled werden sollten, weil sie nicht unbegrenzt sind./
weil man nicht alle Vorräte/Reserven verbrauchen darf.
4. Meiner Meinung nach sollte man darüber hinaus den Benzinpreis
erhöhen/den Verkehr reduzieren, sparsamere Autos/mehr Elektroau-
tos produzieren/herstellen, weil so/dadurch die Luftverschmutzung
sinken würde./weil wir dann in einer gesünderen Umwelt leben
könnten.

Kontrollstatistik zu Lektion 27						
Aufgabe	Punktzahl		Aufgabe	Punktzahl		Gesamtzeit:
	total	meine		total	meine	Punktzahl insgesamt: 100 Meine Punktzahl:
1	9		6	8		
2	9		7	12		
3	4		8	8		
4	10		9	18		
5	4		10	18		

Hörverstehenstext

Senioren als Experten

Der deutsche Senior Experten Service (SES) leistet seit 1982 praktische Entwicklungshilfe in der ganzen Welt. Er wird von der Wirtschaft finanziert, die sich damit für die internationale Zusammenarbeit engagiert.

Gefragt sind beim SES besonders Fachleute aus dem technischen und wirtschaftlichen Bereich, die das aktive Berufsleben beendet haben und pensioniert sind. Sie haben durch den SES die Gelegenheit, ihre Kenntnisse und Fähigkeiten, die sie in langjähriger Berufstätigkeit erworben haben, ehrenamtlich weiterzugeben, d.h. sie bekommen für ihre Tätigkeit kein Geld. Sie haben allerdings auch keine Kosten z.B. für Reisen zu den Projektorten, Verpflegung und Unterbringung. Für kleinere persönliche Ausgaben bekommen sie ein geringes Taschengeld. Diese Kombination von Ehrenamtlichkeit und Qualifikation ist die Basis für die erfolgreiche Arbeit des SES.

Voraussetzung für eine Aufnahme in das Experten-Register sind neben beruflicher Erfahrung vor allem gute Gesundheit und wenn möglich Sprachkenntnisse und Auslandserfahrung. Darüber hinaus sollten die Senioren finanziell unabhängig sein und auch die Fähigkeit haben, sich am Einsatzort den gegebenen Bedingungen anzupassen. Zur Zeit sind über 5600 Senioren-Experten registriert, und die Zahl der Bewerber wächst fast ebenso schnell wie die Nachfrage nach ihren Diensten. Im Jahre 2001 wurde mit fast 1107 Einsätzen in aller Welt ein neuer Höhepunkt erreicht.

Aber nicht nur weltweit, sondern auch in Deutschland nimmt das Interesse an der Arbeit des SES ständig zu. Durch ihre kostengünstigen und effektiven Einsätze haben sie schon vielen Unternehmen im Inland bei der Stabilisierung in Krisensituationen und damit bei der Sicherung von Arbeitsplätzen geholfen.

Die Motivation ist bei fast allen Senioren gleich. Sie wollen nicht untätig zu Hause sitzen und nur ihren wohlverdienten Ruhestand genießen, den sie im Vergleich mit ihrem aktiven Berufsleben meist als langweilig empfinden. Stattdessen macht es ihnen Freude, ihre Qualifikationen für eine begrenzte Zeit dort sinnvoll einzubringen, wo man sie braucht, aber nicht bezahlen kann. Die einzelnen Projekteinsätze dauern dabei selten länger als einige Wochen und sind in jedem Fall auf maximal ein halbes Jahr begrenzt.

So haben die pensionierten Experten das Gefühl zu helfen, die Welt ein kleines Stück besser zu machen und den Ratsuchenden Hilfe zur Selbsthilfe vermitteln zu können.

Diktat

Greenpeace

Die Umweltorganisation Greenpeace wurde 1971 gegründet und ist heute in über 30 Ländern aktiv. Weltweit hat sie über drei Millionen Mitglieder und Tausende von ehrenamtlichen Helfern. Sie setzen sich dafür ein, globale Probleme der Umwelt bewusst zu machen und die Zerstörung der natürlichen Lebensgrundlagen von Menschen, Tieren und Pflanzen zu verhindern. Sie protestieren, demonstrieren und versuchen, durch spektakuläre Aktionen die Emotionen und das Interesse möglichst vieler Menschen zu wecken. Dabei ist das oberste Gebot für alle Greenpeace-Aktivisten Gewaltlosigkeit, auch wenn ihre Einsätze oft äußerst riskant sind und es Verletzte und Verhaftete gibt.

Wer Greenpeace unterstützen will, kann für 25 Euro pro Jahr Mitglied werden (Schüler und Studenten für 15 Euro). Wer aktiv mitarbeiten möchte, kann sich an eine der vielen Kontaktgruppen wenden und je nach Eignung und freier Zeit an aktuellen Projekten mitarbeiten.

Detailhinweise zu Lektion 28:
Angst
Situationen – Texte – Redemittel

1. Angst hat viele Gesichter

Zunächst kann L noch einmal den gezeichneten Hund aus Lb 2, S. 153 („Eine Fremdsprache lernen" VIII), vergrößert projizieren und an die richtige Präposition zu *Angst haben* erinnern.

Während die KT die Bilder ansehen, kann L fragen, welche Ängste sie darstellen.

Foto A: Angst vor Verkehrsunfällen

Foto B: Angst vor dem Alleinsein oder Verfolgtwerden im Dunkeln z.B. in Unterführungen, auf Straßen, in Parkhäusern, Bahnhöfen usw. (s. auch STR 7. „Der Nachtvogel" und 9. „Angst und ihre Überwindung")

Foto C: Flugangst oder Angst vor einem Flugzeugabsturz (s. auch STR 4. „Was ist mit Philipp?")

Bild D: „Der Schrei" ist eins der berühmtesten Bilder des norwegischen Malers Edvard Munch. Anhand des Bildes kann über Phobien (krankhafte Ängste z.B. vor großer Höhe, vor bestimmten Tieren usw.) gesprochen werden.
Zum Maler: Edvard Munch (12.12.1863-23.4.1944) war ein Wegbereiter des Expressionismus in Europa und hat vor allem die deutsche Kunst stark beeinflusst.

Foto E: Angst oder auch Ekel vor bestimmten Tieren wie Mäusen, Spinnen, Ungeziefer usw.
(s. auch STR. 2.c „Angst vor Schlangen")

Bild F: Angst vor Naturgewalten
Der Holzschnitt stellt eine der 36 Ansichten des Mount Fuji dar und stammt von dem japanischen Holzschnittkünstler Hokusai (1760-1849). L kann anhand des Bildes noch einmal die Definitionen von verschiedenen Naturkatastrophen (Lawinen, Erdbeben, Überschwemmungen usw.) aus Lb 2, Lektion 16, STR 9. wiederholen.

Foto G: Schulangst, Angst vor dem Versagen
(s. auch STR. 6. „Prüfungsangst")

Anschließend sollen sich die KT zunächst in Partnerarbeit oder Kleingruppen ein Erlebnis erzählen, bei dem sie einmal besonders große Angst hatten. Freiwillige können über ihr Erlebnis danach auch im Plenum berichten. Als Hausaufgabe sollen die KT ihre Geschichten noch einmal aufschreiben und L zur Korrektur geben. Einige dieser Texte können dann in die Klassenzeitung aufgenommen werden.

5. Nur Mut!

Zum Autor: Der deutsche Schriftsteller und Karikaturist Robert Gernhardt wurde 1937 in Reval (heute Tallin) in Estland geboren. Er studierte Malerei und später auch Germanistik in Berlin und Stuttgart. Zunächst arbeitete er als Redakteur, später als freiberuflicher Autor. Er schrieb vor allem Gedichte, Bildgeschichten, Essays, Erzählungen und satirische Texte und erhielt mehrere Literaturpreise.

7. „Der Nachtvogel" von Ursula Wölfel

Zur Autorin: Ursula Wölfel wurde 1922 in Duisburg geboren. Sie studierte Germanistik, war dann Lehrerin und schrieb hauptsächlich Jugend- und Kinderbücher, für die sie mehrfach ausgezeichnet wurde.

8. Angst nach Noten

Zum Sänger: Der deutsche Sänger, Liedermacher und Komponist Herbert Grönemeyer, geboren 1956 in Göttingen, ist seit Mitte der achtziger Jahre ein Deutsch-Rock-Superstar.

Grammatik

werden-Passiv, *sein*-Passiv

1. Das Drachenstichfest

L kann als Einstieg das Foto auf S. 131 vergrößert über OHP projizieren und von den KT spekulieren lassen, worum es geht. Anschließend können die KT dann den Text „Folklore im Bayerischen Wald" auf S. 130 oben vorlesen und mit Hilfe von L Wortschatzfragen klären.

Nach a): L kann fragen, worin der Unterschied zwischen den Bildern auf der linken und rechten Seite besteht. (Rechts sieht man keine arbeitenden Menschen mehr. Dadurch wird die Bedeutung des *sein*-Passivs – Resultat, Zustand, etwas Abgeschlossenes – visualisiert.) Erfahrungsgemäß neigen die KT nach der Einführung des *sein*-Passivs dazu, dieses statt des *werden*-Passivs zu benutzen, und zwar besonders im Perfekt, wo oft *sein*- und *werden*-Passiv möglich sind.

Die Plätze sind reserviert worden.   *Die Plätze sind reserviert.*

Beim *werden*-Passiv sieht man mehr die vorangegangene Aktion und beim *sein*-Passiv das Resultat. Wenn aber ein 'Täter' genannt wird – auch wenn er anonym ist – muss das *werden*-Passiv benutzt werden. Z.B. *Die Plätze sind von der Stadtverwaltung reserviert worden.*

Partizip I und II

2. Der Drache kommt

Durch die visualisierte Gegenüberstellung von Partizip I und II soll deutlich werden, dass beide Partizipien zeitlich neutral <u>wie Adjektive</u> verwendet werden. Fälschlicherweise wird oft davon ausgegangen, dass das Partizip I Gegenwärtiges und das Partizip II Vergangenes ausdrückt. Dabei wird die 'Abgeschlossenheit' oder 'Nicht-Abgeschlossenheit' des Vorgangs mit dem verwechselt, was das Tempus des Verbs ausdrückt.

Das Partizip I hat immer aktivische und das Partizip II meist passivische Bedeutung.

Partizip II in adjektivischer Verwendung ist möglich
- bei allen Verben, die passivfähig sind,
  z.B.: *die geschmückten Häuser* (die Häuser, die geschmückt worden
  sind)
- bei Verben, die nicht passivfähig sind und ihr Passiv mit *sein* bilden,
  z.B.: *der nach Hause gekommene Ritter* (aber nicht: *der gekommene Ritter*)

3. Volksfest mit historischem Hintergrund
Zu a) und b): Umformung von Partizipien in Relativsätze und umgekehrt:

Umformungsübungen sind fast immer problematisch, weil im gegebenen Kontext meist entweder der Ausgangssatz oder der umge-
formte Satz adäquater ist. Diese Adäquatheit hängt stark von der
jeweiligen Textsorte und dem Medium (gesprochen oder geschrieben)
ab. Ganz grob kann man sagen, dass man in der gesprochenen Sprache eher versucht, eine Häufung von Partizipien/Attributen vor dem
Nomen zu vermeiden und Relativsätze zu benutzen.

Extrem gehäuft kommen Partizipien in Nachrichtentexten vor, die ja
immer schriftliche Textformen sind.

Vor a): L sollte die KT zunächst bitten, sich den Text leise durchzulesen und unbekannten Wortschatz zu unterstreichen. Anschließend
kann im Plenum versucht werden, die Bedeutung von der Wortbildung her oder aus dem Kontext zu erschließen.
Unsicherheiten gibt es oft bei Satz 1: *Im Mittelpunkt steht eine in
alten Chroniken überlieferte Schlacht.* Hier benutzen die KT im Relativsatz oft das *werden*-Passiv: *Im Mittelpunkt steht eine Schlacht, die
in alten Chroniken überliefert worden ist.* Dies könnte man rechtfer-
tigen, wenn man zum Beispiel an diejenigen denkt, die diese Chroniken geschrieben haben.
Nicht möglich ist das *sein*-Passiv in b) Satz 5., weil hier ein anonymer 'Täter' (=Menschenhand) genannt wird. *Also nicht: Und sie
wollen schließlich sehen, wie der Drache, der von Menschenhand
besiegt ist, stirbt.* Sondern: *... der Drache, der von Menschenhand
besiegt worden ist, stirbt.* (Siehe auch Partizip-Meister-Spiel,
S. 70)

Hilfen bei Umformungsübungen
A: Relativsatz → Partizipialkonstruktion
1. Relativsatz unterstreichen.
2. Bezugswort unterstreichen, das der Relativsatz erklärt.
3. Senkrechten Pfeil direkt vor das Bezugswort setzen.
4. Relativpronomen (und eventuell Hilfsverben) wegstreichen.
5. Relativsatz vor Pfeil einsetzen, dabei aus dem Hauptverb ein Partizip bilden.
   (Infinitiv + *d* oder Partizip Perfekt + entsprechende Adjektivendung.)

Beispiel: *Eine ↓ Touristenattraktion, die alljährlich wiederkehrt,* ist der „Drachenstich" in Furth im Wald.
         Eine alljährlich wiederkehrende Touristenattraktion ist der „Drachenstich" in Furth im Wald.

B: Partizipialkonstruktion → Relativsatz
1. Erweitertes Partizip vor dem Bezugsnomen unterstreichen.
2. Bezugsnomen umkreisen, Komma und entsprechendes Relativpronomen einfügen
   und erweitertes Partizip in Nebensatz umformen.

Beispiel: *Im Mittelpunkt steht eine in alten Chroniken überlieferte Schlacht.*
         Im Mittelpunkt steht eine Schlacht, die in alten Chroniken überliefert ist.

(Kopiervorlage)

Infinitiv I und II mit *zu*

4. Kindheitsängste
Nach h): Die umseitige Übung zum Infinitiv II („Gerichtsprotokoll")
kann vor Behandlung des Hörverstehenstextes auf S. 76 oder in
schwachen Gruppen auch als Vorentlastung dazu gemacht werden.

Anstelle dieser Übung kann L auch nach der Textwiedergabe (Hörtext
von S. 76) eine mündliche Textrekonstruktionsübung anhand folgen-
der Vorgaben machen lassen:
Bauer/hoffen/Trick/reich/werden
vor Gericht gehen/Kaufmann beschuldigen/ 100 Silberstücke/leihen/
nicht/zurückgeben
zweiFreunde/schwören/dass/Kaufmann/Geld/bekommen

Kaufmann/fürchten/bezahlen/müssen
beschließen/Anwalt/sich nehmen
Anwalt/Kaufmann/bitten/nichts/abstreiten
Kaufmann/zugeben/Geld leihen
Kaufmann/Bauer/beschuldigen/vergessen/Geld/zurückgeben
Anwalt/als Beweis/zwei Männer/mitbringen/bestätigen/dabei sein/
als/Kaufmann/Bauer/Geld/zurückgeben

Alternative: L lässt die KT die beiden Übungen (die Umformungs- und
die Textrekonstruktionsübung) machen. Danach kopiert L den Hör-
verstehenstext von S. 76 und bittet die KT, ihre Texte anhand der Vor-
lage so weit es ihnen möglich ist zu korrigieren und ihn dann L zur
Kontrolle zu geben.

Gerichtsprotokoll

Was schreibt der Gerichtsschreiber ins Protokoll?

Situation: Ein Bauer und ein Kaufmann sowie vier Zeugen stehen vor Gericht.

Beispiel : Der Bauer sagt zu dem Kaufmann: „Sie haben sich Geld von mir geliehen. 1. Sie haben es mir nicht zurückgegeben."	Der Gerichtsschreiber protokolliert: Herr X beschuldigt Herrn Y, sich Geld von ihm geliehen zu haben. Er beschuldigt ihn weiter, _________________

2. Die Zeugen A und B sagen: „Wir haben gesehen, wie der Kaufmann Y das Geld von dem Bauern X bekommen hat."

Herr A und Herr B sagen aus, _________________

3. Der Kaufmann sagt: „Ich streite nicht ab, dass ich mir Geld von Herrn X geliehen habe.

Herr Y bestreitet nicht, _________________

4. Aber Herr X hat vergessen, dass ich ihm das Geld am nächsten Tag zurückgegeben habe."

Kaufmann Y wirft Bauer X vor, _________________

5. Die Zeugen C und D schwören: „Wir waren dabei, als der Kaufmann dem Bauern das Geld zurückgegeben hat."

Herr C und Herr D behaupten, _________________

(Kopiervorlage)

Aktivitäten

Weitere Übungen und Spiele
(Zum Wortschatz)

1. Gedächtnistraining
L liest die folgenden 15 Wörter mit jeweils drei Sekunden Pause vor:
Lebenshaltungskosten, Lebensstandard, Umweltzerstörung, Absturz, Urwald, Prüfungsanforderung, Steigerung, Schatten, Vertreibung, Einbildung, Verhalten, Schutzfunktion, Notwendigkeit, Verzicht, Hilfslosigkeit
1 KT schreibt an der verdeckten Tafel mit. Die übrigen versuchen, sich möglichst viele Wörter zu merken, ohne sich Notizen zu machen. Nachdem L alle 15 Wörter vorgelesen hat, schreiben die KT auf, was sie behalten haben (immer mit Artikel und Pluralform). Wer die meisten Wörter hat, liest vor und beschreibt, mit welcher Methode diese Behaltensleistung möglich war. Danach werden die an der Tafel stehenden Wörter aufgedeckt und auf orthographische Fehler, Artikel und Pluralformen überprüft.

2. Partizip-Meister/in (Zu Partizip II)
L nennt einfache oder erweiterte Partizipien und lässt sie die KT schriftlich mit einem Relativsatz und dem *sein*- bzw. *werden*-Passiv umformen.
Anschließend werden die Relativsätze im Plenum verglichen. Wer die meisten richtigen Sätze hat, ist Partizip-Meister/in.

L:	KT:
Eine verstopfte Straße ist eine Straße, …	die verstopft ist.
Ein von einem Betrunkenen verursachter Unfall ist ein Unfall, …	der von einem Betrunkenen verursacht worden ist.
Ein abgestürztes Flugzeug ist ein Fluzeug, …	das abgestürzt ist.
Ein Verletzter ist jemand, …	der verletzt ist.
Ein gebrauchtes Auto ist ein Auto, …	das gebraucht ist.
Eine von der Polizei gesperrte Straße ist eine Straße, …	die … gesperrt worden ist.
Geschlossene Geschäfte sind Geschäfte, …	die geschlossen sind.
Überfüllte Restaurants sind Restaurants, …	die überfüllt sind.
Besetzte Parkhäuser sind Parkhäuser, …	die besetzt sind.
Ein von Unbekannten aufgebrochenes Auto ist ein Auto, …	das … aufgebrochen worden ist.
Ein von Passanten gefasster Dieb ist ein Dieb, …	der … gefasst worden ist.
Von den Besitzern renovierte Häuser sind Häuser, …	die … renoviert worden sind.
Eine bestandene Prüfung ist eine Prüfung, …	die bestanden ist.

Kontrollübungen zu Lektion 28

Name:	Datum:	Beginn des Tests:	Uhr

1. Ergänzen Sie die fehlenden Verben.

1. Verena hat Philipp ein günstiges Flugticket ... _______________   0,5+0,5
2. Er will in Guatemala Volkslieder ... _______________   0,5+0,5
3. Unter anderem will er historische Maya-Pyramiden ... _______________   0,5+0,5
4. Eines Morgens liest Tobias in der Zeitung, dass ein Flugzeug
   in Guatemala ... ... _______________   1+0,5+0,5
5. Alle Insassen sind wahrscheinlich ums Leben ... _______________   0,5+0,5

6 P.

2. Ergänzen Sie Präpositionen, Artikelwörter und Endungen.

1. Philipp erinnert sich nicht mehr ______ ________ Namen der Pyramiden.   0,5+0,5
2. Bei den Toten handelt es sich vermutlich _______ Touristen.   0,5
3. Tobias will sich im Auswärtigen Amt ________ ________ Namen der Toten erkundigen.   0,5+0,5
4. Er lässt sich ______ jemand_____ verbinden,   0,5+0,5
   der ______ derartige Unglücke im Ausland zuständig ist.   0,5
5. Er bedankt sich vielmals ________ __________ Mann   0,5+0,5
   ______ ______ Auskunft.   0,5+0,5

6 P.

3. Rekonstruieren Sie aus den folgenden Vorgaben, was Tobias Kerner zu dem Angestellten des Auswärtigen Amts in Bonn gesagt hat, nachdem er von dem Flugzeugunglück in Guatemala erfahren hat.

		St:	A/Gr:
1. Er hat seinen Namen	„Guten Tag,______________		
und den Grund seines	______________		
Anrufs genannt.	______________		0,5+0,5
	______________	1	0,5+0,5
2. Er hat gesagt, um wen	______________		
es geht (Philipp Schür-	______________		
mann) und wo Philipp	______________		0,5+0,5
vermutlich gerade ist.	______________	1	0,5+0,5
3. Er hat den Mann um	______________		1+0,5+0,5
Auskunft gebeten.	______________	1	1+0,5+0,5
		3 P.	**8 P.**

4. Nennen Sie bedeutungsähnliche Ausdrücke für die unterstrichenen Wörter.

1. Die Angstkatze entdeckte den Karton <u>durch Zufall</u>. _______________   0,5+0,5

2. Sie fühlte sich <u>relativ</u> sicher darin. _______________   0,5+0,5

3. Fast jeder hat schon einmal Angst <u>gehabt</u>. _______________   0,5+0,5

4. Viele haben Angst vor dem <u>Zerbrechen</u> ihrer Ehe. _______________   0,5+0,5

5. Oft leidet jemand unter <u>nicht existierenden</u> Ängsten. _______________   0,5+0,5

6. Die Angst kann ganz plötzlich <u>auftreten</u>. _______________   0,5+0,5

7. Es <u>ist ganz sicher</u>, dass Angst nicht angeboren ist. _______________   0,5+0,5

7 P.

5. Der Leiter des Verkehrsamts berichtet dem Bürgermeister vor dem Fest über die Resultate der vorangegangenen Aktivitäten. (Benutzen Sie das Zustandspassiv.)

1. (Wir haben alle Karten verkauft.)

„_______________"   0,5+0,5

2. (Die Polizei hat die Innenstadt gesperrt.)

„_______________"   0,5+0,5

2 P.

6. Wie kann man das Folgende kürzer sagen? (Benutzen Sie das Partizip I oder II.)

1. Die Touristen wollen den Drachen sehen, der laut brüllt und mit den Flügeln schlägt.

   Die Touristen wollen _______________   1+0,5

   _______________   1+0,5

2. Sie warten an den Straßen, die mit Fahnen geschmückt und total überfüllt sind.

   Sie warten _______________   1+0,5

   _______________   1+0,5

6 P.

7. Wie kann man das Folgende mit einem Relativsatz sagen?

1. Nach vielen Komplikationen tötet ein gerade aus dem Krieg zurückgekehrter

   Ritter den Drachen.

   Nach vielen Komplikationen tötet _______________   1+0,5

   _______________   1+0,5

2. Anschließend tanzen aus der ganzen Umgebung kommende Musik- und

   Tanzgruppen historische Tänze.

   Anschließend tanzen _______________   1+0,5

   _______________   1+0,5

6 P.

8. Unterstreichen Sie die Relativsätze, und bilden Sie daraus Partizipialkonstruktionen.

1. Für Touristen ist es besonders schwierig, in den Hotels, die schon lange vor dem Fest ausgebucht sind, ein Zimmer zu finden.

   Für Touristen ist es besonders schwierig, ________________________________

   ____

2. Sie wollen alle sehen, wie der Drache, der von Menschenhand besiegt worden ist, stirbt.

   Sie wollen alle sehen ____

   ____

1+0,5
1+0,5

1+0,5
1+0,5

6 P.

9. Bilden Sie aus den Satzteilen komplette Sätze mit Infinitivkonstruktionen.

1. Jens Sievers/Freund/Brief/schreiben/gerade/anfangen

   ____

2. da/Dunkelheit/Kind/Garten/erkennen/glauben/er

   ____

3. er/nicht/erinnern können/Kind/schon einmal/sehen

   ____

1+0,5+0,5
1+0,5+0,5

1+0,5+0,5
1+0,5+0,5

1+0,5+0,5
1+0,5+0,5

12 P.

10. Fragen an Dr. Bergedorfer
a) Lesen Sie den folgenden Leserbrief aus einer Illustrierten.

Ich bin im letzten Schuljahr und bereite mich auf mein Abitur vor. In sechs Wochen sind die schriftlichen Klausuren, und deshalb brauche ich Ihren Rat.

Nach den Sommerferien hat es angefangen. Ich wurde immer nervös, wenn ich an das Abitur dachte. Obwohl ich bis dahin zu den Besten in der Klasse gehört habe, war ich auf einmal öfter unkonzentriert, und konnte auch manchmal Fragen nicht beantworten, obwohl ich zu Hause alles gewusst hatte. In der letzten Mathematik-Arbeit habe ich nur 7 Punkte bekommen, obwohl mein Durchschnitt bei 12 Punkten, also 2+, liegt.

Ich hatte auch immer mehr das Gefühl, dass meine Mitschüler Konkurrenten oder sogar Feinde waren. Es kam mir so vor, als ob sie sich hinter meinem Rücken über mich unterhalten würden. Deshalb bin ich auch allgemein unsicherer geworden.

Dann kamen diese schrecklichen Träume nachts. Ich saß z.B. in einer Mathematik-Klausur und mir fiel keine einzige Formel mehr ein. Dann habe ich versucht, von meinem Nachbarn abzuschreiben, aber der Lehrer hat das gemerkt und hat mir die Prüfungsblätter weggenommen und gesagt: „Jetzt hast du keine Chance mehr." Danach wachte ich mit wild klopfendem Herzen auf.

Mein Vater und mein Großvater sind Ärzte, und mein Vater möchte unbedingt, dass ich später seine Praxis übernehme. Aber wenn ich keine guten Noten im Abitur bekomme, kann ich auch nicht Medizin studieren.

Können Sie mir helfen?

b) Fassen Sie das Wichtigste in jedem der fünf Absätze in a) möglichst mit eigenen Worten in jeweils einem Satz zusammen.

1. ____

____

2. ____

____

3. ____

____

4. ____

____

5. ____

____

LV:	A/Gr:
2	1+0,5+0,5
2	1+0,5+0,5
2	1+0,5+0,5
2	1+0,5+0,5
2	1+0,5+0,5
10 P.	**10P.**

11. Sir Henrys Tod

Schreiben Sie einen Text, und machen Sie aus den Hauptsätzen in 1. – 6. jeweils einen komplexen Satz. Achten Sie auf Vorfeldvariationen.

1. Sir Henry lebte auf Schloss Darkmoore. Sir Henry lebte dort mit seinem Butler.
2. Der Butler hatte eines Abends Ausgang. Sie Henry war allein im Schloss.
3. Er las Zeitung. Die Turmuhr schlug Mitternacht. Sir Henry beschloss, ins Bett zu gehen.
4. Ein Schatten kam plötzlich lautlos durch die Tür. Der Schatten stürzte sich von hinten auf Sir Henry.
5. Sir Henry erlitt vor Schreck einen Herzanfall. Sir Henry starb. Sir Henry gab keinen Laut von sich.
6. Wie ist er wirklich gestorben? Niemand hat es erfahren.

1. Sir Henry ____

____

2. ____

____

3. ____

____

4. ____

____

5. ____

____

6. ____

____

St:	A/Gr:
	0,5+0,5
1	0,5+0,5
	0,5+0,5
1	0,5+0,5
	0,5+0,5
1	0,5+0,5
	0,5+0,5
1	0,5+0,5
	0,5+0,5
1	0,5+0,5
	0,5+0,5
1	0,5+0,5
6 P.	**12 P.**
	Insgesamt: **100 P.**

Wie viel Zeit haben Sie gebraucht? _________ Minuten.

Lösungsschlüssel zu den Kontrollübungen

1. Verben
1. besorgt 2. sammeln. 3. besichtigen 4. abgestürzt ist 5. gekommen

2. Fehlende Präpositionen und Artikelwörter
1. (sich erinnern) an die/den 2. (handeln) um 3. (sich erkundigen) nach den 4. (verbinden) mit jemandem, (zuständig sein) für 5. (sich bedanken) bei dem, für die

3. Tobias am Telefon
Mögliche Varianten:
1. (Guten Tag,) mein Name ist Tobias Kerner. Ich rufe wegen des Flugzeugabsturzes in Guatemala an.
2. Es geht um meinen Freund Philipp Schürmann, der zur Zeit vermutlich in dieser Region/in diesem Gebiet/in Guatemala ist.
3. Können Sie (vielleicht) auf der Namenliste nachsehen, ob der Name Schürmann dabei ist?/darauf steht?/ob er unter den Toten ist?/Könnten Sie mir (vielleicht/bitte) die Namen der Verunglückten sagen?/nennen?

4. Bedeutungsähnliche Ausdrücke
1. zufällig 2. einigermaßen/ziemlich 3. gespürt/gefühlt/empfunden 4. Scheitern 5. eingebildeten 6. auftauchen/kommen 7. steht fest

5. Zustandspassiv
1. Alle Karten sind verkauft. 2. Die Innenstadt ist gesperrt.

6. Partizip I
1. Die Touristen wollen den laut brüllenden mit den Flügeln schlagenden Drachen sehen.
2. Sie warten an den mit Fahnen geschmückten und total überfüllten Straßen.

7. Relativsatz
1. ... ein Ritter, der gerade aus dem Krieg zurückgekehrt ist, den Drachen.
2. ... Musik- und Tanzgruppen, die aus der ganzen Umgebung kommen, historische Tänze.

8. Partizipialkonstruktionen
1. Für Touristen ist es besonders schwierig, in den schon lange vor dem Fest ausgebuchten Hotels ein Zimmer zu finden. 2. Sie wollen alle sehen, wie der von Menschenhand besiegte Drache stirbt.

9. Infinitivkonstruktionen
1. Jens Sievers hatte gerade angefangen/fing gerade an, einen Brief an seinen Freund zu schreiben./... seinem Freund einen Brief zu schreiben. 2. Da glaubte er in der Dunkelheit ein Kind im Garten zu erkennen./ ... im Garten ein Kind zu erkennen. 3. Er konnte sich nicht erinnern, das Kind schon einmal gesehen zu haben.

10. Fragen an Dr. Bergedorfer
b) 1. Sie/Er steht kurz vor dem Abitur und braucht Rat./Sie/Er bereitet sich auf das Abitur vor ... 2. Sie/Er hat Angst vor dem Abitur und ihre/seine Leistungen lassen nach./werden schlechter. 3. Sie/Er glaubt, dass die Mitschüler zu Konkurrenten geworden sind und wird immer unsicherer. 4. Nachts träumte sie/er von nicht bestandenen Prüfungen./Nachts hat sie/er Alpträume, in denen sie/er träumt, dass sie/er eine Prüfung nicht besteht. 5. Sie/Er soll die Praxis des Vaters übernehmen, aber sie/er fürchtet, das Medizinstudium nicht zu schaffen./dass sie/er das Medizinstudium nicht schafft./ nicht Medizin studieren kann.

11. Sir Henrys Tod
1. Sir Henry lebte mit seinem Butler auf Schloss Darkmoore. 2. Eines Abends hatte der Butler Ausgang, und Sir Henry war allein im Schloss./deshalb war Sir Henry allein im Schloss. 3. Er las Zeitung und als die Turmuhr Mitternacht schlug, beschloss er, ins Bett zu gehen./Es war schon spät und als die Turmuhr Mitternacht schlug, beschloss Sir Henry, ins Bett zu gehen. 4. Plötzlich kam ein Schatten lautlos durch die Tür und stürzte sich von hinten auf Sir Henry. 5. Vor Schreck erlitt er einen Herzanfall und starb, ohne einen Laut von sich zu geben. 6. Niemand hat erfahren, wie er wirklich gestorben ist.

Kontrollstatistik zu Lektion 28					
Aufgabe	Punktzahl		Aufgabe	Punktzahl	Gesamtzeit:
	total	meine		total	meine	Punktzahl insgesamt: 100 Meine Punktzahl:
1	6		7	6	
2	6		8	6	
3	11		9	12	
4	7		10	20	
5	2		11	18	
6	6				

Hörverstehenstext (Zur Anwendung von Infinitiv I und II, Gr 4)

Der Bauer und der Kaufmann

Ein Bauer hoffte, durch einen schlechten Trick schnell reich zu werden. Er ging vor Gericht, beschuldigte einen reichen Kaufmann, sich 100 Silberstücke von ihm geliehen zu haben und warf ihm vor, ihm das Geld nicht zurückgegeben zu haben.

Als Beweis brachte der Bauer zwei Freunde mit, die schworen, gesehen zu haben, wie der Kaufmann das Geld von dem Bauern bekommen hatte.

Der reiche Kaufmann fürchtete, bezahlen zu müssen und beschloss, sich einen Anwalt zu nehmen. Dieser bat den Kaufmann, nichts abzustreiten und zuzugeben, dass er sich das Geld von dem Bauern geliehen hatte. Anschließend sollte er den Bauern beschuldigen, vergessen zu haben, dass er ihm das Geld schon am nächsten Tag zurückgegeben hatte. Als Beweis hatte der Anwalt zwei Männer mitgebracht, die bestätigten, dabei gewesen zu sein, als der Kaufmann dem Bauern das Geld zurückgegeben hatte.

Diktat (Nach STR 7. „Der Nachtvogel"

Angst erleben, Angst überwinden – Ein notwendiger Prozess in der Kindheit

Zahlreiche pädagogische Ratgeber befassen sich mit der Angst bei Kindern: Angst vor dem Einschlafen, Angst vor Trennung, Angst vor bösen Monstern.

Eltern wollen ihre Kinder beschützen und ihnen Geborgenheit vermitteln. Sie sind besorgt und fühlen sich hilflos, wenn ihre Kinder trotzdem ängstlich sind. „Du brauchst doch keine Angst zu haben," sagen die Erwachsenen und versuchen, das Kind zu beruhigen.

Sollte man Kinder deshalb grundsätzlich vor Situationen bewahren, die Angst machen können? Aber Angst gehört zum Leben. Eine angstfreie Atmosphäre gibt es nicht. Ein Kind muss lernen, mit diesem Gefühl umzugehen, erst dann wird es stark und lebenstüchtig.

Diese produktive Seite der Angst können Kinder allerdings nur dann entwickeln, wenn ihnen geholfen wird.

Detailhinweise zu Lektion 29:
Information und Medien
Situationen – Texte – Redemittel

29

1. „Multi-Media"

L kann die KT bitten, ein Bild auszuwählen, sich in Kleingruppen zusammenzusetzen und es zu beschreiben. Dabei sollen sie in Stichworten alles notieren, was ihnen an den Bildern auffällt bzw. sonst noch spontan dazu einfällt. Anschließend soll jeweils 1 KT im Plenum die Ergebnisse der Kleingruppenarbeit wiedergeben.

Foto A: Das Gemälde „Der Lesesaal" stammt von einem unbekannten Maler und bildet einen eindrucksvollen Kontrast zu Foto B. (s. auch STR 2 „Was die Deutschen täglich lesen" und 9. „Gute alte Druckerschwärze").
Fragen der KT zu dem Bild z.B.: Warum man die Zeitung in einem Lesesaal liest, oder warum dort nur Männer sind. (Die Zeitung war noch kein Massenmedium, da erst 1865 die Rotationsmaschine und 1885 die Setzmaschine erfunden wurden, die die Massenpresse ermöglichten. Zeitunglesen galt als Männer-Aktivität. Frauen waren in dieser Zeit mehr auf den häuslichen Bereich und die Familie ausgerichtet. Die meisten hatten keinen Zugang zu höherer Schulbildung.)

Foto B: Der Amerikaner Bill Gates ist Gründer der Software-Firma Microsoft und hat weltweit den größten Einfluss in der Computerbranche. Er gehört inzwischen zu den reichsten Männern der Welt.

Foto C: „die tageszeitung" (taz), gegründet 1979, hat eine Auflage von ca. 60 000. Ungewöhnlich für eine überregionale Tageszeitung ist dabei der hohe Prozentsatz von Abonnenten (ca. 50 000). Diese sind für die taz lebenswichtig, da sie im Unterschied zu anderen Tageszeitungen nur sehr wenig Werbung enthält. Sie muss sich also fast ausschließlich durch den Verkauf finanzieren. Im inhaltlichen Bereich erlaubt das eine größere Unabhängigkeit, was sie besonders für die überwiegend aus dem linken, grün-alternativen Bereich stammende Leserschaft attraktiv macht. Auch andere Lesergruppen schätzen den relativ hohen Anteil an eigenrecherchierten Artikeln, in denen Ereignisse oft aus einer anderen Perspektive dargestellt werden.
Von 1979 bis 1992 war die taz ein Kollektiv, d.h. alle – vom Chefredakteur bis zur Putzfrau – bekamen den gleichen Lohn. Da die Personalkosten dadurch unverhältnismäßig anstiegen, wurde die taz 1992 in eine Genossenschaft umgewandelt. Jetzt gilt für die Mitarbeiter eine Mischform von Einheitslohn und leistungsdifferenziertem Lohn, d. h. die Mitarbeiter bekommen für besondere Leistungen, aber auch z.B. für Kinder Zulagen. (s. auch STR 3. „Zeitung selbst gemacht" und Gr 3. „Aus einem Interview")

Foto D: Totale Information per Computer (s. auch STR 6. „Elektronische Information" und 10. „Die totale Information")

4. Was in der Zeitung steht

c) Vor dem Hören sollte L noch einmal darauf hinweisen, dass die abgedruckten Liedzeilen in a) nicht der Abfolge in Reinhard Meys Lied entsprechen.

Zur Person: Reinhard Mey wurde 1942 in Berlin geboren und ist einer der bekanntesten deutschen Liedermacher und Chansonsänger. Er erhielt zahlreiche Auszeichnungen für seine Lieder.

5. Wortfeld „gehen"

c) L kann die KT bitten, in Partner- oder Kleingruppenarbeit weitere Verben zum Wortfeld „gehen" zu sammeln. Zwei KT schreiben an der verdeckten Tafel. Wer die meisten Verben hat, liest vor und sagt einen Beispielsatz mit dem jeweiligen Verb:
kriechen (Schlange), *krabbeln* (Kleinkind), *hasten* (eilige Menschen), *hetzen* (Menschen unter Stress), *hinken* (Verletzte), *hüpfen* (Kinder beim Spielen), *marschieren* (Soldaten), *schleichen* (Katze), *springen* (über ein Hindernis, z.B. einen Graben, eine Pfütze), *wandern* (Spaziergänger in der Natur) ...

Die beiden KT an der Tafel ergänzen ihre Liste.
Alle KT schreiben die zusammengetragenen Verben zum Wortfeld „gehen" auf eine Karteikarte und ordnen sie in ihre Kartei ein.

10. Die totale Information

b) Zu Zeile 5: Hier kann L etwas zu den kausal gebrauchten Präpositionen *aus* und *vor* sagen:
Bei Nomen, die eine vorübergehende Empfindung ausdrücken, benutzt man *vor*.
Z.B.: *Vor Begeisterung/Freude/Glück über die gute Nachricht sprang er in die Luft. Vor Schreck ließ er das Tablett fallen. Vor Wut brüllte er sie an.*
Bei länger anhaltenden Empfindungen oder auch Charaktereigenschaften benutzt man *aus*.
Z.B.: *Aus Verzweiflung nahm er sich das Leben. Er hat es aus Liebe getan. Aus Eifersucht öffnete er alle ihre Briefe. Aus Angst vor Strafe hat er zu Hause nie von seinen schlechten Noten in der Schule erzählt. Aus Großzügigkeit verzichtete sie auf eine Bezahlung. Aus Geiz/Aus Sparsamkeit vezichtete er auf alle Vergnügungen.*

d) Weitere Adjektive auf *-bar*: *abschließbar, beweisbar, beeinflussbar, ersetzbar, essbar, erneuerbar, hörbar, lesbar, lösbar, machbar, sichtbar, strafbar, tragbar, (un)bezahlbar, (un)genießbar, (un)haltbar, (un)verzichtbar* ... . Vorgehen wie zu 5.c) beschrieben.

Zum Autor: Frederic Vester, geboren 1925, Biochemiker und Fachmann für Umweltfragen, ist Gründer und Leiter der „Studiengruppe für Biologie und Umwelt" in München. Er hat immer wieder auf Fehlentwicklungen der Technik aufmerksam gemacht. Bekannt wurde er durch wissenschaftliche Fernsehreihen und Ausstellungen über Systemzusammenhänge sowie als Bestsellerautor von Sachbüchern (u.a. „Denken, Lernen, Vergessen", „Leitmotiv vernetztes Denken", „Ausfahrt Zukunft"). Er wurde mehrfach für seine Arbeit ausgezeichnet.

Aktivitäten

Weitere Übungen und Spiele

1. Suffix-Wettbewerb (zum Wortschatz)

L schreibt einige Adjektivsuffixe an die Tafel, z.B.: *-sam, -lich, -ig, -isch* ... und bittet die KT, einzeln oder in Kleingruppen jeweils zwei Adjektive mit diesen Suffixen aufzuschreiben. Wer zuerst fertig ist, liest vor und bildet mit jedem Adjektiv einen Beispielsatz. Anschließend lesen die übrigen KT noch nicht genannte Adjektive vor und bilden ebenfalls Beispielsätze.

Alternative: Suffixe von Nomen, z.B.: *-heit, -keit, -nis, -schaft*

2. Geschichten erzählen (indirekte Rede in der gesprochenen Sprache)

L teilt die KT in zwei Gruppen und diktiert folgende Wörter oder Phrasen. KT1 schreibt an der Tafel mit.

Für Gruppe A:

1. *gestern Nacht nach Hause gehen – jemand in Computergeschäft am Markt einbrechen*
2. *in Auto einladen*
3. *vorbeikommen*
4. *Polizei*
5. *flüchten*
6. *verfolgen*
7. *in Reifen schießen*
8. *Einbrecher verhaften können*

Für Gruppe B:

1. *gestern einkaufen – Supermarkt-Parkplatz – Lastwagen*
2. *neugierig – viele Leute darum herum*
3. *Videogeräte – zum halben Preis verkaufen – fabrikneu*
4. *viele Leute kaufen – auch zum Kauf entschließen*
5. *zu Hause ausprobieren – defekt*
6. *zurückfahren – reklamieren*
7. *Lastwagen verschwunden – sich ärgern*
8. *heute – Zeitung – Betrüger*

Zuerst sollen die KT der Gruppe A mit ihren Vorgaben eine Geschichte erzählen. (Pro KT ein Satz.) Z.B.:

1. *Als ich gestern Nacht nach Hause gegangen bin, habe ich gesehen, dass jemand in ein Computergeschäft am Markt eingebrochen ist/hat.* (beides ist möglich)

Die KT aus Gruppe B müssen die Sätze in der indirekten Rede wiedergeben und dabei die für die gesprochene Sprache typischen Formen des Konjunktiv II benutzen:

1. *Er/Sie sagt, als er/sie gestern Nacht nach Hause gegangen wäre, hätte er/sie gesehen, dass jemand in ein Computergeschäft am Bismarckplatz eingebrochen wäre/hätte.*

Anschließend muss Gruppe B eine Geschichte aus ihren Vorgaben oben erzählen, und KT aus Gruppe A müssen das Gehörte wiedergeben.

Für jeden vollständig richtig umgeformten Satz gibt es 5 Punkte. Die Gruppe mit den meisten Punkten hat gewonnen.

Kommunikationszentrum

Was die Deutschen am meisten ärgert

Abgebildete Ärgernisse:

Bild 1:   Die Straße verschmutzen (88 % der Befragten ärgern sich darüber. Platz 2 auf der Liste der Ärgernisse)

Bild 2:   Vor Schulkindern bei Rot die Straße überqueren (84 %, Platz 5)

Bild 3:   Ein Auto beschädigen und Fahrerflucht begehen (88%, ebenfalls auf Platz 2)

Bild 4:   Rücksichtslos Auto fahren (76%, Platz 9)

Bild 5:   Harmlose Unkräuter mit Gift besprühen (77%, Platz 8)

Bild 6:   Hunde auf den Bürgersteig machen lassen (Hundekot nicht wegräumen) (86%, Platz 4)

Bild 7:   Vor anderen angeben und immer im Mittelpunkt des Interesses stehen wollen. (69 %, Platz 11)

Bild 8:   Sich „wie ein Radfahrer" verhalten/„radfahren". Als „Radfahrer" bezeichnet man Personen, die gegenüber Vorgesetzten bzw. höher gestellten Personen freundlich, gehorsam oder auch unterwürfig sind und alles ausführen, was gewünscht oder angeordnet wird. Gegenüber Untergebenen bzw. niedriger gestellten Personen aber spielt „der Radfahrer" den Herrn. (82 %, Platz 7)

Bild 9:   Jemanden heftig kritisieren. (umgangssprachlich: *jemanden zur Schnecke machen*) (86%, ebenfalls Platz 4)

Bild 10:   Jemandem schlechte Ware verkaufen, die unter einwandfreier Ware versteckt ist (87%, Platz 3)

Bild 11:   Sich an Kassen in Supermärkten vordrängeln (83%, Platz 6)

Bild 12:   Sich zu Hause wie ein Pascha von allen bedienen lassen (77%, ebenfalls Platz 8)

Bild 13:   Auf übertriebene Weise alles sauber machen wollen (umgangssprachlich: *ein Putzteufel sein*) (67%, Platz 12)

Bild 14:   Bäume und Sträucher in Nachbargrundstücke hineinwachsen lassen (36%, Platz 15)

Bild 15:   Beim Baden andere rücksichtslos nass spritzen (57 %, Platz 13)

Bild 16:   Bei Wanderungen den Wald mit weggeworfenen Abfällen verschmutzen (92%, Platz 1)

Bild 17:   Unpünktlichkeit anderer kritisieren (69%, ebenfalls Platz 11)

Bild 18:   Verbotsschilder nicht beachten (48%, Platz 14)

Kontrollübungen zu Lektion 29

Name: Datum: Beginn des Tests: Uhr

1. Ergänzen Sie passende Wörter.

1. Zeitungen, Bücher, Kassetten, CDs usw. nennt man … ________________   0,5+0,5
2. Die meisten Tageszeitungen haben pro Woche sechs … ________________   0,5+0,5
3. Gegen Bezahlung kann jeder in der Zeitung … ________________   0,5+0,5
4. Eine Zeitschrift mit vielen bunten Fotos ist eine … ________________   0,5+0,5
5. Wer eine Zeitung bestellt hat und sie regelmäßig bekommt, hat sie … ________________   0,5+0,5

5 P.

2. Ergänzen Sie verschiedene Verben aus dem Wortfeld „gehen" im Präteritum.

1. Herr Blattner ______________ sein Büro wie jeden Morgen.   0,5+0,5
2. Aber schon kurz darauf __________________ er es wieder und   0,5+0,5
   ______________ mit großen Schritten zur U-Bahn.   0,5+0,5
3. In der Innenstadt ______________ er nicht wie sonst langsam durch die   0,5+0,5
   Fußgängerzone, sondern ______________ wie gehetzt zum Redaktionsgebäude der Zeitung.   0,5+0,5

5 P.

3. Ergänzen Sie die Verben *wissen, kennen* **oder** *können.*

1. ______________ Sie die „Frankfurter Allgemeine Zeitung"?   0,5+0,5
2. ______________ Sie den genauen Preis?   0,5+0,5
3. ______________ ich die Seite hier kopieren?   0,5+0,5
4. ______________ Sie, wo ein Kopierer steht?   0,5+0,5

4 P.

4. Nennen Sie bedeutungsähnliche Ausdrücke.

1. Zeitungen sind <u>noch immer</u> bei den Lesern beliebt.   ________________   0,5+0,5
2. In der Zeitung steht oft <u>unbeabsichtigt</u> etwas Falsches   ________________   0,5+0,5
3. Die Redaktion <u>entschuldigte sich für</u> den Irrtum.   ________________   0,5+0,5
4. Das Internet war <u>am Anfang</u> nur für das amerikanische   ________________   0,5+0,5
   Militär bestimmt.
5. <u>Anders als</u> früher kann man heute Nachrichten von   ________________   0,5+0,5
   Computer zu Computer übertragen.

5 P.

5. Ergänzen Sie den folgenden Text. (Jeweils ca. 50% der Buchstaben sind vorgegeben.)

1. Das Zeit____________ der unbegr______________ Telekommunikation h________   0,5+0,5+0,5

begonnen. 2. Vor Begeis______________ über d______ erweiterten Zug____________   0,5+0,5+0,5

zur tot__________ Information über________________ wir, d______ die   0,5+0,5+0,5

Me________ der Inform______________ für u______ nicht   0,5+0,5+0,5

me______ verarbeitbar i________. 3. Der Nut______ von Inform______________   0,5+0,5+0,5+0,5

liegt i______ der Aus________________ und d______ Relevanz.   0,5+0,5+0,5

4. Mehr mu______ keinesfalls im________ besser se________.   0,5+0,5+0,5

11 P.

6. Ergänzen Sie verschiedene Partikeln im Dialog zwischen Nworah (N) und Felix (F).

1. N: Was liest du _______________ da für eine komische Zeitung? — 0,5

2. Das ist ____________ eine originelle Titelseite! Lauter Fotos! — 0,5

3. F: Ja, sieh ____________ , die ganze Zeitung haben 18-Jährige alleine gemacht. — 0,5

4. Übrigens genau wie ihr. Ihr macht ____________ auch eine Zeitung! — 0,5

5. N: Du willst dich ____________ über uns lustig machen, was? — 0,5

2,5 P.

7. Ergänzen Sie die fehlenden Präpositionen, Artikelwort- und Adjektivendungen.

1. Herkömmliche Zeitungen sind _______ d____ Lesern sehr beliebt. — 0,5+0,5

2. Man kann sie unabhängig _______ technisch____ Zubehör überall lesen. — 0,5+0,5

3. Leser schätzen die Zeitung, weil sie froh ________ d____ Auswahl der — 0,5+0,5
   für sie wichtigen Nachrichten sind.

4. Deutschland zählt _______ den größt____ Zeitungsmärkten Europas. — 0,5+0,5

5. Es wird aber immer schwieriger ______ d____ Zeitungsmacher, — 0,5+0,5
   jugendliche Zeitungsleser zu gewinnen.

5 P.

8. Geben Sie in der indirekten Rede (im Konjunktiv I) wieder, was der Bundespräsident gesagt hat.

1. „Nur ein einiges Europa kann sich in der Welt von morgen behaupten."
   Er sagte, dass ____
   ____ — 1+0,5+0,5

2. „Einigkeit ist das Ziel." Er meinte, Einigkeit_________________________ — 1+0,5

3. „Von einem vereinten Europa darf man aber erst dann reden, wenn die Osterweiterung
   abgeschlossen ist und man auch die Länder Osteuropas in die EU integriert hat."
   Seiner Meinung nach _______________________________________ — 1+0,5+0,5
   ____ — 0,5+0,5
   ____ — 1+0,5+0,5

4. „Nur vereint haben die Europäer eine Chance, zu den großen Machtblöcken der Welt
   zu gehören."
   Weiter sagte er, dass _______________________________________
   ____ — 1+0,5+0,5

5. „Sie wollen friedlich mit allen anderen Ländern zusammenleben."
   Er betonte, dass _______________________________________ — 1+0,5+0,5

12,5 P.

9. „Was in der Zeitung steht"
Machen Sie aus den Hauptsätzen in 1.–3. jeweils einen komplexen Satz.
Beginnen Sie jeden der drei Sätze mit einem anderen Rahmenwort/Subjunktor.

1. Herr Blattner begrüßte seine Kollegen. Er zog seinen Mantel aus. Er hängte seinen Mantel in den Schrank. Er setzte sich an seinen Schreibtisch. Er wollte Zeitung lesen.

2. Er schlug die Zeitung auf. Er sah sofort sein Foto. Er sah neben seinem Foto einen Artikel über einen Finanzskandal.

3. Nichts von dem stimmte. Es stand in der Zeitung. Ihm war sofort klar: Das musste eine Verwechslung sein.

1. Nachdem ____

____ 1

____ 0,5+0,5

____ 1+0,5

2. ____ 1+0,5

____ 0,5

____ 1+0,5

3. ____ 1+0,5

____ 1+0,5+0,5

____ 1+0,5

12 P.

10. Fassen Sie die restliche Geschichte anhand der Vorgaben in einem flüssigen Text mit möglichst komplexen Sätzen zusammen, und variieren Sie dabei das Vorfeld.

Herr Blattner zu Chef – Empfehlung: Zu Hause bleiben – Büro heimlich verlassen – zur U-Bahn – Ziel: Zeitungsredaktion – Erklärung von Verantwortlichen – Redakteure: Nicht so schlimm – Gegendarstellung in Abendausgabe – Bedauern der Redaktion – wer liest das?

	St:	Gr/A:
____	1	1+1+0,5
____	1	1+1+0,5
____	1	1+1+0,5
____	1	1+1+0,5
____	1	1+1+0,5
____	1	1+1+0,5
	6 P.	**14 P.**

11. Neues Lernen
a) Lesen Sie den Text.

1 Das Wissen vermehrt sich explosionsartig. Schule und Lehrer müssen im Computer-

2 Zeitalter neue Rollen finden. Schulbücher sind oft schon veraltet, kurz nachdem sie auf

3 den Markt gekommen sind. In wenigen Jahren werden die meisten Arbeitnehmer an

4 ihrem Arbeitsplatz nicht mehr ohne Computerkenntnisse auskommen. Das Lernen der

5 Zukunft heißt Tele-Lernen. Aber an deutschen Schulen ist das nur selten möglich. Das

6 soll sich ändern. In wenigen Jahren sollen 10 000 von insgesamt 43 000 Schulen

7 Computer und das notwendige Zubehör bekommen. Für die restlichen Schulen fehlt

8 vorerst das Geld. Auch an den Universitäten soll die Wissensvermittlung durch das Tele-

9 Lernen effektiver und interessanter werden. Vorlesungen sollen z.B. mehrfach genutzt

10 werden, indem sie in andere Hörsäle übertragen und mit Ton- und Bildbeispielen

11 aufgelockert werden. Sie können in einer Datenbank gespeichert und etwa zu

12 Prüfungsvorbereitungen abgerufen werden. In Zukunft sollen die Studierenden sich auch

13 von zu Hause aus in die Vorlesungen einschalten können. Skeptiker warnen aber vor

14 der elektronischen Datenfülle. Sie befürchten, dass Schüler und Studenten vor den

15 Bildschirmen vereinsamen und ihre sozialen Kontakte vernachlässigen. Sie meinen, dass

16 auch in Zukunft auf herkömmliches Lernen nicht verzichtet werden kann.

b)   **Gliedern Sie den Text, und markieren Sie vier Absätze mit dem folgenden Zeichen:** ⌐⌐

2+2+2+2
8 P.

c)   Formulieren Sie pro Absatz eine Überschrift. (möglichst ohne Verben)

1. Zeile ___ bis___   : ____

____

1+1+0,5

2. Zeile ___ bis ___   : ____

____

1+1+0,5

3. Zeile ___ bis ___   : ____

____

1+1+0,5

4. Zeile ___ bis ___   : ____

____

1+1+0,5

10 P.

Insgesamt: **100 P.**

Wie viel Zeit haben Sie gebraucht? __________ Minuten.

Lösungsschlüssel zu den Kontrollübungen

1. Passende Wörter
1. Medien 2. Ausgaben 3. inserieren 4. Illustrierte 5. abonniert

2. Verben aus dem Wortfeld „gehen"
1. betrat 2. verließ, eilte/lief/ging 3. schlenderte/bummelte/spazierte 4. rannte/lief

3. wissen, kennen, können
1. Kennen 2. Wissen 3. Kann 4. Wissen

4. Bedeutungsähnliche Ausdrücke
1. nach wie vor 2. aus Versehen/versehentlich/irrtümlich 3. bedauerte 4. ursprünglich/zu Beginn 5. Im Gegensatz zu/Im Unterschied zu

5. Textergänzung
1. Zeitalter, unbegrenzten, hat
2. Begeisterung, den, Zugang, totalen, übersehen, dass, Menge, Informationen, uns, mehr, ist
3. Nutzen, Informationen, in, Auswahl, der
4. muss, immer, sein

6. Partikeln
1. denn/eigentlich 2. ja/aber 3. mal 4. doch/ja 5. wohl

7. Präpositionen und Endungen
1. bei den   2. von technischem 3. über die   4. zu … größten
5. für die

8. Indirekte Rede
1. Er sagte, dass nur ein einiges Europa sich in der Welt von morgen behaupten könne./Er sagte, dass sich nur …
2. Er meinte, Einigkeit sei das Ziel.
3. Seiner Meinung nach dürfe man aber von einem vereinten Europa eigentlich erst dann reden, wenn die Osterweiterung abgeschlossen sei und man auch die Länder Osteuropas in die Europäische Union integriert habe.
4. Weiter sagte er, dass die Europäer nur vereint eine Chance hätten, zu den großen Machtblöcken der Welt zu gehören.
5. Er betonte, dass sie mit allen anderen Ländern friedlich zusammen leben wollten./dass sie friedlich mit allen Ländern zusammenleben wollten.

9. „Was in der Zeitung steht"
Mögliche Varianten:
1. <u>Nachdem</u> Herr Blattner seine Kollegen begrüßt hatte, zog er seinen Mantel aus, hängte ihn in den Schrank und setzte sich an seinen Schreibtisch, um Zeitung zu lesen./… in den Schrank, setzte sich an seinen Schreibtisch, weil er Zeitung lesen wollte.
2. <u>Als</u> er die Zeitung aufschlug, sah er sofort sein Foto und daneben einen Artikel über einen Finanzskandal./… sah er sofort sein Foto neben einem Artikel über einen Finanzskandal.
3. <u>Weil</u> nichts von dem stimmte, was in der Zeitung stand, war ihm sofort klar, dass das eine Verwechslung sein musste.

10. Zusammenfassung
Mögliche Varianten:
- Herr Blattner wankte über den Flur zu seinem Chef./ging völlig geschockt zu seinem Chef.
- Der empfahl ihm, einige Tage zu Hause zu bleiben. (und sich auszuruhen./zu entspannen.)
- Heimlich verließ Herr Blattner das Bürogebäude. (durch die Tiefgarage, damit ihn niemand sah.)
- Mit großen Schritten eilte/lief er zur U-Bahn, weil er zur Zeitungsredaktion wollte./um zur Zeitungsredaktion zu fahren.
- Dort verlangte er von den Verantwortlichen eine Erklärung, aber die Redakteure meinten nur, das sei doch nicht so schlimm, eine Verwechslung könne immer passieren, und es täte ihnen natürlich leid./ Als er die Verantwortlichen fragte, wie so etwas möglich sei, meinten die Redakteure, das sei doch nicht so schlimm, das könne jedem passieren, und natürlich bedauerten sie den Vorfall.
- Sie versprachen, in der Abendausgabe eine Gegendarstellung abzudrucken, in der sie die Verwechslung bedauerten./Schon in der Abendausgabe druckten sie eine Gegendarstellung mit dem Bedauern der Redaktion ab./wurde eine Gegendarstellung mit dem Bedauern der Redaktion abgedruckt./In der Abendausgabe erschien eine Gegendarstellung mit dem Bedauern der Redaktion.
- Aber wer liest schon (das), was kleingedruckt in einer Zeitung steht?/ Nur – wer liest das Kleingedruckte in einer Zeitung?

11. Neues Lernen
Absätze: Zeile 1 - 4, Zeile 4 - 8, Zeile 8 - 13, Zeile 13 - 16
Mögliche Überschriften:
1. Computer(kenntnisse) in Schule und Beruf/Computer beim Lernen und Arbeiten
2. Computer in Schulen/Tele-Lernen– eine Frage des Geldes
3. Tele-Lernen in Universitäten/Effektivierung des Studiums durch Tele-Lernen/Mehrfachnutzung von Vorlesungen durch Computer
4. Gefahren des Bildschirmlernens/Computerlernens

Kontrollstatistik zu Lektion 29						
Aufgabe	Punktzahl		Aufgabe	Punktzahl		Gesamtzeit:
	total	meine		total	meine	Punktzahl insgesamt: 100 Meine Punktzahl:
1	5		7	5		
2	5		8	12,5		
3	4		9	12		
4	5		10	20		
5	11		11	18		
6	2,5					

Hörverstehenstext

Die Zukunft des Buches

Das wichtigste Eigentum, das sich der Mensch in seiner Geschichte erworben hat, ist das Wissen. Information und Wissen sind z.B. in Bau- und Kunstwerken, in Höhlenzeichnungen und in Dokumenten und insbesondere in Büchern erhalten. Die Funktion des Buches war fast immer, Wissen aufzunehmen und aufzubewahren und dadurch unser Gedächtnis zu entlasten oder zu ersetzen. Der Ort, an dem das gesammelte Wissen gespeichert wird, sind die Bibliotheken. Allerdings werden dort nicht nur Druckerzeugnisse in Buchform aufbewahrt, sondern schon seit einigen Jahrzehnten auch neue Medien wie Schallplatten, Tonbänder, Videos und andere Formen von Filmmaterial.

Im Laufe der Zeit hat sich das Wissen der Menschheit jedoch immer weiter vermehrt. Diese inzwischen unübersehbare Menge von Informationen kann nicht mehr in der herkömmlichen Form von gedruckten Büchern in den Bibliotheken aufbewahrt werden. Man musste neue Wege und andere Formen der schriftlichen Fixierung suchen, und so wurden Informationen mit Hilfe von Computern elektronisch gespeichert und zum Beispiel auf CD-ROMs übertragen. Es entstand das elektronische Buch.

Neben der Platzersparnis bietet es einen zweiten wichtigen Vorteil, nämlich die einfache Kopierbarkeit. Die Bedeutung des Kopierens ist kaum zu überschätzen. Fast alles, was aus der Geschichte bis in unsere Zeit überliefert wurde, hat durch Kopien überlebt. Nur sehr selten konnte das Original selbst gerettet werden. Heute kann ein Computer – fast ohne Personalkosten – tausendmal schneller fehlerfreie Kopien machen, als es im Mittelalter möglich war, als Mönche Texte und ganze Bücher handschriftlich kopierten.

Die Verteidiger des gedruckten Buches sind der Ansicht, dass es seinen Platz im Bücherregal nicht verlieren wird. Sie befürchten jedoch, dass in Zukunft Bücher immer mehr am Bildschirm gelesen werden. Aber vor allem Literatur wird sicher auch weiterhin in Form von traditionellen Büchern gelesen werden. Ein Buch kann – im Gegensatz zu einer CD-ROM – ohne weitere technische Hilfsmittel z.B. ins Flugzeug, in die U-Bahn oder an den Strand mitgenommen werden. Außerdem ist es angenehmer und gesünder für den Lesenden, ein Buch in der Hand zu halten, als stundenlang starr vor dem Bildschirm zu sitzen. Deshalb werden Bücher auch in Zukunft mit Sicherheit ihre Käufer und Leser finden.

Diktat

Die Geschichte des Internet

Das Internet erblickte 1969 das Licht der Welt, und zwar auf Initiative des Pentagons, des US-Verteidigungsministeriums. Eine Reihe von Computern in Universitäten und Behörden wurde miteinander verbunden, damit Wissenschaftler per elektronischer Post schnell Daten austauschen und in den Datenbasen schnell Informationen suchen konnten.

Aber das Netz sollte auch nach einem eventuellen Atomangriff funktionsbereit sein. Deshalb wurde es nicht mit einem zentralen Computer konstruiert, dessen Verlust katastrophal gewesen wäre. Alle Daten wurden auf die Hauptrechner im Netz verteilt. Bei einer Teilzerstörung des Netzes würde der Computer selbst einen neuen unbeschädigten Weg für die Datenübertragung finden.

Das Internet gehört niemandem. Zu Beginn wurde es zwar vom Pentagon gesteuert, aber das Verteidigungsministerium verzichtete schon bald auf seine Macht über das Netz. Unternehmen und Privatleute begannen, sich ins Netz einzuschalten. 1974 waren dem Internet nur 20 Hauptrechner angeschlossen. Heute sind es mehr als 160 Millionen, über die 600 Millionen Menschen Zugang zum Internet haben.

30

Detailhinweise zu Lektion 30:
Zukunft
Situationen – Texte – Redemittel

1. Wünsche, Träume, Glück
L kann die KT zunächst bitten, sich die Bilder anzusehen und zu
sagen, was Menschen glücklich machen kann. Z.B.:
Bild A: Erfüllung beruflicher Wünsche
(s. auch STR 2. „Jugend sieht ihre Chancen schwinden")

Foto B: Materieller Wohlstand
(s. auch STR 4. „Die neue Generation")

Foto C: Zusammensein mit geliebten Menschen

Foto D: Erfolg im Beruf, etwas erfinden oder entdecken
(s. Auch STR 8. „Wer ist wirklich glücklich?", D)

Bild E: Träume von einer glücklichen Zukunft
Zum Maler Max Beckmann siehe Lb, S. 89.

Foto F: Reisen in ferne Länder
(s. Auch STR 8. „Wer ist wirklich glücklich?", E)

Anschließend können die KT aufschreiben, was für sie wichtig und
was weniger wichtig ist, was sie sich für ihre Zukunft wünschen oder
was sie nicht für erstrebenswert halten bzw. ablehnen. Danach können sie in Partner- oder Plenumsarbeit vergleichen.

2. Jugend sieht ihre Chancen schwinden
f) Hintergrundinformationen zu den im Text genannten Parteien:
CDU: Die Christlich-Demokratische Union ist nach 1945 als christliche Sammelpartei ehemaliger Politiker der Zentrumspartei, national-
konservativer Parteien und christlicher Gewerkschaften entstanden.
Sie sieht sich als Volkspartei und gründet ihre Politik auf dem christlichen Menschenbild. Sie bekennt sich zur sozialen Marktwirtschaft,
zu festen sozialen Lebensformen (Ehe und Familie), zu Staat und Kirche.
Zur Geschichte der Partei: Nachdem die CDU zusammen mit der
CSU 1949 als stärkste Partei aus den Bundestagswahlen hervorge-
gangen war, regierte sie ununterbrochen von 1947 bis 1966 in der
Koalition mit kleineren Parteien (FDP, DP) und seit 1966 in einer großen Koalition mit der SPD unter den Kanzlern Konrad Adenauer, Lud-
wig Ehrhard und Kurt Georg Kiesinger. In der Regierungszeit Adenau-
ers wurden die Aussöhnung mit Frankreich, die volle Souveränität
(Deutschlandvertrag) und der Eintritt in das westliche Verteidigungs-
bündnis der NATO (North Atlantic Treaty Organisation) erreicht.
Wirtschaftspolitisch machte die soziale Marktwirtschaft die Bundes-
republik Deutschland zu einem der mächtigsten Wirtschaftsstaaten
der Welt mit einem hohen Lebensstandard („Wirtschaftswunder").
Die CDU wurde 1969 von der Regierungsverantwortung durch die
SPD abgelöst. In der Deutschlandpolitik hat sich die CDU gegen den
Abschluss des Grundvertrags mit der DDR gewandt. Seit 1982 hat die
CDU/CSU in der Koalition mit der FDP unter Helmut Kohl wieder die
Regierungsverantwortung übernommen. 1998 ist die CDU/FDP-
Regierung abgewählt worden.

SPD: Die SPD bekennt sich zum demokratischen Sozialismus, d.h. sie
will eine bessere Ordnung der Gesellschaft verwirklichen, in der jeder
Mensch seine Persönlichkeit in Freiheit entfalten und verantwortlich
am politischen, wirtschaftlichen und kulturellen Leben mitwirken
kann.

Zur Geschichte der Partei: Die SPD kann auf eine über hundertjäh-
rige Tradition zurückblicken. Sie ist im Zeitalter der industriellen
Revolution aus dem von Ferdinand Lasalle 1863 gegründeten Allgemeinen Deutschen Arbeiterverein und der von August Bebel und Karl
Liebknecht gegründeten Sozialdemokratischen Arbeiterpartei entstanden. Im Jahr 1890 gab sich die Partei den Namen SPD. Danach
wurde sie bei den Reichstagswahlen die stärkste Partei des Kaiser-
reichs, obwohl sie durch das sogenannte Sozialistengesetz lange Zeit
unterdrückt worden war. Nach dem Ersten Weltkrieg wurde die SPD
zur Mitgestalterin der Weimarer Republik. Im Jahr 1933 stimmte sie
als einzige Reichstagsfraktion gegen das Ermächtigungsgesetz, mit
dessen Hilfe Adolf Hitler die nationalsozialistische Diktatur errichte-
te. Wegen ihrer Gegnerschaft zum nationalsozialistischen Regime
wurden Sozialdemokraten verfolgt und in Konzentrationslager verschleppt. Der Parteivorstand ging ins Exil. Nach Kriegsende wurde die
SPD in der sowjetisch besetzten Zone 1946 mit der KPD (Kommuni-
stische Partei Deutschlands) zur Sozialistischen Einheitspartei
Deutschlands (SED), der offiziellen Staatspartei, zwangsvereinigt. In
Westdeutschland bildete sie sich unter Kurt Schumacher neu und
unterlag bei der ersten Bundestagswahl 1949 nur knapp der
CDU/CSU. Bis 1966 war die SPD in der Opposition. Von 1966-1969
war sie in einer großen Koalition mit der CDU/CSU an der Regierung
beteiligt, und von 1969-1982 bildete sie unter Willy Brandt (bis
1974), dann unter Helmut Schmidt zusammen mit der FDP die Regie-
rung. Seit 1998 regiert sie wieder in einer Koalition mit Bündnis 90/
Die Grünen.
Die große Leistung der SPD geführten Regierungen lag in der Außenpolitik. Durch Abschluss der Verträge mit der UdSSR, Polen und der
DDR (Ostverträge) begann eine Phase des Ausgleichs mit dem Osten.
Die Verleihung des Friedensnobelpreises an Willy Brandt sowie das
Rekordergebnis von 45% bei den vorgezogenen Neuwahlen 1972
bewiesen, dass dieser politische Kurs allgemein Anerkennung fand.

Bündnis 90/Die Grünen: Aus Bürgerinitiativen der Umweltschutzbe-
wegung, aus der alternativen Bewegung und aus Teilen der Frauen-
bewegung entstand Anfang 1980 die politische Partei der Grünen.
Sie kämpft gegen den Bau von Kernkraftwerken, die zunehmende
Zerstörung der Umwelt durch Großtechnologie, gegen ein unge-
hemmtes Wirtschaftswachstum und Ausbeutung natürlicher Res-
sourcen, gegen Zersiedelung der Landschaft und ihre Zerstörung
durch den Straßenbau. Sie setzt sich für mehr Selbstbestimmung in
allen Bereichen, für den Abbau von Konkurrenzdenken, Verminderung
von Leistungsdruck im Beruf und mehr Selbstverwaltung in den
Betrieben ein. Ihre Forderung nach Abrüstung, vor allem in Westeu-
ropa, und nach einer neutralistischen und pazifistischen Orientierung
in der Außenpolitik hat zu einer intensiven Mitarbeit in der Friedens-
bewegung geführt. Im Jahr 1983 sind die Grünen zum ersten Mal mit
5,6% der Stimmen in den Deutschen Bundestag gewählt worden und
sind seitdem in fast allen Landesparlamenten vertreten. Nach der
Bundestagswahl 1990 schlossen sich die Grünen mit dem ostdeut-
schen „Bündnis 90" zusammen. Die innerparteiliche Diskussion ist
geprägt durch die Auseinandersetzungen zwischen den grünen Fun-
damentalisten, die Kompromisse ablehnen, und den pragmatischeren
Realisten, die bereit sind, Teile des grünen Programms aufzugeben,
um Regierungsverantwortung übernehmen zu können. Seit 1998
bilden sie zusammen mit der SPD die Regierung.

Weitere im Deutschen Bundestag vertretene Parteien
CSU: Die Christlich-Soziale Union wurde 1945/46 in Bayern gegründet und bildet seit 1949 eine Fraktion mit der CDU im Deutschen Bundestag. Innen- und außenpolitisch besteht eine weitgehende Übereinstimmung mit den Grundsätzen der CDU, aber die CSU ist stärker christlich und konservativ orientiert. Wirtschaftspolitisch setzt sie sich vor allem für den gewerblichen Mittelstand und für die Landwirtschaft auf der Basis der sozialen Marktwirtschaft ein. Die CSU besteht nur in Bayern und hat dort mit einer Ausnahme (1954-1957) immer die Regierung gestellt.

FDP: Die Freie Demokratische Partei ist 1948 aus dem Zusammenschluss national-liberaler und liberal-demokratischer Gruppen entstanden und versteht sich als politische Organisation des Liberalismus in Deutschland. Mit ihrem 1948 gewählten Vorsitzenden Theodor Heuss stellte die FDP von 1949-1959 den ersten Bundespräsidenten. Nach den ersten Bundestagswahlen, die der FDP 11,9% brachten, bildete sie bis 1956 und von 1961-1966 und danach von 1982-1998 gemeinsam mit der CDU/CSU die Bundesregierung. Von 1969-1982 war sie in einer Koalition mit der SPD an der Regierung beteiligt. Gemessen an ihrem relativ geringen Stimmenanteil hat die FDP großen politischen Einfluss, da die anderen Parteien bei der Regierungsbildung auf sie angewiesen sind. Ihre wichtigsten politischen Ziele sind die Erhaltung der Freiheiten des Einzelnen gegenüber einer immer mächtiger werdenden Bürokratie und wirtschaftlicher Liberalismus.

PDS: Die Partei des demokratischen Sozialismus ist die Nachfolgepartei der Sozialistischen Deutschen Einheitspartei (SED), die 40 Jahre lang die Politik der DDR bestimmt hatte. Sie nannte sich zunächst SED-PDS. Trotz der Reformversuche verlor die Partei jedoch allein von Dezember 1989 bis Januar 1990 fast 300 000 Mitglieder. Sie reformierte daraufhin ihr Programm und nannte sich nur noch PDS, um zu signalisieren, dass sie eine völlig neue Partei sei, die sich für einen demokratischen, sozialen, ökologischen und gesellschaftlichen Wandel einsetzt. Sie ist allerdings nicht bereit, auf demokratisch-kommunistische Positionen zu verzichten. Bis heute ist die PDS die mitgliederstärkste Partei in den neuen Bundesländern und ist dort in allen Landesparlamenten vertreten sowie im Landtag von Niedersachsen. In den alten Bundesländern hat sie dagegen nur wenige Mitglieder und ist auch in keinem Landesparlament. Von ihrer Altersstruktur ist sie eher eine alte Partei. Fast jedes zweite Mitglied war 1991 Rentner. 95% aller Mitglieder gehörten früher der SED an. Die PDS war von 1990 bis 2002 im Bundestag.

7. Vom Zeitsparen und dem richtigen Leben
Zum Autor Michael Ende s. Lb, S. 121, G.

Aktivitäten

Weitere Übungen und Spiele

1. Präzisierungsmeister (Wortschatzwiederholung)
L bittet die KT, möglichst viele Bezeichnungen für Häufigkeit zwischen *nie* und *immer* aufzuschreiben, und zwar beginnend mit *nie*. Wer die meisten hat, liest vor, die übrigen ergänzen anschließend nicht Genanntes.
nie, selten, manchmal/hin und wieder/ab und zu/gelegentlich, oft/ häufig, meistens/in der Regel, gewöhnlich/normalerweise, immer (vgl. auch Lb 1, Lektion 8, S. 115)
Alternative: Bezeichnungen
- für Größe: *riesig/riesengroß/riesenhaft, groß, mittelgroß, klein, winzig*
- für Temperaturen: *heiß, warm, mittel, lauwarm, kühl, kalt, eiskalt*
- für Zeit in der Zukunft: *sofort/gleich, nachher, bald, demnächst, später*
- für die Vergangenheit: *eben, vorhin, kürzlich/vor kurzem, neulich, damals, früher*
- für die Abfolge: *zuerst, dann, danach, anschließend, kurze Zeit später/eine Weile später, kurz darauf, nach einer Weile, schließlich/zuletzt/am Ende/zum Schluss/abschließend*

2. Satzbaumeister
L gibt drei Kurzsätze vor und bittet die KT, sie so weit es geht zu erweitern und dabei die Wortstellungsregularitäten zu beachten. KT mit den meisten hinzugefügten Wörtern liest vor. Wenn die Gruppe keine Fehler findet, liest er/sie den zweiten Satz vor.
Wer drei Sätze ohne Fehler vorgelesen hat, ist Satzbaumeister/in.
Z.B. Ich war in der Disko. → *Am Wochenende war ich bis zum frühen Morgen mit meinen Freunden aus Berlin in der neuen Disko in der Mannheimer Innenstadt in der Passage schräg gegenüber von Horten.* (= 23 hinzugefügte Wörter)
Weitere Kurzsätze: Ich fliege nach Spanien. Ich habe eine Freundin getroffen. ...
Alternative: L verteilt an Kleingruppen von 3-4 KT Zettel oder Karten mit einem Kurzsatz und den jeweils möglichen Erweiterungen dazu (je Satzglied eine Karte). Die KT müssen dann so schnell wie möglich versuchen, einen akzeptablen Satz daraus zu bilden. Die Gruppe, die das zuerst geschafft hat, liest vor. Anschließend werden Positions-Alternativen der übrigen KT vorgelesen und besprochen.

(Da auf S. 91 nicht mehr genügend Platz ist, bringen wir die Kontrollstatistik zu den Kontrollübungen schon hier.)

Kontrollstatistik zu Lektion 30						
Aufgabe	Punktzahl		Aufgabe	Punktzahl		Gesamtzeit:
	total	meine		total	meine	Punktzahl insgesamt: 100 Meine Punktzahl:
1	5		7	3		
2	5		8	13,5		
3	5		9	12		
4	11,5		10	16		
5	6		11	20		
6	3					

Kontrollübungen zu Lektion 30

Name: Datum: Beginn des Tests: Uhr	

1. Was würden Sie für eine bessere Zukunft tun? Ergänzen Sie mögliche Verben.

1. Ich würde für mehr Ausbildungs-und Arbeitsplätze ... ______________________   0,5+0,5

2. Ich würde schon bei Kindern versuchen, Vorurteile ... ______________________   0,5+0,5

3. Ich würde die Militärausgaben ... ______________________   0,5+0,5

4. und mit dem Geld Arbeitslose und Arme ... ______________________   0,5+0,5

5. Ich würde den internationalen Kampf gegen Drogenhändler ... ______________________   0,5+0,5

                                                5 P.

2. Nennen Sie bedeutungsähnliche Ausdrücke.

1. Junge Leute wurden zu ihrer politschen <u>Meinung</u> befragt. ______________________   0,5+0,5

2. Jugendliche <u>haben nichts dagegen</u>, etwas für Andere zu tun. ______________________   0,5+0,5

3. Sie wollen Freude an der <u>betreffenden</u> Tätigkeit haben. ______________________   0,5+0,5

4. 'Spaß haben' ist oft ein <u>Grund</u> für freiwillige Arbeit. ______________________   0,5+0,5

5. Bei den Zeitsparern hielt man Individualität für <u>unnötig.</u> ______________________   0,5+0,5

                                                5 P.

3. Ergänzen Sie passende Verben.

1. Jugendliche lehnen Aktionen ab, die Gewalt <u>in Kauf</u> ... ______________________   0,5+0,5

2. Wissenschaftler haben Glücks<u>tests</u> mit Zwillingen ... ______________________   0,5+0,5

3. Sie wollen das <u>Rätsel</u> der individuellen Glücksfähigkeit ... ______________________   0,5+0,5

4. Kinder sind meist glücklich, wenn sie <u>Sport</u> ... ______________________   0,5+0,5

    oder ihre <u>Zeit</u> mit Spielen ... ______________________   0,5+0,5

                                                5 P.

4. Ergänzen Sie den folgenden Text zu dem Cartoon vom Aussteiger auf der einsamen Insel. (Jeweils ca. 50% der Buchstaben sind vorgegeben.)

1. Auf d_____ Cartoon i_____ eine win_______ Insel i___ Meer   0,5+0,5+0,5+0,5

m___ einer run_______ Hütte u_____ einer kle_______ Palme.   0,5+0,5+0,5+0,5

2. Auf d_____ linken Se_______ sieht m_____ ein off_________ Motorboot,   0,5+0,5+0,5+0,5

d_____ von ei_______ Schiff i___ Hintergrund geko___________ ist.   0,5+0,5+0,5+0,5

3. D_____ Mann i_____ Boot spr_______ mit d______ Schiffbrüchigen,   0,5+0,5+0,5+0,5

d_____ vor sein______ Hütte st_______ .   0,5+0,5+0,5

                                                11,5 P.

5. Ergänzen Sie das, was der Schiffbrüchigen (S) zu dem Mann im Boot (M) sagt.

S: ______________________________________?   1+0,5+0,5

M: Ich will Sie retten.

S: ______________________________________   1+0,5+0,5

M: Warum denn nicht?

S: Weil ______________________________________

______________________________________   1+0,5+0,5

                                                6 P.

6. Ersetzen Sie die unterstrichenen Konstruktionen mit Modalverben durch Formen von *haben ... zu* **bzw.** *sein ... zu* **+ Infinitiv.**

1. Arbeitslose <u>müssen sich</u> beim Arbeitsamt <u>melden.</u>

____

____   1+0,5

2. Bei Bewerbungen <u>muss man</u> darauf <u>achten</u>, dass sie fehlerfrei sind.

____

____   1+0,5

3 P.

7. Drücken Sie die Meinung der Klimatologen durch Konstruktionen mit *werden* **aus.**

Klimatologen glauben, dass der Meeresspiegel <u>steigt</u> und die Wassermassen ganze

Regionen <u>überschwemmen.</u>

Klimatologen glauben, dass_________________________________   1+0,5

____   1+0,5

3 P.

8. Ergänzen Sie die Regeln und die Merkhilfen.

1. Was bedeuten die folgenden Abkürzungen der Textproduktionsregel, bzw. was ist bei

Textproduktionen wichtig?

Tem   ____   0,5+0,5

Po   ____   0,5+0,5

Kom   ____   0,5+0,5

Vor   ____   0,5+0,5

Ana   ____   0,5+0,5

2. Wo kann die Satzverneinung 'nicht' im Mittelfeld stehen?

1. ________________   2. ________________   3. ________________   0,5+0,5+0,5

3. Wie ist die Abfolge der (Kasus)Ergänzungen?

________________ so stehen sie meistens da.   1

4. Ergänzen Sie die Abkürzungen für die Satzbauregel: Was ich ganz klar im Mittelfeld

seh', ist ____   0,5+0,5

5. Wie heißt der Merkspruch für identische Satzteile nach den Brückenwörtern

und/oder/sondern?

Nominativ links vom Verb: Identisches _____________________   0,5

Nominativ rechts vom Verb: Identisches ____________________   0,5

6. Wie heißen die Merksprüche für den Konjunktiv II?

Bei Gegenwart und Zukunft – ganz primitiv –

nimm ____   0,5+0,5

Bei Modalverben, *haben* und *sein* – ______________________   0,5+0,5

Vergangenheit ist stets okay_______________________________   0,5+0,5

Bei Modalverben aber – vergiss das nie –

nimm ____   0,5+0,5

13,5 P.

9. Rekonstruieren Sie aus den Vorgaben einen flüssigen Text.
   Kidnapping ins All.

Eines Abends las Julian in einem Buch über Ufos.
1. plötzlich – seltsames Licht – Garten – bemerken – sich nicht erklären können
2. nicht wissen – was machen – beschließen – hinausgehen – nachsehen
3. da – eine Art Ufo – sehen – um (Ufo) – viele, komische Wesen – sich bewegen
4. auf einmal – durch starken Wind – in Ufo gezogen – Bewusstsein verlieren

1. ____

   ____

   ____

2. ____

   ____

   ____

3. ____

   ____

   ____

4. ____

   ____

   ____

	1+0,5
	1+0,5
	1+0,5
	1+0,5
	1+0,5
	1+0,5
	1+0,5
	<u>1+0,5</u>
	12 P.

10. Beschreiben Sie in ca. vier komplexen Sätzen, was Julian sieht bzw. erlebt, als er auf
   einem fremden Planeten wieder zu Bewusstsein kommt.

St/I:	A/Gr:
	1+0,5+0,5
1	0,5+0,5
	1+0,5+0,5
1	0,5+0,5
	1+0,5+0,5
1	0,5+0,5
	1+0,5+0,5
<u>1</u>	<u>0,5+0,5</u>
4 P.	**12 P.**

11. Die Zukunft hat schon begonnen: Die Service-Roboter kommen.
a) Lesen Sie zuerst den Text.

1	Service-Roboter sind Teil einer neuen Generation von Robotern. Anders als ihre
2	Kollegen, die Industrie-Roboter, sind sie meist mobil, bewegen sich auf Rädern, Ketten
3	oder können sogar laufen. Nach Aussagen der Wissenschaftler sind sie darüber hinaus
4	kinderleicht zu bedienen. Ihre Aufgabe ist es, den Menschen zu dienen, ihnen
5	besonders langweilige, gefährliche oder anstrengende Arbeiten abzunehmen. Weltweit
6	sind nach Schätzungen schon mindestens 12 000 Service-Roboter im Einsatz. Vor allem
7	in Japan und den USA vermehren sie sich rasant und werden sehr häufig bei der
8	Reinigung von Straßen und Gebäuden eingesetzt.
9	Sie helfen aber auch z.B. in Krankenhäusern, indem sie Essen und Medikamente zu den
10	Patienten transportieren. Sie bewegen sich dabei vollkommen selbständig. Wenn ihnen
11	ein Hindernis im Weg ist, versuchen sie zunächst, es zu umfahren oder sie bitten
12	höflich, den Weg frei zu machen. Der Vorteil für Krankenschwestern und Pfleger ist,
13	dass sie wieder mehr Zeit und Ruhe haben, sich um die Patienten zu kümmern.
14	So werden durch Roboter keine Arbeitsplätze wegrationalisiert. Im Gegenteil: Seit
15	Roboter in Japan z.B. auf Baustellen im Einsatz sind und schwere körperliche Arbeiten
16	übernehmen, haben auch ältere Arbeiter wieder gute Job-Chancen, weil die mechani-
17	schen Kollegen gepflegt und gewartet werden müssen. Außerdem entstehen durch die
18	Produktion der Roboter neue Arbeitsplätze in der Industrie.
19	Noch sind die Roboter meist für den Einsatz in Betrieben gedacht, aber Wissenschaftler
20	arbeiten schon an sogenannten Personal-Robotern, die im Haushalt helfen und z.B.
21	Fenster oder Fußböden putzen. Die Preise sollen kaum höher als für einen Computer
22	sein.

b) Unterstreichen Sie die wichtigsten Wörter und Wortgruppen, und schreiben Sie dann möglichst mit eigenen Worten eine Textzusammenfassung.

LV:	A/Gr:
	1+0,5
2	1+0,5
	1+0,5
2	1+0,5
	1+0,5
2	1+0,5
	1+0,5
2	1+0,5
8 P.	12 P.
Insgesamt:	100 P.

Wie viel Zeit haben Sie gebraucht? _________ Minuten.

Lösungsschlüssel zu den Kontrollübungen

1. Mögliche Verben

1. sorgen 2. vermeiden/abzubauen/zu überwinden 3. reduzieren/verringern/senken/kürzen 4. unterstützen 5. verstärken/intensivieren

2. Bedeutungsähnliche Ausdrücke

1. Überzeugung/Einstellung 2. lehnen es nicht ab/sind nicht dagegen 3. jeweiligen 4. Kriterium/Motiv 5. überflüssig

3. Passende Verben

1. (in Kauf) nehmen 2. (Tests) durchführen 3. (Rätsel) lösen 4. (Sport) treiben 5. (Zeit) verbringen

4. Textergänzung

1. dem, ist, winzige, im, mit, runden, und, kleinen
2. der, Seite, man, offenes, das, einem, im, gekommen
3. Der, im, spricht, dem, der, seiner, steht

5. Dialogergänzung

Mögliche Varianten:

S: Was wollen Sie von mir?/Was suchen/wollen Sie hier?/Wer hat sie geschickt?

S: Ich will nicht gerettet werden./Mich braucht niemand zu retten./Ich will aber (unter allen Umständen) hier bleiben./Ich habe Sie nicht gerufen.

S: Weil ich nicht in die sogenannte Zivilisation zurück will./Weil ich hier endlich meine Ruhe habe./Weil ich hier machen kann, was ich will./...leben kann, wie ich will.

6. *haben ... zu/sein ... zu*

1. Arbeitslose haben sich beim Arbeitsamt zu melden.
2. Bei Bewerbungen ist darauf zu achten, dass sie fehlerfrei sind.

7. Konstruktionen mit *werden*

Klimatologen glauben, dass der Meeresspiegel steigen wird und die Wassermassen ganze Regionen überschwemmen werden.

8. Regeln und Merkhilfen

1. Textproduktionsregel:

Tem = das richtige Tempus (einheitliches Tempus, keine beliebige Mischung von Präsens, Präteritum und Perfekt)

Po = richtige Positionen im Satz (Position der Satzteile und Verben)

Kom = Verwendung komplexer Sätze (Nicht nur Hauptsätze aneinanderreihen!)

Vor = Variation im Vorfeld (Nicht immer mit dem Subjekt beginnen!)

Ana = Anaphorik (Möglichst keine wörtlichen Wiederholungen in aufeinanderfolgenden Sätzen; stattdessen Pronominalisierung oder alternative Formulierungen)

2. Satzverneinung 'nicht': Am Ende, vor E und V2
3. NDA
4. def. Ang. indef. *nicht* und E
5. Brückenwörter/Konjunktoren
   (Nominativ links vom Verb): Identisches kann gehen.
   (Nominativ rechts vom Verb): Identisches bleibt stehen.
6. Konjunktiv II: Bei Gegenwart und Zukunft – ganz primitiv – nimm *würde* und den Infinitiv.
   Bei Modalverben, *haben* und *sein* – *würde*? Danke, nein!
   Vergangenheit ist stets okay mit *hätte/wäre* + P.P.
   Bei Modalverben aber - vergiss das nie - nimm immer *hätte* + I.I.

9. Textrekonstruktion: Kidnapping ins All

1. Plötzlich bemerkte er im Garten ein seltsames Licht, das er sich nicht erklären konnte.
2. Er wusste nicht, was er machen sollte, aber dann beschloss er, hinauszugehen und nachzusehen./und beschloss, hinauszugehen .../deshalb beschloss er, hinauszugehen ...
3. Da sah er eine Art Ufo, um das sich viele kleine komische Wesen bewegten.
4. Auf einmal wurde er durch einen starken Wind in das Ufo gezogen und verlor das Bewusstsein.

11. Lesetext: Die Zukunft hat schon begonnen

b) Unterstreichungen:

Z.1:   Service-Roboter – neue Generation von Robotern
Z.2:   meist mobil
Z.4:   leicht zu bedienen – Aufgabe – Menschen zu dienen
Z. 5-6: weltweit – 12 000 Roboter
Z. 9:   helfen – in Krankenhäusern
Z.10:   bewegen sich selbständig
Z.12   Vorteil – Krankenschwestern und Pfleger – mehr Zeit –
 -13:   um Patienten kümmern
Z.14:   keine Arbeitsplätze wegrationalisiert
Z.16:   ältere Arbeitnehmer – gute Job-Chancen
Z.17:   gepflegt und gewartet
Z.18:   durch Produktion der Roboter – neue Arbeitsplätze in der Industrie
Z.19:   meist – Einsatz in Betrieben
Z.19   Wissenschaftler – arbeiten an – Personal-Roboter –
 -20:   im Haushalt helfen
Z.21:   Preise – kaum höher als für Computer

Mögliche Textzusammenfassung:

Service-Roboter sind eine neue Generation von Robotern. Sie sind meist mobil und leicht zu bedienen. Ihre Aufgabe ist es, Menschen zu dienen. Weltweit sind ca. 12 000 im Einsatz. Sie helfen z.B. in Krankenhäusern und bewegen sich ganz selbständig. Der Vorteil ist, dass Krankenschwestern und Pfleger mehr Zeit haben, sich um die Patienten zu kümmern. Durch die Roboter werden keine Arbeitsplätze wegrationalisiert. Auch ältere Arbeiter haben wieder Job-Chancen, weil die Roboter gepflegt und gewartet werden müssen. Außerdem entstehen durch die Produktion der Roboter neue Arbeitsplätze in der Industrie. Die Roboter sind meist für den Einsatz in Betrieben gedacht. Wissenschaftler arbeiten aber an Personal-Computern, die im Haushalt helfen. Sie sollen kaum teurer als Computer sein.

Hörverstehenstext

Lachen und Humor

Weltweit versuchen rund 200 Wissenschaftler, das Geheimnis des Lachens zu erforschen und die Frage zu beantworten, ob Lachen und Humor dem Menschen angeboren sind. Amerikanische Verhaltensforscher beantworten diese Frage positiv.

Junge Hunde, Rehe oder Affen toben und spielen instinktiv, um so ihre körperliche Geschicklichkeit zu üben. Junge Menschen trainieren nach gleichem Muster mit Humor und Witzen ihren Verstand. Humor ist nach Meinung der Forscher die logische Übertragung des Spielverhaltens auf die abstrakte Ebene der Ideen.

Neugeborene haben zunächst weder Ideen noch Humor. Im Schlaf lächeln sie zwar, aber das sind nur Reflexe des Zentralnervensystems. Erst mit drei oder vier Monaten beginnen Säuglinge tatsächlich zu lächeln, wenn sie das Gesicht von Mama, Papa oder eines Geschwisterchens sehen. Das Erkennen einer Gesichtsform strengt das sich langsam entwickelnde Gehirn noch so sehr an, dass die Babies sich danach instinktiv mit einem Lächeln entspannen.

Der aktive Humor ist erst in der ersten Hälfte des zweiten Lebensjahres erkennbar, also mit etwa anderthalb Jahren. Das menschliche Gehirn formt in dieser Phase zum ersten Mal abstrakte Symbole. Kleinkinder spielen endlos mit neuen Bildern und Vorstellungen. So putzen sie sich vor Vergnügen kichernd mit dem Bleistift die Zähne, telefonieren mit dem Suppenlöffel und sagen grinsend zu ihrer Mama „Papa".

Mit drei Jahren machen die Kinder erneut einen Sprung in ihrer Entwicklung. Sie verbinden mit den Dingen jetzt auch Eigenschaften. Sie finden es besonders lustig, „miau, miau" zu machen, wenn sie einen Hund sehen. Zu so einer Verdrehung wären sie zuvor noch nicht fähig gewesen.

Schließlich wird mit sechs Jahren die Sprache der Kinder perfektioniert und beeinflusst die Entwicklung des Humors entscheidend. Von Kindern in Nigeria bis zu kleinen Berlinern blödeln alle Kinder mit Wortverdrehungen, lustigen Rätseln und endlosen Reimen.

Bis zum zwölften Lebensjahr verfeinern Kinder parallel zur Ausbildung des Abstraktionsvermögens ihren Verstand mit immer komplexeren Witzen. Danach ist die intellektuelle und auch die humoristische Entwicklung abgeschlossen.

Von 14 Jahren an verringert sich die spontane kindliche Begeisterung für Witze und Späße sehr schnell. Schon mit 30 Jahren sind rund fünf bis zehn Prozent der Bevölkerung wieder so ernst, dass sie mit Woody Allen sagen könnten: „Die meiste Zeit habe ich kaum Spaß und den Rest der Zeit gar keinen."

Diktat

Familie, Kinder, Ehe: Was sich Jugendliche wünschen

Zwischen 14 und 18 Jahren fangen viele Jugendliche an, Vorstellungen zu entwickeln, wie sie später einmal leben wollen. Eine der wichtigsten Fragen für sie ist: Will ich eine Familie und Kinder, oder kann ich mir ein Leben als Single besser vorstellen?

Eine Umfrage unter rund 3000 Jugendlichen ergab, dass zwei Drittel der 14- bis 18-Jährigen später einmal heiraten möchten. Drei Viertel wollen auch Kinder haben, und nur für sieben Prozent ist der Beruf wichtiger. Befragt, welche Werte ihnen im Leben am wichtigsten erscheinen, gaben 80 Prozent an: die Familie. 67 Prozent fanden den Schutz der Umwelt wichtig und 53 Prozent die Gleichberechtigung der Frau.

Bei den Vorstellungen über die Rollenverteilung herrschen allerdings noch alte Klischees vor: Hausarbeit und Kinder werden nach wie vor als Aufgabe der Frauen angesehen, für Geldverdienen, Beruf und Auto sind eher die Männer zuständig.

Transkription der HV- und der Phonetiktexte

Hier sind diejenigen Texte abgedruckt, die im Lehr- und Arbeitsbuch mit dem grauen Kassettensymbol gekennzeichnet sind.

Lektion 21

Situationen – Texte – Redemittel

3.a) „Das ist bei uns anders"
Eine Hotelbar in Mexiko-City: Die Mexikanerin Josefina Suarez, 27 Jahre alt, und ein deutscher Journalist unterhalten sich über die unterschiedlichen Mentalitäten der Völker. Sie trinken Ananassaft mit einem Schuss Rum. Der Deutsche schwärmt von den Pyramiden von Teotihuacan und die Mexikanerin von der Deutschen Bundesbahn.
Josefina lacht und erzählt, was sie in Deutschland erlebt hat: Von Köln wollte sie nach Frankfurt. Der Zug sollte um 11.14 Uhr abfahren. „Ich dachte mir, wie lächerlich, ein Zug, der um 11.14 Uhr abfährt, das gibt es doch gar nicht! Ich machte mich also gegen 11.20 Uhr auf den Weg zum Bahnhof, wo ich feststellen musste, dass der Zug pünktlich um 11.14 Uhr abgefahren war. Ich stand auf dem Bahnsteig und habe schallend gelacht. Die Leute sahen mich an wie eine Verrückte." In Mexiko ist das anders. Der Zug fährt ganz bestimmt nicht pünktlich ab. Vielleicht fährt er auch überhaupt nicht. Josefina will nichts Böses über ihr Land sagen, denn sie ist eine gute Mexikanerin. Trotzdem meint sie: „Unsere Auffassung von Pünktlichkeit und Verantwortungsgefühl ist schlecht. Ein Land, in dem öffentliche Einrichtungen so funktionieren, wie sie funktionieren sollen, ist für mich ein grosses Land. Außerdem ist mir in Deutschland aufgefallen, dass Ihre Landsleute alle sehr höflich und korrekt sind." Der deutsche Journalist sieht das anders: „Höflich sind meine Landsleute nur in Grenzen. Und korrekt sind sie, weil sie nicht auffallen wollen – die wenigsten sind herzlich." Josefina sieht das anders: „Die Mexikaner sind nicht korrekt – vor allem Frauen gegenüber. Sie sind nicht höflich – es sei denn, sie wollen etwas. Und leider sind sie überhaupt nicht pünktlich. Wie ich. Mein Dienst hat schon vor zwanzig Minuten begonnen."

5. c) Kontakte knüpfen (s. Kursbuch S. 12)

8. b) Frisch gewagt ist halb gewonnen
Felix (F) – Tobias (T) – Verena (V) – Jan (J) – Nworah (N)

N: Also für mich ist es unheimlich schwer, Leute kennen zu lernen. Klar, in meinem Deutschkurs habe ich Freunde und Freundinnen, aber wie kann ich Deutsche kennen lernen?

F: Ja, du, das ist auch für uns ein Problem, wenn man zum Beispiel woanders hinkommt und da niemand kennt.

N: Och, könnt ihr mir nicht mal 'n paar Tricks verraten, wie man zum Beispiel ein Mädchen kennen lernt.

T: Wenn das so einfach wäre, dann gäb's auch bei Deutschen keine Probleme. In München gibt's sogar „Flirt-Schulen". Da kann man lernen, wie man Kontakte knüpft.

F: Ehrlich gesagt, habe ich da auch Probleme.

J: Und wie hast du Linda kennen gelernt?

F: Da hatte ich Glück. Sie hat gefragt, ob ich mal ein Foto von ihr machen könnte. Das war auf einem Wannseeschiff in Berlin.

N: Ist das üblich, dass auch Mädchen die Initiative ergreifen?

V: Na klar, warum denn nicht? Ist das bei euch anders?

N: Ja, schon. Da muss immer der Mann den ersten Schritt tun.

V: Das gibt's natürlich auch hier.

J: Also, ich hab' da schon von tollen Sachen gehört. Einer hat zum Beispiel seine Traumfrau in einer Straßenbahn sitzen sehen, als er mit seinem Auto nebenher fuhr. Als sie dann umsteigen wollte, hat er sich einfach frech vor sie hingestellt und sie nach ihrer Fahrkarte gefragt. Die hat sie ihm auch gezeigt. Er hat sie sich angesehen und gesagt: „Aha, Sie wollen umsteigen. Sie haben Glück, Ihre Karte ist noch gültig. Sie dürfen mit mir weiterfahren." Sie hat zwar etwas gezögert, aber dann ist sie wirklich bei ihm eingestiegen.

T: Also, ich glaube, dazu würde mir der Mut fehlen.

J: Ja, da gibt's doch noch andere Methoden.

V: Ja, erzähl mal. Da können wir vielleicht auch noch was lernen.

J: Ja, also, ganz lustig fand ich die Idee, dass man sich ein paar bunte Luftballons einsteckt und wenn einem jemand gefällt, blitzschnell einen aufbläst und ihn ihr gibt.

F: Ja, solche Tricks kenne ich auch. Du kannst z.B. einer Frau an der Supermarktkasse mit einem Fünfeuroschein in der Hand nachgehen und höflich fragen, ob sie gerade einen Fünfeuroschein verloren hat. Wenn sie nein sagt, kannst du sie fragen, ob sie dann mit dir für die fünf Euro eine Tasse Kaffee trinken will.

T: Ja, also, da kenn' ich noch was ganz Originelles. Du machst einen Verband um deinen rechten Arm, gehst in einen Waschsalon, und da lässt du dann deinen Wäschekorb direkt vor ihr oder ihm hinfallen. Die nächsten 90 Minuten, die so ein Waschprogramm braucht, kann man dann sinnvoll nutzen.

V: Ja also, irgendwie bin ich da wohl zu phantasielos. Sowas könnte ich einfach nicht.

J: Na ja, dazu gehört auch schon ein bisschen Mut und auch Frechheit. Ja, allerdings. Das kann nicht jeder.

12. c) Multikulturelle Gesellschaft
Radiosprecherin (S1) – Radiosprecher (S2) – Brigitta Fischer (F), (Ausländerbeauftragte der Stadt Frankfurt) – Herr Hagen (H), (Ehrenamtlicher Stadtrat in Frankfurt), Herr Alvasier, (Al), (Mitglied der Alternativen Liste im Stadtrat)

S1: HR 2: Argumente
Unser Thema heute heisst: Multikulturelle Gesellschaft.: Wer sich an der Diskussion beteiligen möchte, kann folgende Telefonnummer wählen: 069-155690. Die Gesprächsleitung hat Florian Schwinn.

S2: Und der sagt guten Morgen. Wir wollen über die multikulturelle Gesellschaft sprechen. Wie unsere Gegenwart und unsere Zukunft aussehen sollen, ist eine politische Frage, und deshalb sitzen hier im Studio zwei Politiker und eine Politikerin. Ich frage zunächst Frau Brigitta Fischer, Ausländerbeauftragte der Stadt Frankfurt. Frau Fischer, was ist Ihrer Meinung nach eigentlich eine multikulturelle Gesellschaft? Versuchen Sie zunächst einmal, den Begriff zu definieren.

F: Wir leben heute in einer Welt der Wanderungen, und deshalb gibt es in allen Staaten der Welt Fremde, nicht nur in Deutschland. Ich denke, wir müssen lernen, mit Menschen anderer Nationalität in einer Gesellschaft zusammenzuleben – gleichberechtigt miteinander zu leben – und die anderen Kulturen zu respektieren.

S2: Also Sie sind für ein tolerantes geregeltes Nebeneinander.

F: Ja, für ein Nebeneinander der Kulturen, ein Miteinander in den politischen Rechten und natürlich auch in der Gesellschaft. Aber wir müssen die Eigenart und die Besonderheit der anderen Kulturen akzeptieren und fördern.

S2: Ja, und sollen die Ausländer dann nach Ihrer Meinung auch einen deutschen Pass haben?

F: Ich bin der Ansicht, dass man nach längerem Aufenthalt die Einbürgerung ermöglichen soll, ohne dass die eigene Nationalität aufgegeben werden muss, d.h. für mich also doppelte Staatsangehörigkeit.

S2: Ich begrüße jetzt Herrn Hagen. Guten Morgen, Herr Hagen.

H: Guten Morgen.

S2: Herr Hagen, Sie sind ehrenamtlicher Stadtrat in Frankfurt. Ist Multikultur für Sie ein positiver Begriff?

H : Nun, Multikultur ist für mich zunächst einmal ein Tatbestand. Wir leben hier in einer Stadt, in der 190 000 Einwohner keinen deutschen Pass haben, in der fast die Hälfte der Jugendlichen keine Deutschen sind. Das ist die Realität. Aber diese Menschen leben hier, sprechen miteinander Deutsch, anders kann sich ein Portugiese mit seiner griechischen Freundin gar nicht unterhalten. Sie wachsen hier in die Gesellschaft und in das Berufsleben herein, und die Frage ist jetzt, wie soll die Entwicklung weitergehen. Wie schaffen wir es, ohne den Menschen Gewalt anzutun – also ohne Zwangsgermanisierung – dass die Bevölkerungsgruppen mit der Zeit zusammenwachsen?

S2: Tja, und welche Möglichkeiten sehen Sie da?

H: Nun, wir haben hier in Frankfurt fast 30% binationale Eheschließungen, und ich glaube, dass durch eine natürliche Entwicklung im Laufe von Jahrzehnten viel mehr geschehen wird, als sich die Politiker heute vorstellen können. Ich meine – wir müssen die Menschen im Augenblick in ihrer Kultur leben lassen – wir müssen aber auch versuchen, auf der Basis der hier gewachsenen deutschen Kultur zusammenzuleben. So kann dann mit der Zeit eine neue Kulturnation entstehen, die an die deutschen Traditionen anknüpft, aber auch vieles von den Menschen aufnimmt, die hier zu uns gekommen sind.

S2: Der Dritte in der Runde ist Herr Alvasier, Mitglied der Alternativen Liste im Stadtrat.
Guten Morgen Herr Alvasier.

Al: Morgen.

S2: Er ist so ein Multikulti Produkt – sage ich jetzt einfach mal – Wo kommt Ihr Name her?

Al: Der Name Alvasier ist ein arabischer Name. Er kommt aus dem Jemen, genau wie mein Vater, und ich bin Produkt einer binationalen Ehe, die Herr Hagen gerade angesprochen hat. Meine Mutter ist Deutsche und kommt aus dem Sudetenland.

S2: Herr Alvasier, fühlen Sie sich als Teil einer multikulturellen Gesellschaft?

Al: Also, ich bin natürlich Teil einer multikulturellen Gesellschaft, wie sie hier in Deutschland existiert.

S2: Und jetzt definieren Sie doch mal das, was die anderen auch schon versucht haben:
Was ist das für Sie „eine multikulturelle Gesellschaft?"

Al: Eine multikulturelle Gesellschaft ist für mich die Summe der Menschen, die hier leben und die Summe ihrer Kulturen. Es gibt ein multikulturelles Nebeneinander, aber was es noch nicht gibt, ist ein multikulturelles Miteinander. Ich finde, dass man versuchen muss, mehr aufeinander zuzugehen, und ich sag's mal ganz einfach, mehr miteinander zu machen. Im Gegensatz zu Herrn Hagen bin ich aber nicht der Auffassung, dass man versuchen sollte, diese Kulturen zu vermischen und sozusagen eine neue deutsche Kultur zu entwickeln.

S2: Ja, aber was stellen Sie sich genau vor, etwas, was nebeneinander aber doch zusammen ist, oder ...?

Al:. Ich denke, dass die multikulturelle Gesellschaft – so wie ich sie mir vorstelle – den Menschen genügend Freiheit lässt, ihre Kultur und ihre Tradition zu bewahren und sie auch weiterzugeben. Eine Vermischung oder Assimilation – wie Herr Hagen meint – wird dann auf die Dauer von selber kommen. Also spätestens die

vierte oder fünfte Generation wird sich wahrscheinlich nur noch durch die Namen oder durch die Wahl des Urlaubslands unterscheiden. Die multikulturelle Gesellschaft – so wie ich sie mir vorstelle – ist ein Miteinander der Kulturen in gegenseitiger Toleranz, und das gilt für beide Seiten.

S2: Vielen Dank, Herr Alvasier. Jetzt sind zunächst einmal unsere Hörer dran. Hier noch einmal unsere Telefonnummer: 069–155690.

Phonetik (s. Lösungsschlüssel, Lb, S.177)

Lektion 22
Situationen – Texte – Redemittel

2. a) Mogeln mit Fantasie
Ein Freund von mir hatte einmal eine Augenkrankheit. Darum musste er etwa zwei Wochen lang eine Augenklappe tragen. Als wir eine Klausur schreiben mussten, sah er seine Chance. Die ganze Nacht hatte er auf der Innenseite seiner Augenklappe alles ganz klein abgeschrieben. So war sie zu einem wunderschönen Mogelzettel geworden. Am nächsten Tag saß er in der Klausur und mogelte, natürlich mit seiner wichtigen Augenklappe. Sobald der Lehrer an ihm vorbeigegangen war, hielt er schnell die Augenklappe vor sein Auge und las etwas ab. Aber er konnte das nicht so lange machen. Sein Auge wurde schlimmer als vorher, weil das Gummiband der Augenklappe sehr eng war.

6. c) Superlearning
Lernen Sie die Grundzüge einer Fremdsprache in wenigen Tagen auf der bequemen Reise ins gewünschte Land. Schon nach einer Woche können Sie sich in der neuen Sprache verständigen. Kann das sogenannte Superlearning solche Versprechungen halten? Zumindest klingt dies unwahrscheinlich und widerspricht unseren herkömmlichen Lernerfahrungen.
Superlearning ist eine Lehr- und Lernmethode zur effektiven Vermittlung von Wissen. Sie kombiniert geistige Konzentration mit körperlichen Entspannungsübungen, Musik und einer besonderen Darbietung des Lernstoffes.

Der bulgarische Neurologe Professor Losanov führte bereits in den sechziger Jahren an seinem Institut in Sofia Forschungen über entspanntes, stressfreies Lernen durch. Er nannte seine Methode Suggestopädie. Da Losanov in den achtziger Jahren keine Ausreiseerlaubnis erhielt, haben vor allem amerikanische Forscher die Methode übernommen und sie unter dem Namen „Superlearning" zunehmend bekannt gemacht.

Die Methode beruht auf Erkenntnissen der Lernpsychologie über entspanntes Lernen und dem Wissen über unser Gehirn. Unser Gehirn enthält über zehn Milliarden Zellen. Es ist das komplexeste Stück Materie im Universum, und dennoch nutzen wir tagtäglich nur einen Bruchteil seiner Kapazität. Dafür verantwortlich ist die Disharmonie zwischen den beiden Gehirnhälften. Ganzheitliches Lernen funktioniert nur, wenn beide Teile unseres Gehirns harmonisch zusammenwirken.

Das menschliche Gehirn ist in zwei Hemisphären eingeteilt – in eine linke und in eine rechte. Die beiden Gehirnhälften verarbeiten Informationen auf recht unterschiedliche Art und Weise. Die linke denkt verbal, analytisch, rational und linear. Sie ist zum Beispiel zuständig für Sprache und mathematisches Denken. Man kann sie die logische Gehirnhälfte nennen.

Die rechte Hälfte denkt non-verbal, synthetisch und intuitiv. Sie verarbeitet Sinneseindrücke simultan und räumlich. Man kann sie als die kreative Gehirnhälfte bezeichnen. In der Regel wird Lernstoff vorwiegend mit der linken Gehirnhälfte aufgenommen und verarbeitet. Erst wenn linke und rechte Gehirnhälfte harmonisch zusammenwirken, wird das Potential unseres Gehirns voll genutzt. Resultat: Ganzheitliche Verarbeitung von Informationen, erhöhte Speicherkapazität und gesteigerte Lernleistung.

8. c) Tipps und Tricks für besseres Behalten

Jan (J) – Tobias (T) – Felix (F) –

(Alle haben den Test gemacht.)

J: Na, wie sieht's aus? Habt ihr alle ein Super-Gedächtnis?

T: Ja, also bei mir war das nicht so super. Zuerst habe ich die Zahlen einfach immer wiederholt, und im Moment konnte ich sie auch. Aber als ich die anderen beiden Tests gemacht hatte, hatte ich die Zahlen wieder total vergessen.

F: Das war bei mir ähnlich, aber dann habe ich mich daran erinnert, was wir gerade im Englischunterricht gelernt haben, und dann ging's plötzlich.

T: Ja, und was habt ihr da im Unterricht gelernt?

F: Na ja, dass man sich bei Lernproblemen immer Lernhilfen suchen soll.

J: Ja, gut, aber wie?

F: Ja, also, man versucht, z.B. Abstraktes konkret oder lebendig zu machen, mit Bildern zu verbinden, oder sich Situationen oder Geschichten auszudenken. Man kann auch Assoziationen zu Bekanntem und Ähnlichem suchen. Das funktioniert auch sehr gut.

J: Aber übt ihr denn im Unterricht auch, euch Zahlen zu merken?

F: Natürlich nicht. Aber es geht ja hier ganz allgemein um Strategien, und die kann man dann in verschiedenen Bereichen anwenden.

T: Ja, aber was mach' ich konkret, wenn ich mir hier die Zahlen merken will?

F: Also bei der ersten Zahl hab' ich mir fünf Bäume vorgestellt mit vier Gartentischen darunter. Und dann kamen zuerst acht Personen und haben sich hingesetzt, und dann kam noch eine. Das war die neunte.

T: Das finde ich aber umständlich. Das ist ja 'n halber Roman.

F: Kann sein, aber so kann ich mich an diese Zahlen eben erinnern und nicht nur heute oder morgen, sondern auch noch später.

J: Die Methode finde ich gar nicht so schlecht. Ich hab' nämlich auch bis auf die erste alle Zahlen vergessen. Ich probier' deine Strategie jetzt mal bei der zweiten Zahl aus. Also – warte mal. – Okay ich stelle mir unser Mietshaus in Köln vor, das besteht aus zwei Teilen und hat acht Wohnungen. Und in unserer Wohnung haben wir fünf Zimmer und –

T: – eine Katze –

J: – einen Balkon. 2 – 8 – 5 – 1. Also das vergesse ich so schnell nicht wieder.

T: Ja, und wie findet man immer gleich passende Beispiele?

F: Das kann man üben.

T: Und wie hast du dir die Termine und Verabredungen im zweiten Test gemerkt?

F: Ich hab' eine Phantasiewanderung durch die Altstadt gemacht und alle Verabredungen auf meinem Weg eingebaut. Den Trick haben schon die alten Griechen und Römer benutzt, wenn sie sich was merken wollten.

T: Okay, okay, okay, aber was machst du bei der dritten Aufgabe?

F: Ja, da muss man wirklich seine Phantasie aktivieren. Also ich habe mir eine Kapelle vorgestellt. Bei Hans habe ich an ein Haus gedacht, nur ist das u umgedreht. Also das Haus ist eine Kapelle,

und die ist so alt wie mein Vater, nämlich 56: Hans Kappeller – mit zwei 'p' und 'r' am Ende – Alter 56 Jahre.

T: Hm, nicht schlecht!

J: Das ist ja Gehirnakrobatik.

F: Genau. Es ist dabei auch ganz egal, wie verrückt deine Bilder und Lernhilfen sind. Je verückter, desto besser behältst du sie.

T: Ja gut, dann frag' ich dich in zwei Wochen noch mal nach diesen Tests.

Phonetik
(s. Lösungsschlüssel, Lb, S.178)

Grammatik
1. a) (s. Lösungsschlüssel, Lb, S. 178)

Aktivitäten

5. Hörszene: Der blaue Brief.

Sprecherin: *Der Vater liest Zeitung.*

SOHN: Du, Papa ... Papa – Charly hat gesagt, 'n blauen Brief kriegt jeder mal in seinem Leben.

VATER.: Entschuldige, ich hab' eben nicht zugehört. Was war mit dem Brief?

SOHN: 'n blauen Brief. So'n Brief von der Schule. Charlys Schwester sagt, das wäre ein blauer Umschlag. Deswegen heißt so ein Brief „blauer Brief ". Weil er blau ist.

VATER: So, einen blauen Brief kriegt Charlys Schwester. Na, dann wird sie ihn wohl auch verdient haben.

SOHN: Gab's früher denn auch schon blaue Briefe, ich mein', zu deiner Zeit?

VATER: Ja, natürlich!

SOHN: Und hast du auch mal ...

VATER: Ich? Nie! Wie kommst du denn darauf?

SOHN: Nur so. Charlys Schwester kriegt den Brief aber gar nicht.

VATER: Wer denn? Charly?

SOHN: Charly doch nicht!

VATER: Charly auch nicht? Na, wer kriegt ihn denn nun?

SOHN: Wer? Also – ich.

VATER: Sag das noch mal!

SOHN: Nur so zur Information, sagt Herr Schubert. Weil ihr zu keinem Elternabend gekommen seid. Und weil ihr auch nie Zeit habt, wenn Elternsprechtag ist.

VATER: Darüber hat Herr Schubert nicht zu befinden, ob wir Zeit haben oder nicht. Wär' ja noch schöner! Ich hab' nicht so einen ruhigen Job wie dein Lehrer. Das kannst du ihm mal bestellen.

SOHN: Wieso, davon sagt er doch auch gar nichts.

VATER: Nein, er sagt nichts. Er schickt einem lieber heimtückisch blaue Briefe ins Haus ...

SOHN: Vielleicht hätte Mama ja mal ...

VATER: Mama! Was soll Mama da? Die ist doch diesem Schubert überhaupt nicht gewachsen! Ich möchte jetzt hören, wie es überhaupt dazu kommen konnte, dass mir so ein blauer Brief ins Haus geschickt wird. Also, was steht drin in dem Brief?

SOHN: Das weiß ich doch nicht.

VATER: Was in dem Brief steht!!

SOHN: Wahrscheinlich – ich bin schlechter geworden.

VATER: In welchem Fach?

SOHN: Fach?

VATER: Herrgott – Deutsch oder Rechnen ...

SOHN: Wahrscheinlich – so im Ganzen.

VATER: Ach, so im Ganzen!

SOHN: Ja.

VATER: Und woran liegt das?

SOHN: Charly hat gesagt, ich bin wahrscheinlich nicht auf der richtigen Schule. In England gibt es da so eine Schule. Da müssen die Kinder überhaupt nicht lernen, wenn die nicht wollen.

VATER: Jetzt muss ich aber lachen.

SOHN: Du lachst ja gar nicht.

VATER: Na, da kann einem ja wohl auch das Lachen vergehen. Mein lieber Junge, du lebst in Deutschland! Hier wird allemal noch auf Leistung gesehen, kapiert?

SOHN: Leistung?

VATER: Na, jetzt stell dich mal nicht dämlicher an, als du wirklich bist: Wenn man etwas leistet; wenn man etwas tut! Man leistet etwas, damit man sich später etwas leisten kann. Das bedeutet: Ich muss arbeiten und lernen, damit es mir später gut geht, damit ich mir etwas kaufen kann, damit ich Reisen machen kann und so weiter.

SOHN: Du machst doch überhaupt keine Reisen.

VATER: Ich hab' ja auch gesagt – später.

SOHN: Wann denn?

VATER: Wenn ich älter bin.

SOHN: Du bist doch schon älter.

VATER: Halt den Mund! Das interessiert jetzt nicht.

SOHN: Aber wir haben doch eben darüber gesprochen ...

VATER: ... wie es kommt, dass die schulischen Leistungen meines Herrn Sohnes so nachgelassen haben. Und ich will, dass du mir klipp und klar darauf antwortest.

SOHN: Vielleicht ...

VATER: Bitte!

SOHN: ... weil ich keine Zeit hatte, ich mein', nicht für Deutsch und so. Ich hab' nämlich in diesem Sommer fotografieren gelernt, weil ich doch Kamerajäger werden will.

VATER: Was willst du werden?

SOHN: Kamerajäger. So in Afrika. Tiere, Löwen und Zebras und Antilopen und so.

VATER: Erzähl mir doch nicht, dass du jeden Tag stundenlang fotografiert hast.

SOHN: Doch.

VATER: Und wo hast du die Filme hergekriegt?

SOHN: Flohmarkt und Geburtstag und Autos waschen und so.

VATER: Autos waschen?

SOHN: Bei der Esso-Tankstelle.

VATER: So. Das sind ja wunderbare Neuigkeiten. Mein Sohn, mein Sohn wäscht anderer Leute Wagen, verzichtet hinfort darauf, sich geistig zu betätigen, weil er ja doch Kamerajäger werden will, nimmt blaue Briefe in Kauf. – Sag mal, das von dem blauen Brief, hast du das schon jemandem erzählt?

SOHN: Nö, bloß Charlys Schwester. Und die Eltern von Charly, die wissen das auch.

VATER: So. Und was sagt Charlys Vater dazu?

SOHN: Der hat sich halbtot gelacht.

VATER: So. Der hat sich halbtot gelacht. Ein feiner Mensch mit Sinn für Humor.

SOHN: Ja, der ist immer so lustig. Der hat gesagt: Früh übt sich ...

VATER: ... wer ein Meister werden will.

SOHN: Woher weißt du denn, was Charlys Vater gesagt hat?

VATER: Werd nicht frech, du! Wer so kläglich dasteht wie du, hält am besten den Mund.

SOHN: Ich wollte ja nur fragen.

VATER: Wenn hier einer Fragen zu stellen hat, bin ich es. Und ich frage dich jetzt zum letzten Mal, wie es zu einer solchen Blamage kommen konnte.

SOHN: Meinst du jetzt wieder den blauen Brief?

VATER: Genau den meine ich!

SOHN: Ach, für mich ist der gar keine Blamage.

VATER: Aber für mich, Bürschchen.

SOHN: Warum denn? Du bist doch längst raus aus der Schule.

VATER: Aber ich bin dein Vater. Und du solltest ab und zu auch mal wieder an mich denken und an Mama. Das musst du doch verstehen. Alle Eltern möchten ein bisschen stolz auf ihre Kinder sein.

SOHN: Warum seid ihr denn nicht stolz drauf, dass ich gut fotografieren kann? Warum ...

VATER: Warum, warum! Weil Kamerajäger einfach kein seriöser Beruf ist. Das reicht eben nicht, verstehst du.

SOHN: Ist ein seriöser Beruf so wie deiner?

VATER: Ja.

SOHN: Und wenn ich so einen Beruf hab', werd' ich dann so wie du?

VATER: Wieso, was soll das heißen – werd ich dann so wie du?

SOHN: Och, weiß ich auch nicht.

VATER: Bitte, was meinst du damit! Willst du etwa nicht so werden wie ich?

SOHN: Eigentlich nicht.

VATER: Du willst also kein erwachsener Mann werden?

SOHN: Doch.

VATER: Aber?

SOHN: Aber ein anderer.

VATER: Was heißt das – aber ein anderer? Was für ein Leben willst du denn führen als erwachsener Mann?

SOHN: Weiß ich auch nicht so genau. Ich würde vielleicht nicht immer arbeiten,

VATER: Und wo willst du so ein großes Haus herkriegen und so einen schönen Garten?

SOHN: Ich glaube, so ein Haus und so würde ich mir gar nicht erst anschaffen, weil man da ja bloß immer aufpassen muss, dass einem nichts geklaut wird.

VATER: Aha. Passt dir außer dem sauer verdienten Haus noch was nicht an deinem Vater?

SOHN: Mehr wollt' ich eigentlich nicht sagen, außer vielleicht – ich würde zusehen, dass ich mehr Spaß habe. Ich meine, ich würde richtig lachen – nicht nur immer sagen: „Da muss ich aber lachen!" – und dann lache ich gar nicht.

VATER: Dir wird das Lachen auch noch vergehen, mein Lieber.

SOHN: Ich will überhaupt ganz anders werden. Irgendwie – so richtig lebendig.

VATER: Ja, bin ich das nicht?

SOHN: Du? Du bist doch so – so seriös!

Lektion 23

Situationen – Texte – Redemittel

4. b) Coolness-Training für jugendliche Gewalttäter

Immer mehr Kinder in Deutschland werden kriminell. Vor allem die Zahl der Diebstähle und der Gewaltdelikte unter den Kids steigt steil an. In Frankfurt wollen Mitarbeiter der Caritas jetzt gegen das große Gewaltpotential der Jugendlichen vorgehen. Mitten in einem sozialen Brennpunkt der Stadt machen sie ein sogenanntes Coolness-Training. Um ihre Aggressionen abzubauen, dürfen die Kinder hier Go-Cart-Rennen fahren. Dafür müssen sie allerdings auch über ihre Gewaltakte und über ihre Motive offen reden. „Gegen Gewalt". Ein Bericht von Ulrike Holler.

Auf dem Hinterhof im Schuppen steht ein rotes Go-Cart. Mit ihm dürfen Jugendliche aus einer schwierigen Siedlung trainieren, nicht nur im Hinterhof, sondern auf freiem Gelände. Der vierzehnjährige Bastian ist begeistert. „Des is 'ne Abwechslung. Man muss nicht so viel Geld bezahlen, und du kannst da fahren und dann kannst du auch noch Pokale und so gewinnen, wenn man auf'm Rennen mitfährt. Un das mit'm Cart, des is meist 'n Wochenende, und 'm Wochenende hab' ich nie gewusst, was ich machen soll, und da ha' ich gleich gesagt: Ja, da mach' ich mit."

Die Caritas, die die Go-Carts erbettelt hat, bietet aber noch mehr, um die Kinder auf andere Gedanken oder zu einem anderen Verhalten zu bringen. Sie nehmen an einem Coolness-Training teil, das Stefan Schanzenbecher so beschreibt.
„Das sind sogenannte 'Heiße-Stuhl-Sitzungen', das heißt also der Jugendliche, um den es grad geht, wird in die Mitte gesetzt. Die anderen setzen sich außen rum, und dieser Jugendliche in der Mitte muss jetzt diese Gewalttat schildern. Und wir versuchen da immer wieder, sehr kurz aufeinanderfolgend von verschiedenen Seiten Fragen dazu zu stelllen und versuchen, uns diese Tat genau erklären zu lassen bis ins Detail und versuchen dann halt immer auch, Nachfragen zu geben, die auch eben diese Opferseite betreffen.

Im Kopf soll sich was verändern. Gewalttätigkeit mit all ihren Auswirkungen soll bewusster werden, anders erlebt werden. Bastian saß auch schon auf dem heißen Stuhl. „'S war so: ich hab' mich früher immer sehr oft mit meinem Bruder geschlagen, so lange bis einer im Krankenhaus gelegen hat oder so. Da musst' ich in die Mitte und so, da ham die gesagt, dass des Scheiße is und so, und dann ham wir auch manchmal des nachgespielt, und 's is dann immer weniger geworden, umso länger ich beim Coolness dabei war, um so weniger isses geworden. Ich schlag' mich nich mehr so viel wie früher."

Der heiße Stuhl ist unbeliebt – klar – aber da die Jugendlichen alle Go-Cart fahren wollen, nehmen sie das Coolness-Training in Kauf. Selbst der moppelige Lilly bekennt: „Ja, ich'ab mich auf jeden Fall verändert. Ich kämf net mehr auf jeden Fall, und sag auch nich mehr so Ausdrücke und so. Die komm einfach so – manchmal bin ich rumgelaufen , ham mich rumgestipft, fing 'ne Schlägerei an, und so weiter. Und die sagen jetzt zu mir auch manchmal Ausdrücke, aber ich lass dis einfach vorbei. Interessiert mich nicht mehr."

6. a) Auf zur Demo! (s. Lb, S. 46)

7. b) „Stell dir vor, es war Krieg, und keiner hilft."
Felix (F) – Jörg (J) – (18 Jahre alt)

F: Bist du der Jörg Gerspach?
J: Ja, wieso?
F: Ich bin von der Rhein-Neckar-Zeitung und will einen Bericht über euer Projekt schreiben, und deshalb möchte ich dir gern ein paar Fragen stellen.
J: Ja, okay.
F: Wie bist du auf die Idee gekommen, dieses ganze Projekt zu organisieren?
J: Also zunächst mal hab' ich das nicht allein organisiert, sondern wir sind ein Team von allen Heidelberger Gymnasien. Und auf die Idee gekommen bin ich durch eine Freundin, die mir davon erzählt hat. Na ja und dann bin ich mal mitgegangen, und hab' spontan beschlossen: Da machst du mit.
F: Habt ihr diese Aktion „Jugend gegen den Krieg" eigentlich gegründet, oder gab' s die schon?
J: Ja, also unser Vorbild war die Schweizer Schülerorganisation „Globale Hilfe". Die wird von Gorbatschow und dem Dalai Lama gefördert. Wir haben auch Kontakt mit den Schweizern aufgenommen, und ein paar gute Tipps gekriegt, wie wir das hier organisieren können.
F: Was hattet ihr denn vor? An wen wolltet ihr euch wenden?
J: Ja also die Idee war, Schüler, aber natürlich auch andere Leute, aufzurütteln und sie daran zu erinnern, dass es uns zwar gut geht

– zumindestens relativ – , dass es aber woanders wie z.B. in Bosnien nach dem Krieg jetzt wirklich an allem fehlt. An Nahrung, an Kleidung bis hin zu Spielzeug für die Kinder.
F: Und da wolltet ihr was machen?
J: Genau. Wir haben eine Sammelaktion organisiert, und zwar haben wir eine Liste gemacht, welche Nahrungsmittel gespendet werden konnten, also grundsätzlich alles, was haltbar und transportabel ist, und dann natürlich warme Decken, Bettwäsche, Winterkleidung, Nähmaschinen, Stoffe und eben auch Spielzeug.
F: Und wie ging's dann weiter?
J: Ja, also die Schüler haben dann alles in die Schulen gebracht, und da haben wir's dann an einem Vormittag alles in Pakete gepackt.
F: Während der Schulzeit?
J: Ja, das hat die Direktion uns erlaubt.
F: Und wie sollte das Ganze nach Bosnien kommen?
J: Da gibt es eine Organisation „Helfer ohne Grenzen", und die hat sich bereit erklärt, unsere Spenden mit anderen zusammen in LKWs z.B. nach Sarajewo zu transportieren.
F: Und wie war die Beteiligung unter den Schülern? Haben das eher die oberen Klasse gemacht?
J: Interessanterweise haben sich gerade die Kleinen, also die aus der fünften, sechsten und siebten Klasse am meisten engagiert. Sogar meine kleine Schwester hat ihren Teddy gespendet, als ich ihr das Ganze erklärt habe.
F: Und warum haben sich die Älteren nicht so engagiert?
J: Weiß ich nicht. Die haben gesagt, „Ach das kommt ja doch nie an. Das wird doch alles vorher geklaut, oder das kriegen ja doch nie die, für die es bestimmt ist oder die es brauchen. Da ist ja alles zu chaotisch."
F: Und die habt ihr nicht vom Gegenteil überzeugen können.
J: Nee, wir haben's auch gar nicht versucht. Das ist nun mal so. Die einen engagieren sich und die andern eben nicht. Da kann kann man auch nichts machen.
F: Hmm. Was würdest du sagen, war's insgesamt ein Erfolg?
J: Ja, das auf jeden Fall. Es sind allein von unserer Schule 19 grosse Kartons zusammengekommen. Ich glaube, für alle, die dabei mitgemacht haben, war's 'ne tolle Erfahrung. Man hatte das Gefühl, dass wir alle irgendwie zusammengehören und uns auch gegenseitig helfen müssen.
F: Also echte Solidarität.
J: Ja, eigentlich schon. Wir wollten halt nicht nur aus dem Fernsehsessel heraus zusehen, wenn es irgendwo Probleme gibt, sondern selbst etwas tun, auch wenn es nur ganz wenig und bescheiden ist.
F: Das finde ich ganz toll. Wollt ihr sowas noch mal wiederholen?
J: Ja, das haben wir zumindestens geplant. Wir wissen zwar noch nicht genau, welches Land wir dann auswählen und was wir da machen, aber auf jeden Fall wird es ein Land sein, wo Hilfe sehr dringend gebraucht wird.

10. d) Fortsetzung von „Nachts schlafen die Ratten doch"
Der Mann nahm den Korb und richtete sich auf. Na ja, wenn du hierbleiben musst – schade. Und er drehte sich um.
Wenn du mich nicht verrätst, sagte Jürgen da schnell, es ist wegen den Ratten. Die krummen Beine kamen einen Schritt zurück: Wegen den Ratten? Ja, die essen doch von Toten. Von Menschen. Da leben sie doch von.
Wer sagt das?
Unser Lehrer.
Und du passt nun auf die Ratten auf? fragte der Mann.
Auf die doch nicht! Und dann sagte er ganz leise: Mein Bruder, der liegt nämlich da unten. Da. Jürgen zeigte mit dem Stock auf die zusammengesackten Mauern. Unser Haus kriegte eine Bombe. Mit einmal war das Licht weg im Keller. Und er auch. Wir haben noch

gerufen. Er war viel kleiner als ich. Erst vier. Er muss hier ja noch sein. Er ist doch viel kleiner als ich. Der Mann sah von oben auf das Haargestrüpp. Aber dann sagte er plötzlich: Ja, hat euer Lehrer euch denn nicht gesagt, dass die Ratten nachts schlafen?

Nein, flüsterte Jürgen und sah mit einmal ganz müde aus, das hat er nicht gesagt.

Na, sagte der Mann, das ist aber ein Lehrer, wenn er das nicht mal weiß. Nachts schlafen die Ratten doch. Nachts kannst du ruhig nach Hause gehen. Nachts schlafen sie immer. Wenn es dunkel wird, schon.

Jürgen machte mit seinem Stock kleine Kuhlen in den Schutt.

Lauter kleine Betten sind das, dachte er, alles kleine Betten. Da sagte der Mann (und seine krummen Beine waren ganz unruhig dabei): Weißt du was? Jetzt füttere ich schnell meine Kaninchen und wenn es dunkel wird, hole ich dich ab. Vielleicht kann ich eins mitbringen. Ein kleines oder – was meinst du?

Jürgen machte kleine Kuhlen in den Schutt. Lauter kleine Kaninchen. Weiße, graue, weißgraue. Ich weiß nicht, sagte er leise und sah auf die krummen Beine, wenn sie wirklich nachts schlafen.

Der Mann stieg über die Mauerreste weg auf die Straße. Natürlich, sagte er von da, euer Lehrer soll einpacken, wenn er das nicht mal weiß.

Da stand Jürgen auf und fragte: Wenn ich eins kriegen kann? Ein weißes vielleicht?

Ich will mal versuchen, rief der Mann schon im Weggehen, aber du musst hier solange warten. Ich gehe dann mit dir nach Hause, weißt du? Ich muss deinem Vater doch sagen, wie so ein Kaninchenstall gebaut wird. Denn das müsst ihr ja wissen.

Ja, rief Jürgen, ich warte. Ich muss ja noch aufpassen, bis es dunkel wird. Ich warte bestimmt. Und er rief: Wir haben auch noch Bretter zu Hause. Kistenbretter, rief er.

Aber das hörte der Mann schon nicht mehr. Er lief mit seinen krummen Beinen auf die Sonne zu. Die war schon rot vom Abend und Jürgen konnte sehen, wie sie durch die Beine hindurchschien, so krumm waren sie. Und der Korb schwenkte aufgeregt hin und her. Kaninchenfutter war da drin. Grünes Kaninchenfutter, das war etwas grau vom Schutt.

Grammatik

6. b) Partikelkombinationen: *mal eben/mal gerade*
Polizeibeamter (P) – Mutter (M)

1. P: Entschuldigen Sie, kann ich Sie vielleicht mal eben etwas fragen?
2. M: Ja, natürlich.
3. P: Schildern Sie mir doch mal gerade, was Sie gesehen haben.
4. M: Meine Kinder haben mich auf den Mann aufmerksam gemacht.
5. P: Können Sie sie mal eben herrufen?
6. M: Natürlich. Peter, Steffi, kommt doch gerade mal her!

Aktivitäten
(Aus Platzgründen ist „Rotkäppchen" nicht auf der Kassette.)

6. Rotkäppchen (nach den Brüdern Grimm)
Es war einmal ein kleines Mädchen, das jedermann lieb hatte, besonders aber seine Großmutter. Einmal schenkte sie ihm ein Käppchen aus rotem Samt und weil ihm das so gut stand und es nichts anderes mehr tragen wollte, hieß es nur das Rotkäppchen.

5   Eines Tages sprach seine Mutter zu ihm: „Komm, Rotkäppchen, da hast du ein Stück Kuchen und eine Flasche Wein. Bring das der kranken Großmutter hinaus. Mach dich auf, bevor es heiß wird, und lauf nicht vom Weg ab, sonst fällst du und zerbrichst das Glas, und die Großmutter hat nichts."

10 „Ich will schon alles gut machen", sagte Rotkäppchen zur Mutter. Die Großmutter aber wohnte draußen im Wald, eine halbe Stunde vom Dorf. Wie nun Rotkäppchen in den Wald kam, begegnete ihm der Wolf. Rotkäppchen aber wusste nicht, was das für ein böses Tier war, und fürchtete sich nicht vor ihm.

15 „Guten Tag, Rotkäppchen", sprach er, „wohin so früh?" „Zur Großmutter." „Was hast du denn da in deinem Korb?" „Kuchen und Wein für meine kranke und schwache Großmutter." „Rotkäppchen, wo wohnt denn deine Großmutter?" „Noch eine gute Viertelstunde weiter im Wald, unter den drei großen Eichbäu-

20 men", sagte Rotkäppchen. Der Wolf dachte bei sich: „Das junge, zarte Ding ist ein fetter Bissen, der wird noch besser schmecken als die Alte, du musst es listig anfangen, damit du beide bekommst." Da ging er eine Weile neben Rotkäppchen her, und dann sprach er: „Rotkäppchen, sieh einmal die schönen Blumen,

25 die hier überall stehen, warum guckst du dich nicht um? Ich glaube, du hörst gar nicht, wie die Vöglein so lieblich singen? Du gehst ja daher, als wenn du zur Schule gingst, dabei ist es doch so lustig draußen im Wald."

Rotkäppchen sah sich um, und als es die vielen schönen Blumen

30 erblickte, dachte es: „Wenn ich der Großmutter einen frischen Strauß mitbringe, wird der ihr sicher Freude machen. Es ist so früh am Tag, dass ich noch zur rechten Zeit ankomme", lief vom Wege ab hinein in den Wald und suchte Blumen. Der Wolf aber ging geradewegs zum Haus der Großmutter und klopfte an die

35 Tür. „Wer ist draußen?" „Rotkäppchen. Ich bringe dir Kuchen und Wein, mach auf." „Drück nur auf die Klinke", rief die Großmutter, „ich bin zu schwach und kann nicht aufstehen."

Der Wolf drückte auf die Klinke, die Tür sprang auf, und er ging, ohne ein Wort zu sprechen, gerade zum Bett der Großmutter und

40 verschlang sie. Dann zog er ihre Kleider an, setzte ihre Haube auf, legte sich in ihr Bett und zog die Vorhänge vor.

Rotkäppchen aber war nach den Blumen herumgelaufen, und als es so viel zusammen hatte, dass es keine mehr tragen konnte, fiel ihm die Großmutter wieder ein, und es machte sich auf den Weg

45 zu ihr. Es wunderte sich, dass die Tür aufstand, und als es in die Stube trat, kam es ihm ganz seltsam darin vor, dass es dachte: „Oh mein Gott, wie ängstlich wird mir's heute, und ich bin doch sonst so gern bei der Großmutter!" Es rief: „Guten Morgen", bekam aber keine Antwort. Darauf ging es zum Bett und zog die

50 Vorhänge zurück. Da lag die Großmutter und hatte die Haube tief ins Gesicht gesetzt und sah so wunderlich aus. „Ei, Großmutter, was hast du für große Ohren!" „Damit ich dich besser hören kann." „Ei, Großmutter, was hast du für große Augen!" „Damit ich dich besser sehen kann." „Ei, Großmutter, was hast du für große

55 Hände!" „Damit ich dich besser packen kann." „Aber Großmutter, was hast du für ein entsetzlich großes Maul!" „Damit ich dich besser fressen kann."

Kaum hatte der Wolf das gesagt, da sprang er aus dem Bett und verschlang das arme Rotkäppchen. Der Wolf legte sich wieder ins

60 Bett, schlief ein und fing an zu schnarchen.

Der Jäger ging gerade an dem Haus vorbei und dachte: „Wie die alte Frau schnarcht. Du musst doch mal sehen, ob ihr etwas fehlt." Da trat er in die Stube, und wie er vor das Bett kam, sah er, dass der Wolf darin lag. „Finde ich dich hier, du alter Sünder",

65 sagte er, „ich habe dich schon lange gesucht." Nun wollte er seine Büchse anlegen, da fiel ihm ein, der Wolf könnte die Großmutter gefressen haben, und sie wäre noch zu retten. Deshalb schoss er nicht, sondern nahm eine Schere und fing an, dem schlafenden Wolf den Bauch aufzuschneiden. Wie er ein paar

70 Schnitte getan hatte, da sah er das rote Käppchen leuchten, und noch ein paar Schnitte, da sprang das Mädchen heraus und rief: „Ach, wie war ich erschrocken, wie war's so dunkel in dem Wolf!"

Und dann kam die Großmutter heraus und konnte kaum atmen. Rotkäppchen aber holte geschwind große Steine, damit füllten sie dem Wolf den Leib, und als er aufwachte, wollte er fortsprin-
75 gen, aber die Steine waren so schwer, dass er gleich niedersank und tot umfiel.
Da waren alle drei vergnügt: Der Jäger zog dem Wolf den Pelz ab und ging damit heim. Die Großmutter aß den Kuchen und trank den Wein, den das Rotkäppchen gebracht hatte und erholte sich
80 wieder. Rotkäppchen aber dachte: „Du willst dein Lebtag nicht wieder allein vom Wege ab in den Wald laufen, wenn dir's die Mutter verboten hat."

Lektion 24

Situationen – Texte – Redemittel

3. a) Stabü, Reli, LER (s. Lb, S. 60)

5. Ethik-Unterricht statt Religionsunterricht
Interviewerin (I) – Schüler 1 (S 1) – Schüler 2 (S2) – Schüler 3 (S3) – Schülerin A (SA) –Schülerin B (SB) – Schülerin C (SC) – Schülerin D (SD)

I: Es gibt ja viele, die sagen, also gerade die Glaubensfragen können nur von Pfarrern oder Kirchenleuten unterrichtet werden. Was meint ihr dazu?

S1: Das kann ein Ethik-Lehrer genauso gut übernehmen. Der hat Philosophie studiert, und Theologie ist ja ein Teil der Philosophie, und insofern kann er sich da auch auskennen.

SA: Ich denk' allerdings schon, dass die Religion im Ethik-Unterricht nicht so gut vermittelt wird wie von so richtigen Kirchenleuten. Aber andererseits muss ich sagen, ich war bis zur elften Klasse selber im katholischen Religionsunterricht, und wir haben natür- lich auch andere Religionen besprochen und auch diese ganzen ethischen Grundsätze, aber ich muss sagen, dass mir die in Ethik viel besser vermittelt worden sind. Beim katholischen Unterricht wurde das alles auf die Religion bezogen und aus der Religion selber rausgesehen, auch die Kritik ist nicht so klar ausgespro- chen worden, sondern eher untern Teppich gekehrt worden. Und das ist im Ethik-Unterricht halt überhaupt nicht, da kann man alles diskutieren, da kommt irgendwie alles raus.

S2: Aber wir leben nun mal in 'nem Staat, wo das Christentum die beherrschende Religion ist, und wie sollen wir denn mit dieser Religion umgehen, wenn wir nicht in der Schule gesagt kriegen, was es ist? Und das kommt in Ethik sicherlich nicht so rüber.

SB: Ja, aber ich finde – ich mein', deine Religionserziehung die be- kommst du doch von deinen Eltern vermittelt, die musst du nicht unbedingt in der Schule kriegen.

S2: Ja, aber weißt du, wenn du im Religionsunterricht über 'ne ande- re Kultur sprichst, dann wird verglichen, was ist in deiner Reli- gion gleich. Und das wird in Ethik ganz sicher nicht gemacht. Da werden die Religionen halt nur gelernt.

SC: Ja, aber dadurch dass ich Ethik-Unterricht hab', seh' ich die Reli- gion mit anderen Augen. Ich kann Abstand gewinnen, und ich kann auch Kritk üben, und ich kann dann halt sagen, was mir gefällt und was mir halt nicht gefällt. Und das ist im Religions- unterricht halt schwer, weil da wirklich nur alles vom Christen- tum aus gesehen wird, und da fehlt manchmal einfach die Distanz dazu, und das isses halt, was mich daran stört, am Reli- gionsunterricht.

SD: Also ich finde, es kommt halt einfach darauf an, was du erwar- test vom Religionsunterricht. Wenn du jetzt nur was über deine Religion lernen willst, dann hast du recht, das kannst du nicht im Ethik-Unterricht, aber ich denk', heutzutage leben wir echt in einem multikulturellen Staat, und ich denke, die Schule sollte auch die Religionen so objektiv wie möglich den Schülern vor- stellen, und die sollten dann selber entscheiden können, also nicht, dass es einfach nur den Weg gibt oder den Weg, sondern einfach kritisch alles sehen und sich dann selber entscheiden, wo man dazugehören will.

S3: Ich meine, im Religionsunterricht geht' s weniger darum, ob ich an Gott glaube oder Atheist bin, sondern um die evangelische und katholische Konfession mit allen diesen Regeln und Riten. Und da will ich mich nicht reinzwingen lassen, das interessiert mich auch nicht, ich kann auch ohne evangelische oder katholi- sche Religion an Gott glauben. Der Ethik-Unterricht bringt mir einfach mehr, gibt mehr Denkanstöße, besonders auch für unse- re heutige Situation in einer multikulturellen Gesellschaft.

I: Das waren also Stuttgarter Schüler im Gespräch über den Religi- onsunterricht bzw. über den Ethik-Unterricht, den sie selber am eigenen Leibe erfahren haben.

9. a) Stimmen aus Taizé
Teilnehmerin 1 (T1) – Teilnehmerin 2 (T2)– Teilnehmerin 3 (T3) – Teilnehmer A (TA) – Teilnehmer B (TB)

T1: Ich finde, das Tollste hier ist das gemeinsame Beten und Singen, weißt du, alle zusammen, das ist schon ein Wahnsinnsding.

TA: Was mir gut gefällt, ist, dass niemand versucht, einen zu beein- flussen, sondern man kann seinen Glauben eigentlich wieder mit nach Hause nehmen – nur noch bereicherter von anderen Ein- drücken. Und man wird nach Hause geschickt, und es wird einem gesagt, so und jetzt tu was für andere in deiner Gemeinde. Und das ist eigentlich das Schöne, das ist genau das, was ich eigent- lich gebraucht hab'. Irgendwie aufzutanken und dann zurückzu- gehen und dann mit Energie was Neues anzufangen oder das Alte irgendwie zu verändern.

T2: Also ich finde, ein ganz wichtiger Punkt ist, dass man hier mit anderen Jugendlichen zusammen ist, und zwar aus allen Ländern. Man fühlt sich nicht mehr einsam. Wenn man zu Hause vielleicht sonntags in den Gottesdienst geht, da erwartet man gar nicht sehr viele andere Jugendliche zu treffen. Da erwartet man hauptsächlich ältere Leute, ältere Damen mit Hut und Stock und so, aber hier weiß man genau, man ist in einer Gemeinschaft, einer Masse von vielen vielen Jugendlichen, die eins gemeinsam haben, nämlich ihren Glauben an Gott und die hier zusammen beten wollen – halt alle zusammen – aus der ganzen Welt.

TB: Wir wollen andere junge Leute aus anderen Ländern kennen ler- nen und uns mit denen austauschen und hören, was die so den- ken und mit denen reden über den Alltag, aber auch über den Glauben oder einfach nur zusammensein und uns zusammen- fühlen, zum Beispiel beim Singen oder Beten.

T3: Ja und wir wollen über gute Dinge reden, über Freundschaft und Frieden und wie wir das Leben in Europa besser machen können und uns besser verstehen und keine Vorurteile mehr haben.

Phonetik (s. Lösungsschlüssel, Lb, S. 180)

Aktivitäten

Traditionelle Weihnachtslieder (Sie sind aus Platzgründen nicht auf der Kassette.)

Leise rieselt der Schnee

Leise rieselt der Schnee,
still und starr liegt der See,
weihnachtlich glänzet der Wald,
freue dich, Christkind kommt bald.

In den Herzen ist's warm,
still schweigt Kummer und Harm,
Sorge des Lebens verhallt,
freue dich, Christkind kommt bald.

Bald ist heilige Nacht,
Chor der Engel erwacht.
Horch nur, wie lieblich es schallt,
freue dich, Christkind kommt bald.

Kling Glöckchen klingelingeling

Kling Glöckchen klingelingeling,
Kling Glöckchen kling!
Lasst mich ein ihr Kinder,
ist so kalter Winter,
öffnet mir die Türen,
lasst mich nicht erfrieren.
Kling Glöckchen klingelingeling,
kling Glöckchen kling.

Kling Glöckchen klingelingeling,
kling Glöckchen kling!
Mädchen hört und Bübchen,
öffnet mir das Stübchen,
bring euch gute Gaben,
sollt euch dran erlaben.
Kling Glöckchen klingelingeling,
kling Glöckchen kling.

Der Christbaum ist der schönste Baum

Der Christbaum ist der schönste Baum,
den wir auf Erden kennen, ja kennen,
im Garten klein im engsten Raum,
wie lieblich blüht der Wunderbaum,
wenn seine Lichter brennen,
wenn seine Lichter brennen, ja brennen.

Denn sieh in dieser Wundernacht
ist einst der Herr geboren,
der Heiland der uns selig macht,
hätt' er den Himmel nicht gemacht,
wär' alle Welt verloren,
wär' alle Welt verloren, verloren.

Oh du fröhliche, o du selige

Oh du fröhliche, o du selige
gnadenbringende Weihnachtszeit.
Welt ging verloren,
Christ ist geboren,
freue, freue dich, oh Christenheit.
Oh du fröhliche, oh du selige,

gnadenbringende Weihnachtszeit.
Christ ist erschienen,
uns zu versöhnen.
Freue, freue dich, oh Christenheit.

Oh du fröhliche, oh du selige
gnadenbringende Weihnachtszeit.
Himmlische Heere
jauchzen dir Ehre.
Freue, freue dich, oh Christenheit.

Stille Nacht, heilige Nacht

Stille Nacht, heilige Nacht,
alles schläft, einsam wacht,
nur das traute hochheilige Paar,
holder Knabe im lockigen Haar,
schlaf in himmlischer Ruh,
schlaf in himmlischer Ruh.

Stille Nacht, heilige Nacht,
Hirten erst kundgemacht
durch der Engel Halleluhja
tönt es laut von fern und nah,
Christ der Retter ist da.
Christ der Retter ist da.

Lektion 25

Situationen – Texte – Redemittel

4. a) Gemütlicher Abend in der Gaisbergstrasse (s. Lb, S. 76)

5. b) Ein Essen für zwei
Ein siebzehnjähriger Schüler ging zum Mittagessen in ein Selbstbedienungsrestaurant. Nachdem er sich eine Suppe geholt hatte, setzte er sich an einen freien Tisch und wollte anfangen zu essen. Da stellte er fest, dass er den Löffel vergessen hatte. Er stand also wieder auf, um sich einen zu holen. Als er wieder an seinen Tisch zurückkam, saß da ein junger Afrikaner – und aß seine Suppe.

Obwohl er im ersten Moment sehr wütend war, setzte er sich schließlich ohne ein Wort zu sagen hin, weil die Leute ihn von den Nachbartischen interessiert beobachteten. Da saß er mit dem Löffel in der Hand, aber ohne Suppe und überlegte, was er machen sollte. Er wollte nicht als ausländerfeindlich gelten, aber wenn da irgendeiner kam und ohne ihn zu fragen seine Suppe aß, ging das zu weit. Anstatt sich zu entschuldigen, lächelte ihn der Afrikaner freundlich an und aß mit großem Appetit die Suppe weiter. Vielleicht spricht er kein Deutsch und hat kein Geld und hat schon tagelang nichts gegessen, dachte der Junge. Aber weil er großen Hunger hatte, beschloss er, auch von seiner Suppe zu essen. Der Afrikaner war zunächst erstaunt, aber dann sah er ihn belustigt an, und so aßen sie schließlich beide wortlos von der Suppe.
Als der Teller leer war, stand der Afrikaner auf und ging weg. Der Junge fand das sehr unhöflich, weil er sich nicht einmal für die Suppe bedankt hatte. Kurz darauf sah er ihn mit einem großen Teller Gulasch wieder an den Tisch zurückkommen, aber dieses Mal mit zwei Bestecks. Er stellte den Teller in die Mitte des Tisches und bevor er selbst anfing zu essen, schob er ein Besteck zu dem Jungen hin, lächelte ihn an und machte eine einladende Geste. Der Junge wusste überhaupt nicht mehr, wie er sich verhalten sollte. Aber weil er noch Hunger hatte und weil der Afrikaner ja auch von seiner Suppe geges-

sen hatte, nahm er die Einladung an. Vielleicht ist es in seinem Heimatland üblich, dass man gemeinsam von einem Teller isst, dachte er. Nachdem sie beide wortlos den Teller geleert hatten, sah ihn der Afrikaner wieder lächelnd an. Der Junge erwiderte das Lächeln und während er versuchte, etwas auf Englisch zu ihm zu sagen, sah er plötzlich auf dem leeren Nachbartisch einen Teller Suppe stehen – ohne Löffel. Entsetzt starrte er zu dem Tisch hinüber. Jetzt verstand er mit einem Mal alles. Er wurde abwechselnd rot und blass, und das Ganze war ihm furchtbar peinlich. Der Afrikaner folgte seinem Blick und als er den Teller mit der Suppe auf dem Tisch sah, musste er so lachen, dass er kaum aufhören konnte.

Nachdem sich der Junge von seinem ersten Schreck erholt hatte, fing er auch an zu lachen.

Schließlich stand der Afrikaner auf und schlug ihm auf die Schulter, streckte ihm seine Hand hin und sagte in akzentfreiem Deutsch: „Ich heiße Tom. Ich komme oft hierher. Essen wir morgen wieder zusammen?"

8. c) Die blaue Amsel

Einmal, als der Mann auf Würmersuche war, kamen ein paar andere Amseln, vertrieben die blaue Amsel aus dem Nest und warfen ihre Eier auf den Boden, dass sie zerplatzten.

„Wieso habt ihr das getan?" fragte der Amselmann verzweifelt, als er zurückkam.

„Weil wir Amseln schwarz sind", sagten die anderen nur, blickten zur blauen Amsel und wetzten ihre gelben Schnäbel.

9. d) Frauen sind schlauer!

Sprecherin (S) – Sprecher (S) – petra: (P) – Ertel (E)

S: Die US-Navy hat den Beweis geliefert. Eine von ihr finanzierte Studie ergab jetzt: Frauen haben eine größere Überlebens-Intelligenz als Männer.

S: Alle Zweifel sind zwecklos, die Beweise unschlagbar. Die Studie räumt mit einem 5000 Jahre alten Irrtum auf. Und alle sind blamiert: Unsere urzeitlichen Vorfahren, die auf Höhlenzeichnungen gerne dem Mann die Rolle des Überlebenskünstlers zuschrieben; aber auch Wissenschaftler wie Charles Darwin, der im 19. Jahrhundet doch tatsächlich behauptete: „Frauen können nie etwas Besonderes leisten." Eine ganze Generation berühmter Forscher versuchte, ihre wilden Behauptungen anatomisch abzusichern. Eine ihrer Lieblingsformeln: Das weibliche Gehirn wiegt 15 Prozent weniger als das männliche. Aber das Hirnvolumen bestimmt nicht den Grad der geistigen Fähigkeiten, da sonst jedes Nashorn mehr von der Gravitationstheorie verstehen müsste als Newton. Und heute wissen wir: Die Leistungsfähigkeit des Gehirns ist vor allem abhängig von der Zahl der Windungen im Großhirn – und hier gleichen die Frauen das geringere Gesamtgewicht ihres Gehirns durch eine erhöhte Zahl von Windungen pro Kubikzentimeter aus.

Petra sprach mit Henner Ertel, Diplom-Psychologe und Mitarbeiter der „Gesellschaft für Rationale Psychologie", München, über den Intelligenzunterschied zwischen Frauen und Männern.

P: Stimmt die Stanford-Studie eigentlich?

E: Also, Frauen sind intelligenter als Männer, wenn man den Begriff der Intelligenz nicht zu eng definiert. Es geht dabei nicht so sehr um intellektuelle, sondern mehr um psychologische Überlegenheit.

P: Wie wirkt sich denn diese Überlegenheit aus?

E: Na ja, Frauen können besser mit ihren Kräften haushalten, geraten nicht so leicht in Panik und reagieren in Extremsituationen klüger.

P: Ja, und worin zeigt sich das?

E: Zum Beispiel täglich im Straßenverkehr. Aber auch bei Expeditionen oder in der Raumfahrt. Den Russen ist längst klar, dass Frauen längere Raumflüge, etwa zum Mars oder zur Venus, viel besser meistern würden als Männer.

P: Gibt es eigentlich auch Unterschiede in der Begabung?

E: Na ja, wie Sie wissen, glaubte man früher, Männer seien technisch, Frauen musisch-künstlerisch begabter. Heute wissen wir: Frauen können genauso gute Ingenieure sein.

P: Und welche Rolle spielen die biologischen Unterschiede für die Intelligenz?

E: Frauen sterben im Säuglingsalter seltener, entwickeln sich schneller und werden früher reif. Sie sind darauf programmiert, Nachwuchs durchzubringen. Das erfordert viel Intelligenz. Frauen lernen frühzeitig, die größere Körperkraft der Männer durch intelligenteres Verhalten auszugleichen.

P: Was bedeutet das nun für unsere moderne Gesellschaft?

E: Das einzige Manko der Frau, ihr Mangel an Körperkraft, spielt heute eine immer geringere Rolle. Wenn die Gesellschaft sich fortlaufend weiter zur Gleichberechtigung entwickelt, haben Männer bald keine Chance mehr.

Aktivitäten

5. Hörtexte: Witze über Klischees und Vorurteile
Bla bla gut!

Ein junger und noch ziemlich unerfahrener Bankkaufmann hat seine erste Stelle im Ausland angetreten. Gleich am zweiten Abend muss er seinen Chef auf einem offiziellen Abendessen vertreten. Neben ihm sitzt ein Schwarzafrikaner. Als dieser den Wein probiert, hebt der Bankkaufmann ebenfalls sein Glas und fragt seinen Tischnachbarn: „Gluck gluck gut?" Der schaut ihn überrascht an und sagt dann leicht lächelnd: „Gluck gluck gut!"

Nach dem Hauptgericht fragt der Bankkaufmann: „Ham ham gut?", und der Afrikaner antwortet wieder mit lächelnder Miene: „Ham ham gut!"

Nach dem Essen erhebt sich der Afrikaner, klopft an sein Weinglas und hält eine Tischrede in fließendem, fehlerfreiem Deutsch. Nach der Rede bekommt er großen Applaus. Der Afrikaner dankt mit einer eleganten Geste und setzt sich wieder. Dann beugt er sich zu dem Bankkaufmann und fragt ihn: „Bla bla gut?"

Multikulturelles Glück

„Wenn du glücklich sein willst", rät der Onkel seinem Neffen, „musst du multikulturell leben. Du brauchst ein amerikanisches Gehalt, einen chinesischen Koch, eine deutsche Wohnung und eine japanische Frau."

Nach ein paar Jahren treffen sich Onkel und Neffe wieder. Der Neffe ist todunglücklich.

„Warum hast du meinen Rat nicht befolgt?" fragt der Onkel.

„Ich lebe ja multikulturell," sagt der Neffe, „aber ich habe vielleicht irgendetwas durcheinandergebracht. Ich habe eine amerikanische Frau, ein chinesisches Gehalt, einen deutschen Koch und eine japanische Wohnung."

Heimatgefühl

Ein Japaner, ein Amerikaner und ein Brasilianer wetten miteinander, dass sie mit verbundenen Augen feststellen können, wann sie sich im Flugzeug über ihrem Heimatland befinden. Nach einiger Zeit streckt der Japaner seine Hand aus dem Flugzeug und fühlt die Spitze des Mount Fuji. „Jetzt sind wir über Japan," sagt er siegesgewiss.

Einige Stunden später fühlt der Amerikaner mit ausgestreckter Hand die Spitze des Empire State Building und verkündet stolz: „Jetzt sind wir über den USA."

Wieder einige Stunden später hält der Brasilianer seine Hand aus

dem Flugzeug. Nach einiger Zeit zieht er sie schnell wieder rein und sagt: „Jetzt sind wir über Brasilien."
„Wieso", fragt der Amerikaner, „hast du den Zuckerhut gefühlt?"
„Nein," erwidert der Brasilianer, „aber man hat mir meine Uhr gestohlen."

Das Größte

Ein Russe, ein Amerikaner und ein Deutscher streiten sich, wer das größte Schiff hat. „Bei uns," meint der Russe stolz, „haben wir ein Schiff, das ist so groß, dass der Kapitän mit dem Motorrad über Deck fahren muss, um seine Befehle zu geben."
„Das ist noch gar nichts", meint der Amerikaner. „Wir haben ein Schiff, da muss der Kapitän mit dem Hubschrauber herumfliegen, um seine Befehle zu erteilen."
„Aber wir haben ein Schiff", meint schließlich der Deutsche, „das ist so riesig, dass der Koch mit dem U–Boot im Kochtopf herumfahren muss, um zu sehen, ob die Kartoffeln gar sind."

Der Elefant

Eine internationale Umweltorganisation schreibt einen Aufsatzwettbewerb zum Thema „Elefant" aus. Den 3. Preis erhält der deutsche Beitrag „Der Elefant als Wesen an sich in der idealistischen Philosophie". Der 2. Preis geht an einen Aufsatz aus Frankreich mit dem Titel „L'éléfant, c'est l'amour". Als bester Aufsatz wird der amerikanische Beitrag gekrönt: „How to Make Bigger and Better Elephants".

Himmel und Hölle

Im Paradies sind die Köche Franzosen, die Liebhaber Italiener, die Polizisten Briten und die Beamten Deutsche.
In der Hölle sind die Köche Briten, die Liebhaber Deutsche, die Polizisten Franzosen und die Beamten Italiener.

Lektion 26

Situationen – Texte – Redemittel

5. b) Nach der Lehre auf die Walz
Felix (F) – Sandra (S)

F: Kannst du kurz etwas zu deiner Person sagen?
S: Ja, also ich heiße Sandra Peters, bin 23 Jahre alt und komme aus einem kleinen Dorf bei Hamburg. Ich habe meine dreijährige Lehre als Steinmetzin beendet und bin jetzt Gesellin.
F: Und was machst du als Steinmetzin genau? Das ist ja doch ein seltener Beruf.
S: Ja, also Steinmetze bearbeiten Steine, zum Teil mit Werkzeugen zum Teil mit Maschinen. Wir machen hauptsächlich Grabsteine und Gedenktafeln oder auch Tischplatten z.B. aus Marmor oder Treppen, Terrassen und Fußböden und so.
F: Kannst du auch etwas zu deiner Kleidung sagen?
S: Ja, also was ich anhabe, ist die traditionelle Walzkluft, so heißt das – und die haben eigentlich immer nur Männer getragen, weil es früher keine Frauen als Handwerkerinnen gegeben hat.
F: Und logischerweise auch keine Walz für Frauen.
S: Genau. Deshalb bin ich auch nur eine Gesellin, die freiwillig genau die gleichen traditionellen Regeln befolgt wie die Männer. Für die war die Walz bis zum 19. Jahrhundert Pflicht.
F: Gehen die Männer denn auch heute noch auf die Walz?
S: Ja, aber natürlich nur noch ganz wenige, insgesamt so etwa 300 habe ich gehört..
F: Und Frauen?
S: Noch weniger, so um die 20.
F: Und was sind das für Regeln, die du befolgen musst?

S: Ja, also zuerst mal muss man genau drei Jahre und einen Tag auf die Walz gehen und darf zwischendurch nicht nach Hause zurück und auch keine Arbeit im Umkreis von weniger als 50 km vom Heimatort annehmen. Außerdem darf man nie länger als drei Monate an einem Ort bleiben und muss mindestens sieben verschiedene Arbeitsstellen gehabt haben, eine davon im Ausland, damit man die Arbeitsmethoden in möglichst unterschiedlichen Regionen kennen lernt.
F: Und deine Eltern wissen dann die ganze Zeit über nicht, wo du bist.
S: Doch, heutzutage kann man natürlich zu Hause anrufen oder auch brieflich Kontakt halten.
F: Und wie finanzierst du das Ganze?
S: Ja, also, wenn ich unterwegs bin, brauche ich normalerweise sehr wenig, weil ich mit traditionellen Zunftsprüchen in Gaststätten oder auch in Gemeindehäusern oder bei Privatleuten um ein kostenloses Essen oder eine kostenlose Unterkunft bitte.
F: Und das klappt immer?
S: Na ja, nicht immer. Einmal hat mir z.B. die Geschäftsführerin in einem Restaurant 5 Mark in die Hand drücken wollen, damit ich verschwinde. Als ob ich eine Bettlerin wäre. Da war ich ganz schön sauer. Aber normalerweise sind die Leute sehr nett und hilfsbereit.
F: Und was sind das für Zunftsprüche, die du da immer aufsagen musst.
S: Das sind so kurze Verse in ganz veraltetem Deutsch, die man genauso aufsagen muss, damit die Leute nicht denken, man würde betteln. Das gehört eben auch zu den Traditionen, dass das Wandern nichts kosten darf.
F: Ja, aber bist du wirklich von Hamburg bis hier nach Heidelberg gewandert?
S: Na ja, nicht ganz. Am Anfang natürlich schon, und da tat mir dann abends jeder Knochen weh, und ich hatte lauter Blasen an den Füßen. Aber dann bin ich auch öfter getrampt, das ist ja auch kostenlos.
F: Ja, aber verdienst du denn an deinen Arbeitsstellen nicht auch etwas?
S: Also traditionell haben die Handwerker auf der Walz nur für Essen und Unterkunft gearbeitet, aber heute kriegt man natürlich schon Geld – nicht viel – , aber mehr als drei Mark pro Tag brauche ich auch normalerweise nicht..
F: Noch eine letzte Frage: Hast du eigentlich nie Angst – so allein.
S: Am Anfang schon, aber inzwischen nicht mehr. Mein Aussehen, ich meine die Kluft, schützt mich irgendwie. Beim Trampen halten zum Beispiel keine jungen Männer, sondern ältere Ehepaare, die dann etwas über die Walz wissen wollen. Und außerdem kann man sich ja auch mit anderen zusammentun, das habe ich auch öfter gemacht.
F: Wie lange bist du denn jetzt schon auf der Walz?
S: Knapp ein Jahr.
F: Und was willst du anschließend machen?
S: Ja, dann muss ich versuchen, einen Arbeitsplatz zu finden, damit ich meine Meisterprüfung machen kann.
F: Na, dann wünsche ich dir für den Rest der Zeit und für deine Zukunft alles Gute und danke für dieses Gespräch.
S: Nichts zu danken. Hab' ich gern gemacht.

6. a) Arbeitslos (s. Lb, S. 93)

10. b) „Anekdote zur Senkung der Arbeitsmoral" von Heinrich Böll
In einem Hafen an einer westlichen Küste Europas liegt ein ärmlich gekleideter Mann in seinem Fischerboot und döst. Ein schick angezogener Tourist legt eben einen neuen Farbfilm in seinen Fotoapparat, um das idyllische Bild zu fotografieren: blauer Himmel, grüne See mit friedlichen schneeweißen Wellenkämmen, schwarzes Boot, rote

Fischermütze. Klick. Noch einmal: klick, und da aller guten Dinge drei sind und sicher sicher ist, ein drittes Mal: klick. Das spröde, fast feindselige Geräusch weckt den dösenden Fischer, der sich schläfrig aufrichtet, schläfrig nach seiner Zigarettenschachtel angelt; aber bevor er das Gesuchte gefunden, hat ihm der eifrige Tourist schon eine Schachtel vor die Nase gehalten, ihm die Zigarette nicht gerade in den Mund gesteckt, aber in die Hand gelegt, und ein viertes Klick, das des Feuerzeuges, schließt die eilfertige Höflichkeit ab. Durch jenes kaum messbare, nie nachweisbare Zuviel an flinker Höflichkeit ist eine gereizte Verlegenheit entstanden, die der Tourist – der Landessprache mächtig – durch ein Gespräch zu überbrücken versucht.

„Sie werden heute einen guten Fang machen." Kopfschütteln des Fischers.

„Aber man hat mir gesagt, dass das Wetter günstig ist." Kopfnicken des Fischers.

„Sie werden also nicht ausfahren?"

Kopfschütteln des Fischers, steigende Nervosität des Touristen. Gewiss liegt ihm das Wohl des ärmlich gekleideten Menschen am Herzen.

„Oh, Sie fühlen sich nicht wohl?"

Endlich geht der Fischer von der Zeichensprache zum wahrhaft gesprochenen Wort über. „Ich fühle mich großartig", sagt er. „Ich habe mich nie besser gefühlt." Er steht auf, reckt sich, als wolle er demonstrieren, wie athletisch er gebaut ist. „Ich fühle mich fantastisch."

Der Gesichtsausdruck des Touristen wird immer unglücklicher, er kann die Frage nicht mehr unterdrücken: „Aber warum fahren Sie dann nicht aus?"

Die Antwort kommt prompt und knapp. „Weil ich heute morgen schon ausgefahren bin."

„War der Fang gut?"

„Er war so gut, dass ich nicht noch einmal auszufahren brauche, ich habe vier Hummer in meinen Körben gehabt, fast zwei Dutzend Makrelen gefangen ..."

Der Fischer, endlich erwacht, taut jetzt auf und klopft dem Touristen beruhigend auf die Schultern.

„Ich habe sogar für morgen und übermorgen genug", sagte er. „Rauchen Sie eine von meinen?"

„Ja, danke."

Zigaretten werden in Münder gesteckt, ein fünftes Klick, der Fremde setzt sich kopfschüttelnd auf den Bootsrand, legt die Kamera aus der Hand, denn er braucht jetzt beide Hände, um seiner Rede Nachdruck zu verleihen.

„Ich will mich ja nicht in Ihre persönlichen Angelegenheiten mischen", sagt er, „aber stellen Sie sich mal vor, Sie führen heute ein zweites, ein drittes, vielleicht sogar ein viertes Mal aus und Sie würden drei, vier, fünf, vielleicht gar zehn Dutzend Makrelen fangen ... stellen Sie sich das mal vor."

Der Fischer nickt.

„Sie würden", fährt der Tourist fort, „nicht nur heute, sondern morgen, übermorgen, ja, an jedem günstigen Tag zwei–, dreimal, vielleicht viermal ausfahren – wissen Sie, was geschehen würde?"

Der Fischer schüttelt den Kopf.

„Sie würden sich in spätestens einem Jahr einen Motor kaufen können, in zwei Jahren ein zweites Boot, in drei oder vier Jahren könnten Sie vielleicht einen kleinen Kutter haben, mit zwei Booten oder dem Kutter würden Sie natürlich viel mehr fangen – eines Tages würden Sie zwei Kutter haben, Sie würden ..." , die Begeisterung verschlägt ihm für ein paar Augenblicke die Stimme, „Sie würden ein kleines Kühlhaus bauen. Sie könnten ein Fischrestaurant eröffnen, den Hummer ohne Zwischenhändler direkt nach Paris exportieren – und dann ...", wieder verschlägt die Begeisterung dem Fremden die Sprache.

Der Fischer klopft ihm auf den Rücken, wie einem Kind, das sich verschluckt hat.

„Was dann?" fragt er leise.

„Dann", sagt der Fremde mit stiller Begeisterung, „dann könnten Sie beruhigt hier im Hafen sitzen, in der Sonne dösen – und auf das herrliche Meer blicken."

„Aber das tu ich ja schon jetzt", sagt der Fischer, „ich sitze beruhigt am Hafen und döse, nur Ihr Klicken hat mich dabei gestört."

Tatsächlich zog der solcherlei belehrte Tourist nachdenklich von dannen, denn früher hatte er auch einmal geglaubt, er arbeite, um eines Tages einmal nicht mehr arbeiten zu müssen, und es blieb keine Spur von Mitleid mit dem ärmlich gekleideten Fischer in ihm zurück, nur ein wenig Neid.

12. c) Wenn Arbeit zur Sucht wird
Sprecherin 1 (S1) – Sprecher 2 (S2)

S 1: Kann Arbeit wirklich süchtig machen? Für viele Deutsche ist das schwer vorstellbar, weil Arbeit und Fleiß traditionell einen hohen Wert haben. Das spiegelt sich in Sprichwörtern wider wie: Arbeit adelt. Arbeit macht das Leben süß. oder: Ohne Fleiß kein Preis.

S 2: Es ist klar, dass protestiert wird, wenn man Arbeit in Zusammenhang mit Sucht bringt, denn gewöhnlich denkt man bei Sucht an Drogen oder Alkohol. Aber kürzlich wurde in einer wissenschaftlichen Untersuchung nachgewiesen, dass Arbeit für manche Menschen eine Droge mit allen Folgen einer Suchtkrankheit ist. Folgende Punkte sind typisch für die Arbeitssucht: Erstens kann der Arbeitssüchtige nicht mehr aufhören zu arbeiten, d.h. selbst in seiner Freizeit beschäftigt er sich in irgendeiner Form weiter mit seiner Arbeit. Zweitens wird die Arbeit für den Süchtigen das Wichtigste in seinem Leben, wichtiger als die Familie, als Freunde oder Hobbys, und drittens besteht ein Zwang zu arbeiten und alles 100, 110 oder sogar 120 prozentig zu erledigen.

S 1: Arbeitssüchtige findet man meist in den „besseren" Berufsgruppen. Am Fließband wird man seltener arbeitssüchtig als an einem Managerschreibtisch. Besonders hoch ist die Arbeitssucht bei Selbständigen. Sie nehmen oft mehr Arbeit an, als sie wirklich schaffen können. Gründe dafür können sein, dass sie Angst um ihre wirtschaftliche Existenz haben oder auch vor persönlichen Schwierigkeiten in der Familie oder Partnerschaft fliehen wollen.

S 2: Auf der einen Seite scheint unsere Wirtschaft diese Arbeitssüchtigen zu brauchen, die 10 oder 11 Stunden täglich arbeiten, oft an 7 Tagen in der Woche. Auf der anderen Seite nehmen sie den Arbeitslosen die Arbeit weg. So leiden heute viele an der Arbeit entweder als Arbeitslose oder als Arbeitssüchtige.

Phonetik

Interjektionen (I)
(1.a) und c) siehe Lösungsschlüssel, Lb, S. 183)

b)
1. Ach, das geht leider nicht.
2. Ach, gut dass ich dich treffe.
3. Hm, das muss ich mir noch überlegen.
4. Hm, das denke ich auch.
5. Hm, das schmeckt gut.
6. Oh, das tut mir Leid.
7. Oh, hast du einen neuen Mantel?
8. Oh, das freut mich für dich.
9. Oje, das ist ja furchtbar!
10. Tja, da kann man nichts machen.

Aktivitäten

5. Hörspiel: Ein Mörder wird reingelegt (Kurzkrimi)
Arabella (A) – Mutter (M) – Gangster (G) – Radiostimme (R)

A: *(Kramen in der Handtasche)* Immer dieser Schlüssel. Das gibt's doch gar nicht. Der kann doch nicht weg sein. *(Eine Tür öffnet sich.)*

A: *(Freudig überrascht)* Hallo Mutti, na, hast du mich schon gehört?

M: *(Leise, aufgeregt stammelnd)* Ich, ich ... ich konnte dich nicht warnen, Liebling...

G: Schluss jetzt mit dem Gequatsche. Ab ins Wohnzimmer mit euch beiden.

M: Ja, ja wir gehen ja schon.

G: Los, dahin setzen. *(Leise Radiomusik im Hintergrund)*

A: Was, was wollen Sie von uns?

G: *(Hämisch grinsend)* Bist ein hübsches Kind. Keine schlechte Idee, mir die Wartezeit mit dir etwas angenehmer zu machen.

M: *(Ängstlich)* Sie können alles nehmen, was Sie wollen, ...

G: Ruhe!

M: ... aber lassen Sie meine Tochter in Ruhe!

G: *(Barsch)* Dann bring erst mal was zu essen! Das Warten macht hungrig.

M: Dazu muss ich aber in die Küche.

G: Hab' nichts dagegen. Wenn du allerdings Dummheiten machst, merk dir das, halte ich mich an deine Tochter, klar? *(Kurze Pause. Deutliche Radiomusik im Hintergrund. Zu Arabella)* Na, komm doch mal her! Ich bin gar nicht so hässlich.

R: Achtung eine Durchsage. Wir bringen eine Fahndungsmeldung der Polizei.

G: Ruhig mal! *(Springt zum Radio und stellt es lauter)*

R: Heute gegen 17 Uhr 30 überfiel ein bewaffneter Mann in der Frankfurter Innenstadt den Geldboten des Sunny Supermarkts und verletzte ihn tödlich. Obwohl Passanten sofort die Verfolgung aufnahmen, konnte der Mann entkommen. Er wird wie folgt beschrieben: Zirka einen Meter achtzig groß, kräftig, dichtes schwarzes Haar, bekleidet war er mit Jeans und dunkler Lederjacke. Vorsicht, der Mann ist mit einer Pistole bewaffnet und macht rücksichtslos von seiner Waffe Gebrauch. Hinweise nimmt jede Polizeidienststelle entgegen.

G: *(Hämisch)* Jetzt weißt du also, warum ich hier bin. Euer Haus lag zufällig auf meinem Fluchtweg. Wenn ich noch eine Minute länger auf der Straße geblieben wäre, dann hätten die mich erwischt.

A: Hier sind Sie aber auch nicht sicher.

G: So.

A: Wir erwarten Besuch. Zwei Freunde.

G: Ach.

A: Sie können jeden Augenblick kommen.

G: Red keinen Quatsch! Den alten Trick kenne ich. Darauf fall' ich doch nicht rein. Ich bin schließlich kein Anfänger.

A: Aber, wenn ich...

G: Halt's Maul! Wenn du noch mal so'n Quatsch erzählst, wirst du's bereuen. Du hast es ja im Radio gehört, dass ich schon einen Kerl umgelegt habe. Da werde ich doch mit euch beiden Weibern wohl noch fertig.

M: *(Die Mutter kommt dazu)* Ich hab' alles mitbekommen.

G: Umso besser. Dann wisst ihr ja jetzt beide, mit wem ihr es zu tun habt. *(Die Mutter stellt das Tablett ab und lässt sich schwer atmend in den Sessel fallen. Sie atmet jetzt hörbar röchelnd, zwischendurch stöhnt sie.)*

G: *(Zu Arabella)* Was is'n los mit ihr?

A: Asthma. Solche Anfälle bekommt sie öfters, ...

G: Was?

A: ... besonders, wenn sie aufgeregt ist.

M: *(Jetzt stärker röchelnd, als ob sie jeden Augenblick erstickt)* Schnell, schnell ... mein Spray.

A: *(Geräusch eines heftig zurückgeschobenen Stuhls)* Moment, ich hol's sofort.

G: Halt! Wo willst'n du hin?

A: Ins Schlafzimmer. Meine Mutter braucht sofort das Spray, ihre Medizin, sonst kriegt sie keine Luft mehr und erstickt.

G: Mensch, na gut, aber versuch' ja nicht abzuhauen. Sonst lege ich deine Mutter um.

M: *(Gequält aufstöhnend)* Arabella, schnell, schnell!

A: *(Hektisch)* Ja, Mutti, ich hab' s ja schon.

G: *(Aufgeregt)* Nun mach doch schon, mach doch schon!

∗ ∗ ∗

Wie kann die Geschichte weitergehen? Erfinden Sie den fehlenden Schluss.

∗ ∗ ∗

(Deutliches Spray-Geräusch, gefolgt von einem lauten Schmerzensschrei des Mannes)

A: *(Angstvoll)* Mutti, schnell, den Aschenbecher! *(Dumpfer Schlag, das Schreien des Mannes hört schlagartig auf, man hört den polternden Aufprall eines schweren Körpers. Einige Sekunden Stille)*

A: *(Erleichtert schluchzend)* Oh, Mutti!

M: *(Beruhigend)* Komm, mein Liebling! Dem haben wir's aber gezeigt.

A: *(Mit noch leicht zitternder Stimme)* Ich weiß doch, dass du kerngesund bist, und außerdem konnte ich dein Augenzwinkern gar nicht übersehen. Als du dann noch von dem Spray anfingst, fiel mir sofort das Reizgas im Nachttisch ein.

M: *(Erleichtert seufzend)* Tja, dann wollen wir mal die Polizei anrufen, damit wir unseren ungebetenen Gast endlich los werden. *(Wählen einer Telefonnummer)*

Lektion 27
Situationen – Texte – Redemittel

2. a) Pro und kontra Umweltengagement s. Lb, S. 107)

4. d) Greenpeace: Taten statt Warten
Sprecher (S) – Reporterin Zimmermann (Z) – Birgit Radow von Greenpeace (R).

„Hoheneck! Hier ist die Beluga. Wir haben Schwimmer ins Wasser gesetzt. Wir haben eine Kette aus Schwimmern gebildet. Fahren Sie nicht weiter! Stoppen Sie sofort! Stoppen Sie sofort die Maschine! Stoppen Sie sofort! Hören Sie auf, diesen Giftmüll hier in dieses Baggerloch zu fahren. Hoheneck! Hoheneck! Stoppen Sie sofort! Stoppen Sie sofort! Wir haben Schwimmer vor Ihnen ins Wasser gesetzt. Stoppen Sie sofort! Stoppen Sie die Maschine! Sie haben Giftmüll geladen. Bringen Sie ihn zurück, wo er herkommt. Stoppen Sie sofort! Sie gefährden Menschen, wenn Sie weiterfahren. Stoppen Sie sofort!"

„Wir können ja nicht!"

„Sie können stoppen! Fahren Sie nicht weiter! Sie gefährden Menschen, wenn Sie weiterfahren. Stoppen Sie sofort! Hoheneck! Hoheneck! Stoppen Sie! Stoppen Sie sofort!"

S: Das ist Greenpeace, wie wir es kennengelernt haben und wie es jahrelang erfolgreich arbeitete. Mit Aktionen vor Ort zeigen die Umweltaktivisten auf die Schwachpunkte der Industriegesellschaft, aber sie entwickeln auch Lösungen wie das drei- Liter-Solarauto.

Z: „Taten statt Warten". Das Motto von Greenpeace hat in der letzten Zeit noch einen neuen Inhalt dazubekommen. Nicht mehr nur die Verhinderung, sondern das Aufzeigen von Lösungen gehört zur Strategie. Ich begrüße jetzt hier im Studio beim NDR in Hamburg Birgit Radow, die stellvertretende Geschäftsführerin von Greenpeace Deutschland. Guten Tag nach Hamburg.

R: Guten Tag, Frau Zimmermann.

Z: Frau Radow, lassen Sie uns jetzt über die Gegenwart und die Zukunft von Greenpeace reden. Konfrontation durch Lösungen haben Sie's genannt. Das ist die Strategie, die noch recht neu ist, aber doch schon ganz erfolgreich. Mit dem FCKW-freien Kühlschrank fing's an, ne?

R: Ja, genau. Das ist erst drei Jahre her. Die Abschaffung der Chlorbleiche in der Bundesrepublik ist ein weiterer Erfolg gewesen, und wir haben jetzt in diesem Jahr erreicht, dass die Solaranlagen für Hausdächer für Einfamilienhäuser in der Hälfte im Preis gefallen sind und dann natürlich das drei-Liter-Solarauto als erste Hilfe für das Klima. Ich denke, das zeigt, dass wir wirklich versuchen, auf diesem Weg weiterzukommen, und – ja – wir suchen immer nach weiteren Lösungen.

Z: Und die Ökosteuer-Initiative hat zumindest auch in diese Richtung einiges schon mal bewegt.

R: Ja. Mit unserer Initiative für eine Ökosteuer sind wir ja die ersten gewesen, die davon ausgegangen sind, dass es insgesamt nicht zu Mehrbelastungen führen muss für die Menschen, sondern dass man durch einen ganz neuen Ansatz Energien einsparen kann und die Belastungen mindestens gleichhalten kann.

Z: Das heißt also, dass die Steuerreform überhaupt nur unter diesem ökologischen Aspekt möglich ist, und das heißt, dass auch dieser ökologische Umbau der Gesellschaft möglich ist.

R: Ja, ich denke, es geht darum, dass wir eine neue Lebensweise entwickeln, dass wir einen neuen Umgang mit kostbaren Rohstoffen entwickeln.

Z: Was heißt das denn, einen neuen Umgang mit Rohstoffen oder mit der Natur?

R: Beim Umgang mit Rohstoffen geht es vor allem um weniger. Nehmen wir mal die Ölvorräte, die Ölreserven. Öl ist ein außerordentlich kostbarer Rohstoff. Öl ist die Grundlage z.B. für die Herstellung sehr wichtiger Medikamente. Was wir zur Zeit machen, ist eigentlich das Dämlichste, was man tun kann. Wir benutzen diesen kostbaren Rohstoff, um ihn zu verfeuern zum Beispiel in Automotoren oder in Heizungen, und es geht darum, dass wir weniger verbrauchen, dass wir intelligenter Energie verbrauchen und dass wir uns auch ganz neue Energien erschließen. Wir setzen dabei vor allen Dingen auf die Sonnenenergie.

Z: Ich glaube auch, dass diese Aktion zur Solarenergie ein deutliches Beispiel ist, wie man neue Strategien finden kann. Wie könnten die aussehen?

R: Also, ein wesentliches Anliegen der gesamten Greenpeace-Arbeit ist es, auch durch freche, konfrontative und unerwartete Aktionen erst mal auf ein Umweltproblem aufmerksam zu machen. Und nehmen wir so was wie die Förderung der Solarenergie in der Bundesrepublik, das ist keine Veränderung, die man von heute auf morgen erreichen kann.

Z: Aber in dieser Kampagne, also der Solar-Kampagne, haben Sie gerade bewiesen, dass man auch ohne diese spektakulären Aktionen schnell Erfolg haben kann.

R: Ja, es ist uns gelungen, dass sich innerhalb von drei Monaten über 4000 Interessenten für Solaranlagen auf Einfamilienhäusern gemeldet haben. Und damit haben wir hier auch den Firmen in der Bundesrepublik gezeigt, dass es durchaus einen Markt gibt für diese Technik, und wir hoffen, dass es jetzt gelingt, hier wirklich 'ne größere Produktion aufzubauen.

Z: Und Sie haben bewiesen, dass es nicht wahr ist, dass man Solarenergie nicht billig produzieren kann.

R: Genau. Also wir haben gezeigt, dass die Hälfte des Preises bereits heute realistisch ist, und wir gehen davon aus, dass der Preis auch weiter deutlich fallen wird, wenn mehr solche Anlagen produziert werden können, und sich damit Solarenergie auf längere Zeit auch ökonomisch lohnt.

Z: Jetzt haben wir schon 'ne ganze Menge Beispiele genannt.: FCKW-freier Kühlschrank, 3-Liter-Solarauto, Solarkampagne, Öko-Steuer-Initiative. Das alles ist aus dem Bereich Klima. Ist das der Schwerpunkt für die Zukunft?

R: Aus meiner Sicht nicht. Also, ich glaube, dass Greenpeace sich vor allem um drei große Felder kümmern muss. Das ist einmal der Kampf um den Stopp der Klimazerstörung, das zweite große Feld ist ein neuer Umgang mit Energie und die Erschließung neuer Energiequellen wie die Sonnenenergie, und das dritte große Feld ist der Kampf um den Erhalt der Artenvielfalt. Wenn es uns nicht gelingt, diesen Prozess zu stoppen, dann werden viele Lebensräume und die ganze genetische Grundlage kaputt gehen, und damit werden die ökologischen Bedingungen drastisch schlechter werden.

Z: Ich danke Ihnen für dieses Gespräch.

7. a) Das Freiwillige Soziale Jahr

Sprecher 1 (S1) – Sprecher 2 (S2) – Sprecherin 1 (SA) – Sprecherin 2 (SB)

S1: Das Freiwillige Soziale Jahr besteht seit über 30 Jahren. In dieser Zeit haben mehr als 100 000 junge Frauen und Männer zwischen 17 und 27 Jahren ein Jahr lang in Sozialstationen, Krankenhäusern, Altenheimen, Behindertenheimen, Kinderheimen usw. gearbeitet. Kirchen und staatliche Stellen haben ihre Einsätze organisiert, die jungen Leute in Kurzseminaren vor und während ihrer Arbeit betreut.

7. e) Das Freiwillige Soziale Jahr

SA: Ich heiße Kira und habe vor einem halben Jahr Abitur gemacht. Nach den vielen Jahren Schule wollte ich was Praktisches machen, und andere Erfahrungen sammeln. Ich arbeite jetzt in einem Altenheim. Leicht ist die Arbeit natürlich nicht, weil ich eine Station mit 20 alten Leuten betreue. Ich mache so ziemlich alles vom Bettenmachen, über Helfen beim An- und Ausziehen, beim Waschen und beim Essen. Manchmal gehe ich auch mit den Leuten spazieren oder fahre sie im Rollstuhl aus, oder ich rede mit ihnen und höre ihnen zu, wenn sie sich einsam fühlen. Ich arbeite im Schichtdienst, also eine Woche habe ich Frühdienst von sieben Uhr morgens bis nachmittags um halb drei und eine Woche Spätdienst von halb drei bis abends halb zehn. Wir bekommen dafür Essen, ein Zimmer und ein Taschengeld von 160 Euro.
Ja, insgesamt finde ich die Arbeit sehr interessant, und es tut mir nicht leid, dass ich mich für das Altenheim entschieden habe. Ich habe viel von den alten Leuten gelernt, und ich habe jetzt eine ganz andere Beziehung zu ihnen. Ich bin auch viel geduldiger geworden und kann besser zuhören. Nach diesem Jahr will ich studieren und Grundschullehrerin werden.

S2: Ich heiße Stefan und bin Postangestellter. Ich habe mich für das Freiwillige Soziale Jahr beurlauben lassen und arbeite hier in der Sozialstation. Da bin ich praktisch für alles zuständig, was so täglich anfällt. An zwei Vormittagen bin ich in der Telefonzentrale. Da rufen dann die Leute an und wollen alles Mögliche wissen: ob wir einen Rollstuhl ausleihen können, ob wir noch zwei Helfer für die Jugend-Disko schicken können und so Sachen. Außerdem mache ich noch Hausaufgabenbetreuung im Jugendheim und passe nachmittags auf Kinder von berufstätigen Eltern auf. Dreimal in der Woche kümmere ich mich um alte Leute, gehe für sie einkaufen, oder helfe ihnen in der Wohnung oder rede einfach mit ihnen bei einer Tasse Kaffee. Insgesamt arbeite ich

38 einhalb Stunden pro Woche. Weil ich nicht hier wohnen und essen kann, bekomme ich außer dem Taschengeld von 160 Euro noch 340 Euro und bin voll sozialversichert.

Die Arbeit hier ist zwar anstrengender, als im Büro zu sitzen, aber was ich gut finde, ist, dass ich das Gefühl habe, ich werde wirklich gebraucht. Ich überlege jetzt, ob ich nicht eine Ausbildung in einem Pflegeberuf machen soll.

S 2: Also, ich heiße Gudrun. Ich habe nach dem Realschulabschluss eine dreijährige Ausbildung zur Rechtsanwaltsgehilfin gemacht und danach zwei Jahre in meinem Beruf gearbeitet. Und jetzt arbeite ich in einem Heim für Behinderte. Da betreue ich sechs Jugendliche zwischen 8 und 12 Jahren, die alle geistig und teilweise auch körperlich behindert sind.

Ich arbeite jeden Morgen von 7 bis halb zehn. In dieser Zeit werden die Kinder für die Schule fertig gemacht, und da bleiben sie dann bis Viertel nach 12. Ja, und dann essen wir zusammen Mittag, und nachmittags machen wir je nach Wetter Spaziergänge, Fahrradausflüge, manchmal basteln, singen und spielen wir auch, lesen Geschichten vor, oder wir fahren mit dem Bus in die Stadt zum Einkaufen, gehen ins Café usw.

Die Arbeit macht mir viel Spaß, auch wenn es oft ziemlichen Stress gibt und ich manchmal wirklich nicht weiß, was ich machen soll. Auch die Arbeitszeit ist manchmal sehr lang, aber dafür haben wir dann wieder ganze Tage frei. Normalerweise arbeiten wir 38 einhalb Stunden pro Woche und haben 26 Tage Urlaub. Außerdem bekommen wir noch 25 Tage frei für die Seminare, die zwischen drei und fünf Tagen dauern. Bis jetzt hatten wir schon zwei, und die fanden wir alle sehr interessant und nützlich. Nach diesem Jahr gehe ich wieder in meinen Beruf zurück, und darauf freue ich mich eigentlich auch schon.

Grammatik

5. b) Partikeln *etwa* und *denn*
Sprecher (S 1) – Sprecherin (S 2)

S.1: Sag' mal stimmt es etwa, dass 25 % der Weltbevölkerung 80 % der Energie verbraucht?
S.2: Ja, wusstest du das denn nicht?
S.1: Meinst du etwa, dass das in Ordnung ist?
S.2: Nein, natürlich nicht, aber hast du denn eine Lösung für das Problem?
S.1: Willst du etwa die ganze Industrie abschaffen?

5.d) Partikeln *etwa* und *denn*
Sprecherin (S1) – Philipp (P) – Jan (J)

S1: Philipp und Jan setzen ihre Diskussion aus Dialog 1. fort.
P: Glaubst du denn, dass dieser Planet kurz vor der Katastrophe steht?
J: Du willst doch sicher nicht behaupten, dass alles in Ordnung ist, oder? Denk doch mal an das Ozonloch! Du weißt ja, dass es jetzt schon so groß ist wie der nordamerikanische Kontinent.
P: Was soll man denn deiner Meinung nach machen?
J: Das habe ich dir ja schon vorhin gesagt. Oder glaubst du etwa mmer noch, dass wir einfach abwarten können?
P: Vielleicht hast du ja recht.

Aktivitäten

5. Hörspiel: Ein schwarzer Tag für Willi (Kurzkrimi)
Kurz nach seinem fünfzigsten Geburtstag beschloss Willi, es doch noch einmal zu versuchen. Diesmal sollte es eine richtig große Sache werden. Vor zwei Jahren war er aus dem Gefängnis entlassen worden und hatte seitdem ein ehrliches Leben geführt. Das hatte natürlich seinen Grund, denn wenn er noch einmal straffällig werden würde, käme er als alter Mann aus dem Zuchthaus. Also hatte er ernsthaft versucht, sich sein Geld mit Gelegenheitsjobs zu verdienen, bis er schließlich diese Stelle als Gärtner bekommen hatte. Der Lohn war nicht sehr hoch, und auch die Arbeit gefiel ihm nicht besonders gut. Auf keinen Fall wollte er für den Rest seines Lebens Rasen mähen und Unkraut zupfen. Sein Chef, Udo Wagner, war offensichtlich ein steinreicher Mann, der sogar zu einigen bekannten Politikern gute Kontakte hatte. Im Laufe der Zeit lernte Willi die übrigen Angestellten des Hauses kennen. Den Chauffeur mit dem unfreundlichen Gesicht, der gleichzeitig auch der Leibwächter des Chefs zu sein schien, mochte er nicht. Mit der Köchin dagegen verstand er sich gut. Dadurch bekam er nicht nur regelmäßig ein vorzügliches Essen, sondern auch eine ganze Menge Informationen. Zum Beispiel wusste er bald, dass Frau Wagner wegen ihrer vielen gesellschaftlichen Verpflichtungen selten zu Haus war oder sich die Zeit auf dem Tennisplatz vertrieb. Auch über Udo Wagner erfuhr er höchst interessante Dinge. Aber richtig neugierig wurde er erst, als die Köchin einmal erwähnte, dass Wagner so viel Geld in seinem Tresor habe, dass eine ganze Familie damit ihr Leben lang ausgesorgt hätte. Schon bei dem Gedanken an das viele Geld begann Willis Herz höher zu schlagen.

Von da an fing er an, Pläne zu machen. Dass die ganze Sache nicht ungefährlich war, wusste er nur zu genau. Aber diesmal würden sie ihn nicht erwischen. Schließlich konnte er seine Vorbereitungen in aller Ruhe treffen. Als erstes beschäftigte er sich mit den Räumen der Villa. Die Köchin war ihm dabei eine große Hilfe. Ahnungslos beantwortete sie ihm alle seine Fragen, die er hin und wieder stellte. Auf diese Weise erfuhr er, dass die Villa nachts durch eine Alarmanlage gesichert war. Trotzdem würde Willi ins Haus kommen, ohne die Anlage zu aktivieren, und zwar über die angebaute Garage, deren kleines Fenster nicht gesichert war. Und dann könnte er sich ungestört an den Safe in der Bibliothek heranmachen, den ihm die Köchin einmal hinter einem großen Bild gezeigt hatte. Um das neueste Modell schien es sich zwar nicht zu handeln, aber trotzdem würde er sicher nicht leicht zu öffnen sein. Er hoffte dennoch, bei genügend Zeit den Safe knacken zu können. So fasste Willi kurz nach seinem fünfzigsten Geburtstag den Entschluss, noch einmal alles zu riskieren. Er wartete nur auf eine günstige Gelegenheit.

Drei Wochen später war es so weit. Herr und Frau Wagner planten einen Drei-Tage-Urlaub in London. In dieser Zeit würde die Villa leer stehen. Gleich in der ersten Nacht schlich Willi zum Grundstück der Wagners, sprang über die Hecke und rannte zum Fenster der Garage. Vorsichtig sah er sich um, aber er bemerkte nichts Verdächtiges. Fast geräuschlos stieg er durch das Fensterchen ein, öffnete die verschlossene Tür von der Garage zum Haus und schaltete die Alarmanlage fachmännisch aus. Wenig später stand er vor dem Safe. Jetzt kam der schwierigste Teil. Willi nahm das Stethoskop aus der Tasche und machte sich an die Arbeit. Mit äußerster Konzentration drehte er an dem Rad mit der Zahlenkombination und horchte dabei mit dem Stethoskop in den Mechanismus des Safes hinein. Als nach gut einer Stunde die Safetür aufging, stand Willi der Schweiß auf der Stirn. Der Safe hatte sein ganzes Können gefordert. Willi atmete erleichtert auf: Das war geschafft. jetzt ging's ans Abkassieren! In diesem Moment ging das Licht an.

* * *

Wie kann die Geschichte weitergehen? Erfinden Sie den fehlenden Schluss.

* * *

Kommissar (K) – Willi (W)

K: Hände hoch, Polizei! Ach nee, der Willi, so trifft man sich wieder, was? (Lacht) Übrigens eine tolle Leistung, das mit dem Safe. Geh mal zur Seite Willi! Na bitte, da haben wir's ja! Reinstes Heroin! Mindestens eine Million Dollar wert. Damit haben wir ihn! Willi, du bist wirklich ein Pechvogel! Aber du hast uns einen großen Gefallen getan.

W: (Stottert) Was, was, ich? Wieso?

K: Wir haben seit einiger Zeit den Verdacht, dass Wagner seine Finger im Drogengeschäft hat. Aber bei Wagners gutem Namen unterschreibt mir kein Richter einen Hausdurchsuchungsbefehl. Deshalb beobachten wir seine Villa seit vierzehn Tagen. Bisher umsonst. Und dann brichst du freundlicherweise hier ein. (Lacht) Endlich ein Grund für uns, das Haus zu betreten.

W: Ach so, und damit sich die Sache für Sie lohnt, haben Sie mich nicht gleich beim Einsteigen festgenommen, sondern mich erst den Safe öffnen lassen.

K: Na ja, Willi. So ist das nun mal im Leben. Die Kleinen sind immer als Erste dran. Aber diesmal hast du dafür gesorgt, dass auch mal einer von den großen Fischen ins Netz geht.

W: Ein schöner Trost!

K: Willi, wir kennen uns jetzt seit über zwanzig Jahren. Wir sind ja schon fast alte Bekannte. Und obwohl ich auf der anderen Seite des Gesetzes stehe, möchte ich, dass wir diese Sache unter uns regeln, klar?

W: (Ungläubig) Ja. Und wie?

K: Pass auf, du versprichst mir, dass dies wirklich dein letztes Ding war, und wir schreiben ins Protokoll, dass der Täter unerkannt entkommen konnte. Kapiert?

W: Ja, aber – und jetzt?

K: Mein Gott, Willi! Jetzt rennste so schnell du kannst, und entkommst unerkannt.

W: Ist das Ihr Ernst, Herr Kommissar?

K: 'türlich!

W: Ja dann ... dann nichts wie weg. Und vielen Dank!

Lektion 28

Situationen – Texte – Redemittel

4. b) Was ist mit Philipp?
Tobias (T)
T: (Aufgeregt) Felix, hör mal, was hier steht. Ich les' dir mal vor:

Touristen-Maschine abgestürzt

Guatemala-Stadt. (dpa) Bei einem Flugzeugunglück in der Nähe der guatemaltekischen Hauptstadt sind am Sonntag vermutlich alle 13 Insassen ums Leben gekommen. Nach Angaben der Fluggesellschaft „Aerovias" gab es auch gestern noch keine Hinweise auf Überlebende. Die Unglücksursache war zunächst unbekannt. Unter den Opfern sollen auch drei Deutsche sein.
Das voll besetzte Flugzeug, eine Beechcraft Queen Air 65–80, befand sich auf dem Weg vom Flughafen Santa Elena in der nördlichen Urwaldprovinz El Peten zum Flughafen von Guatemala-Stadt, La Aurora. Plötzlich brach der Funkkontakt ab. Suchmannschaften machten sich sofort auf den Weg in das schwer zugängliche gebirgige Gebiet. Bei den Passagieren handelte es sich vermutlich um Touristen, die die berühmten Maya-Pyramiden in Tikal nahe von Santa Elena besucht hatten. Die Linie „Aerovias" fliegt regelmäßig die touristischen Stätten im Norden des Landes und auch das Nachbarland Belize an.

4.d) Was ist mit Philipp?
Jan (J) – Tobias (T) – Weibliche Stimme (S1) – Männliche Stimme (S2)

J: (Ratlos) Jaa– was machen wir denn jetzt?

T: Ich lass' mir mal von der Auskunft die Nummer vom Auswärtigen Amt in Bonn geben. Die wissen vielleicht was Genaueres.

J: Is 'ne gute Idee.

S1: Deutsche Telekom. Willkommen bei der Auskunft. Sie werden gleich bedient.

S2: Wolfgang Wondraschek, guten Tag.

T: Guten Tag. Ich hätte gern die Nummer vom Auswärtigen Amt in Bonn.

S1: Die gewünschte Nummer lautet: 170. Die Vorwahl lautet: 0228. Ich wiederhole: Die gewünschte Nummer lautet: 170. Die Vorwahl lautet: 0228.
Wünschen Sie weitere Informationen, bleiben Sie bitte am Telefon.

Tobias (T) – Auswärtiges Amt , Sprecherin (S1) – Sprecher (S2)

T: So, jetzt rufe ich das Auswärtige Amt an. (Geräusch: Nummer eintippen)

S1: Auswärtiges Amt.

T: Guten Tag, mein Name ist Tobias Kerner. In Guatemala ist ein Flugzeug abgestürzt, in dem unter anderem auch Deutsche waren. Können Sie mich bitte mit jemand verbinden, der mir die Namen sagen kann.

S1: Einen Moment, ich verbinde.

S2: Ahlsfeld, guten Tag.

T: Mein Name ist Tobias Kerner. Ich rufe wegen des Flugzeugabsturzes in Guatemala an. Mein Freund Philipp Schürmann ist zur Zeit in dieser Region und wollte unter anderem auch die Pyramiden von Tikal besichtigen. Können Sie mir vielleicht die Namen von den deutschen Passagieren in dieser abgestürzten Maschine sagen.

S2: Philipp Schürmann, sagen Sie?

T: Ja.

S2: Einen Moment. Nein, da kann ich Sie beruhigen. Er steht nicht auf der Liste.

T: (Stoßseufzer) Ein Glück! Okay, haben Sie herzlichen Dank für Ihre Auskunft.

S2: Natürlich, gern geschehen.

T: Auf Wiederhören.

S2: Auf Wiederhören.
T. u. J: Mein Gott! Wahnsinn! Mensch das kann so schnell gehen. Mensch! So'n Glück!

5. a) Nur Mut! (s. Lb, S. 124/125)

7. c) „Der Nachtvogel" von Ursula Wölfel

Ein Junge hatte immer große Angst, wenn er nachts allein in der Wohnung sein musste. Seine Eltern gingen oft am Abend fort.
Dann konnte der Junge vor Angst nicht einschlafen. Er hörte etwas rauschen, und das war, als ob jemand im Zimmer atmete.
Er hörte ein Rascheln und ein Knacken, und das war, als ob sich etwas unter seinem Bett bewegte.
Aber viel schlimmer war der Nachtvogel.
Der Junge sah ihn immer ganz still draußen auf der Fensterbank sitzen, und wenn unten ein Auto vorüberfuhr, schlug der Vogel mit den Flügeln, und der Junge sah den riesigen Schatten von den Flügeln an der Zimmerdecke.
Der Junge erzählte seinen Eltern von der Angst. Aber sie sagten nur: „Stell dich doch nicht an! Du bildest dir das alles nur ein." Und sie gingen immer wieder am Abend fort, weil sie den Vogel nicht sehen konnten, weil sie das alles nicht glaubten.

Einmal war der Junge wieder allein, und es schellte an der Wohnungstür. Der Junge wurde steif vor Angst.

Wieder schellte es. Es schellte und schellte.

Dann war es still, lange Zeit war es ganz still. Dann kratzte etwas an der Hauswand. Das war der Vogel! Jetzt kletterte er mit seinen Krallen an der Mauer hoch. Jetzt war er an der Fensterbank. Und jetzt schlug er mit seinem Schnabel an die Scheibe! Einmal, zweimal, immer wieder, immer lauter, und gleich würde das Glas zerbrechen, gleich würde der Vogel ins Zimmer springen!

Der Junge packte die Blumenvase vom Tisch neben dem Bett. Er schleuderte sie zum Fenster.

Das Glas zersplitterte. Wind fuhr ins Zimmer, dass der Vorhang hoch an die Wand schlug, und der Vogel war fort.

Auf der Straße unten hörte der Junge seine Eltern rufen. Er rannte auf den Flur, er fand im Dunkeln sofort den Lichtschalter und den Knopf vom Türöffner. Er riss die Wohnungstür auf und lief den Eltern entgegen. Er lachte, so froh war er, dass sie da waren. Aber sie schimpften. Ihre schönen Ausgehkleider waren nass vom Blumenwasser.

„Was soll denn das wieder heißen?" fragte der Vater. „Jetzt ist die Scheibe kaputt!" „Und mein Mantel! Sieh dir das an!", rief die Mutter. „Der Nachtvogel war am Fenster", sagte der Junge. „Der Nachtvogel hat mit seinem Schnabel ans Fenster gepickt." – „Unsinn!" sagte der Vater. „Wir hatten den Schlüssel vergessen, und du hast das Schellen nicht gehört. Darum haben wir mit einer Stange vom Bauplatz an dein Fenster geklopft." „Es war der Nachtvogel, wirklich!" sagte der Junge. „Der Nachtvogel war es!"

Aber die Eltern verstanden das nicht. Sie gingen immer wieder am Abend fort und ließen den Jungen allein.

Er hatte immer noch Angst, er hörte immer noch das Rauschen und Rascheln und Knacken. Aber das war nicht so schlimm. Denn der Nachtvogel kam nie mehr wieder, den hatte er vertrieben. Er selbst hatte ihn vertrieben, er ganz allein.

8. b) „Angst" von Herbert Grönemeyer

Angst vor der Geschichte	Angst als Methode angewandt
Angst vor sich selbst	das Einschüchtern ist geplant
Sich in sich zurückzuziehen	Angst stellt ruhig
aus Angst vor der Welt	Angst kriegt klein
Angst auszubrechen	Angst voreinander
sich zu blamieren	Angst rauszugehn
sich aufs Eis zu wagen	wir sind uns alle verdächtig
Angst zu erfrieren	uns in die Augen zu sehn
Einfach Angst zu verblöden	Angst vor Gefühlen
vor der Endgültigkeit	Angst vor Zärtlichkeit
sich an alles zu gewöhnen	Angst aus Erfahrung
aus Angst vor der Zeit	zu viel Vertraulichkeit
Einfach Angst zu verblöden	Einfach Angst zu verblöden
bereits mundtot zu sein	vor der Endgültigkeit
Angst stellt ruhig	sich an alles zu gewöhnen
Angst kriegt klein	aus Angst vor der Zeit
Angst braucht Waffen	Einfach Angst zu verblöden
aus Angst vor dem Feind	bereits mundtot zu sein
obwohl keiner so recht weiß	Angst stellt ruhig
wer ist damit gemeint	Angst kriegt klein
Angst überholt zu werden	Angst ferngelenkt zu werden
Angst vor Konkurrenz	Angst vor dem Aus
Angst vor der Dummheit	es allen recht zu machen
vor ihrer Intelligenz	Angst frisst auf

Angst sich zu wehren
Angst alleine zu sein
Angst vor der Angst
wir schlafen ein

9. b) Angst und ihre Überwindung (s. Lb, S. 128)

Phonetik

2. b) Interjektionen

1. Au, das hat weh getan!
2. Iih, das ist ja eklig!
3. Igitt, fass' das bloß nicht an!
4. Pfui, wirf' das sofort weg!

Grammatik

4. e) Kindheitsängste

Es war schon spät. Draußen begann es zu regnen. Jens Sievers hatte angefangen, einen Brief zu schreiben. Plötzlich glaubte er, an seinem Fenster einen Schatten zu sehen. Er versuchte, in der Dunkelheit etwas zu erkennen. Aber es war unmöglich, von seinem Schreibtisch aus etwas zu sehen oder zu hören. Deshalb beschloss er, hinauszugehen und nachzusehen.

Es hatte aufgehört zu regnen. Aber es war schwer für ihn, sich an die Dunkelheit zu gewöhnen. Da schien sich im Garten etwas zu bewegen. Er forderte den Unbekannten auf hervorzukommen. Langsam bewegte sich ein kleiner Schatten auf das Haus zu. Es war ein Kind. Jens konnte sich nicht erinnern, es schon einmal gesehen zu haben. Das Kind schien sich vor ihm zu fürchten. Deshalb sagte er: „Du brauchst keine Angst vor mir zu haben, aber was machst du hier im Dunkeln?" „Ich weiß, dass es nicht erlaubt ist, in einen fremden Garten zu gehen, aber ich habe meinen neuen Ball heute Nachmittag hier auf der Straße verloren, und mein Vater hat mir befohlen, ihn so lange zu suchen, bis ich ihn gefunden habe. Er hat mir verboten, ohne den Ball nach Hause zu kommen."

Jens wollte das Kind überreden, ins Haus zu kommen, aber es schien ihm gar nicht zuzuhören. Schließlich schlug er ihm vor, eine Lampe zu holen und gemeinsam im Garten zu suchen. Da kam plötzlich aus der Dunkelheit ein Mann. Ohne ein Wort zu sagen, nahm er das Kind an der Hand und verschwand.

Kommunikationszentrum

1. f) Der Mörder ist immer der Gärtner

Sir Henry lebte mit seinem Butler auf Schloss Darkmoor. An diesem Abend hatte der Butler Ausgang bis nach Mitternacht, weil er auf einer Hochzeit eingeladen war. Sir Henry saß gemütlich in seinem Lieblingssessel und las die 'Financial Times'. Es war schon spät und als die nahe Turmuhr zwölfmal schlug, beschloss er, ins Bett zu gehen. Plötzlich hörte er ganz deutlich ein merkwürdiges Geräusch, und seine Lampe flackerte. Zu Tode erschrocken, wagte er kaum zu atmen. Bewegungslos saß er da und wartete.

Als alles ruhig blieb, glaubte er schließlich, sich das Ganze nur eingebildet zu haben. Deshalb stand er auf, um in sein Schlafzimmer zu gehen. In diesem Augenblick stürzte sich von hinten ein gespenstischer Schatten auf ihn, und noch bevor er einen Laut von sich geben konnte, hatte sein Herz aufgehört zu schlagen. Er hatte vor Schreck einen Herzanfall erlitten.

Wie er wirklich gestorben ist, was für ein Schatten das war, das hat nie jemand erfahren. Dieses Geheimnis hat Sir Henry mit ins Grab genommen.

j) „Der Mörder ist immer der Gärtner" von Reinhard Mey

Die Nacht liegt wie Blei auf Schloss Darkmoor
Sir Henry liest Financial Times
Zwölfmal schlägt gespenstisch die Turmuhr
Der Butler hat Ausgang bis eins
Da schleicht sich im flackernden Lampenschein
Fast lautlos ein Schatten zur Türe herein
Und stürzt auf Sir Henry, derselbe lebt ab
Und nimmt das Geheimnis mit in das Grab.

Der Mörder war wieder der Gärtner
Und der plant schon den nächsten Coup
Der Mörder ist immer der Gärtner
Und der schlägt erbarmungslos, der schlägt erbarmungslos, der
schlägt erbarmungslos zu.

Bei Maigret ist schon seit zwei Stunden
Ein Fahrstuhl andauernd blockiert
Inspektor Dupont ist verschwunden
Der Fahrstuhl wird grad' repariert
Da öffnet sich lautlos die Tür zum Schacht
Es ertönt eine Stimme, die hämisch lacht
Inspektor Dupont traf im Fahrstuhl ein Schuss
Der Amtsarzt stellt sachlich fest: Exitus.

Der Mörder war wieder der Gärtner …

Die steinreiche Erbin zu Minster
Ist wohnhaft im fünfzehnten Stock
Dort schläft sie bei offenem Fenster
Big Ben schlägt gerad' two o'clock
Ganz leis' bläht der Wind die Gardinen auf
Auf die Erbin zeigt mattschwarz ein stählerner Lauf
Und ein gellender Schrei zerreißt jäh die Luft
Auch das war wohl wieder der Gärtner, der Schuft

Der Mörder ist immer der Gärtner …

In seinem Gewächshaus im Garten
steht in grüner Schürze ein Mann
Der Gärtner rührt mehrere Arten von Gift gegen Blattläuse an
Der Gärtner singt, pfeift und lacht verschmitzt
Seine Heckenschere, die funkelt und blitzt
Sense, Spaten und Jagdgewehr steh'n an der Wand
Da würgt ihn von hinten eine meuchelnde Hand

Der Mörder war nämlich der Butler
Und der schlug erbarmungslos zu
Der Mörder ist immer der Butler
Man lernt eben täglich, man lernt eben täglich,
man lernt eben täglich dazu. Juchu!

Aktivitäten

5. Hörspiel: Dienstreise ins Jenseits (Kurzkrimi)
Hausmeister Schmittke (S) – Direktor Zilleken (Z)

Z: *(Verärgert)* Sagen Sie mal Schmittke, haben Sie was getrunken?
S: *(Leise, aber bestimmt)* Ich? Nein, Herr Direktor, es ist mir sehr ernst. Und ich möchte, dass Sie mich zum Leiter der Exportabteilung machen.
Z: *(Ironisch)* Ein Hausmeister als Abteilungsleiter?
S: Ja.
Z: Ja, warum nicht? Aber warum muss es gerade die Exportabtei-
lung sein? Wie wär's mit der Forschungsabteilung …
S: Och …
Z: … oder vielleicht mit meinem Platz hier?
S: Nö.
Z: Warum wollen Sie ausgerechnet die Exportabteilung übernehmen?
S: *(Entschuldigend)* Es ist wegen der Reisen, Herr Zilleken. Ich habe gehört, als Chef der Exportabteilung kann man viel reisen, Indien, Australien, Japan, Amerika … Überall, wo Sie unsere Medikamente hinverkaufen. Ich würde auch gern meine Frau mit auf die Dienstreisen nehmen.
Z: Also, Schluss jetzt, Schmittke. Ich kann mir Ihr Geschwätz nicht länger anhören. Gehen Sie sofort zurück an die Arbeit! Na los, gehen Sie schon!
S: *(Ungerührt)* Einen schönen Blick hat man von hier oben: Man sieht auch gleich, dass die Firma erfolgreich ist, finden Sie nicht?
Z: (Wütend) Weil sie keine Hausmeister zu Exportchefs macht.
S: *(Unbeeindruckt)* Herr Zilleken, ich habe mich ein bisschen mit der Geschichte der Firma beschäftigt. Das Gastromin, also das Mittel gegen Bauchschmerzen, das hat die Firma damals ja· groß gemacht. Und es verkauft sich ja immer noch sehr gut.
Z: *(Erbost)* Raus! Raus! Sie sind entlassen!
S: *(Unbeeindruckt)* Und die Formel für das Gastromin hat der Partner Ihres Vaters erfunden, ein gewisser Dr. Eisenstein. Doch der verschwand plötzlich im Jahre 1952. Er soll nach Uruguay ausgewandert sein. Niemand hat jemals wieder was von ihm gehört.
Z: Ja, und?
S: Die Formel für das Gastromin blieb aber in den Händen Ihres verstorbenen Vaters, und der baute damit die Firma auf. Sie waren damals 10 Jahre alt, und wahrscheinlich haben Sie nie erfahren, was wirklich passiert ist. Oder?
Z: *(Verunsichert)* Was wollen Sie damit sagen?
S: *(Siegessicher)* Nichts, aber ich schlage vor, wir setzen unser Gespräch jetzt im Keller fort.
Z: *(Irritiert)* Wieso im Keller?
S: Sie hatten mir doch aufgetragen, den Keller des alten Stammhauses auszubauen.
Z: Ja.
S: Und dort möchte ich Ihnen etwas zeigen, was Sie interessieren wird, Herr Zilleken.
Z: *(seufzt)*
S: *(Geräusch von Schritten über Bauschutt)* Hier entlang, Dr. Zilleken. So, da wär'n wir! Wissen Sie, ich bin durch die Baupläne darauf gekommen. Diese Wand hier, die dürfte da gar nicht sein. Die wurde erst später gebaut. Und da bin ich neugierig geworden und hab' das Loch hier reingebrochen. Ja, und sehen Sie bitte selbst…
Z: *(Zu Tode erschrocken)* Ja, aber, da … da liegt ja ein Skelett!
S: Dr. Eisenstein, nehme ich an. Sehen Sie da die Ringe und Ketten an der Wand? Er wurde hier festgeschmiedet, der arme Teufel. Dann hat man ihn eingemauert. Was für ein entsetzliches Ende.
Z: *(Murmelt kaum verständlich)* Uruguay, Uruguay …
S: Was sagen Sie?
Z: – Äh, nichts, nichts.
S: *(Drohend)* Wenn das hier an die Öffentlichkeit kommt, dann ist die Zilleken Pharma bald tot. So tot wie Dr. Eisenstein da hinten in seiner Ecke.
Z: *(Mühsam beherrscht)* Wer weiß noch davon?
S: Nur meine Frau, Dr. Zilleken. Sie hatte übrigens auch die Idee mit der Exportabteilung. Wissen Sie, Dienstreisen waren immer ihr Traum.
Z: *(Wieder beherrscht)* Ja, ja, ich … ich nehme an, ich muss Ihnen jetzt zu Ihrer Beförderung gratulieren. Ja, ja, noch heute Abend werden Sie Ihre erste Dienstreise machen.
S: Ich wusste es doch, ich wusste es. Vielen Dank, Herr Direktor, vielen Dank. Wiedersehen, Herr Direktor, vielen Dank. *(Eine Tür fällt ins Schloss)*   ✳ ✳ ✳

Wie kann die Geschichte weitergehen? Erfinden Sie den fehlenden Schluss.

* * *

Z: *(Eiskalt)* Und es wird gleichzeitig deine letzte Reise sein. *(Wählen einer Telefonnummer. Der Hörer wird am anderen Ende der Leitung abgenommen.)*

S: Hallo Hilda! Du, halt dich fest! Es hat geklappt! Die Ketten an der Wand, die haben ihm den Rest gegeben. Gute Idee war das! Ich hab' das auch wirklich schön hingekriegt. Da hat sich die ganze Arbeit nachts auf dem Friedhof doch noch gelohnt, was? Wahnsinn, Hilda, wie der so dalag! Ich hätte selbst geglaubt, dass es Eisenstein ist, wenn ich nicht genau gewusst hätte, das ist unser Opa. Aber das Tollste kommt noch, Hilda! Heute Abend geht es los zu unserer ersten Dienstreise. Ja, wirklich! Pack schon mal die Koffer. Und stell dir vor: Es geht nach Uruguay … .

Lektion 29

Situationen – Texte – Redemittel

3. a) Zeitung selbst gemacht (s. Lb, S. 140)

4. c) „Was in der Zeitung steht" **von Reinhard Mey**

Wie jeden Morgen war er pünktlich dran
seine Kollegen sahen ihn fragend an.
„Sag mal, hast du noch nicht gesehn, was in der Zeitung steht?"
Er schloss die Türe hinter sich,
Hängte Hut und Mantel in den Schrank, fein säuberlich,
Setzte sich, „na, wolln wir erstmal sehn, was in der Zeitung steht!"
Und da stand es fett auf Seite zwei:
„Finanzskandal!" sein Bild dabei.
Und die Schlagzeile: „Wie lang das wohl so weiter geht?"
Er las den Text und ihm war sofort klar:
Eine Verwechslung, nein, da war kein Wort 'von wahr,
Aber, wie kann so etwas erlogen sein,
was in der Zeitung steht …

Er starrte auf das Blatt, das vor ihm lag,
Es traf ihn wie ein heimtückischer Schlag,
Wie ist es möglich, dass so etwas in der Zeitung steht?
Das Zimmer ringsherum begann sich zu drehn,
Die Zeilen konnte er nur noch verschwommen sehn,
Wie wehrt man sich nur gegen das, was in der Zeitung steht?
Die Kollegen sagten: „Stell dich einfach stur!"
Er taumelte zu seinem Chef über den Flur:
„Aber, selbstverständlich, dass jeder hier zu Ihnen steht.
Ich glaub', das beste ist, Sie spannen erst mal aus,
Ein paar Tage Urlaub, bleiben Sie zu Haus,
Sie wissen ja, die Leute glauben gleich alles,
nur weil's in der Zeitung steht …

Er holte Hut und Mantel, wankte aus dem Raum,
Nein, das war Wirklichkeit, das war kein böser Traum.
Wer denkt sich sowas aus, wie das, was in der Zeitung steht?
Er rief den Fahrstuhl, stieg ein und gleich wieder aus,
Nein, er ging doch wohl besser durch das Treppenhaus,
da würd' ihn keiner sehn, der wüsste, was in der Zeitung steht!
Er würde durch die Tiefgarage gehn,
Er war zu Fuss, der Pförtner würde ihn nicht sehn,
Der wusste immer ganz genau, was in der Zeitung steht.
Er stolperte die Wagenauffahrt rauf,

Sah den Rücken des Pförtners, das Tor war auf,
Das klebt wie Pech an dir, das wirst du nie mehr los,
was in der Zeitung steht …

Er eilte zur U–Bahn–Station,
Jetzt wüssten es die Nachbarn schon,
Jetzt war's im ganzen Ort herum, was in der Zeitung steht.
Solang die Kinder in der Schule war'n,
Solange würden sie es vielleicht nicht erfahr'n,
Aber irgendwer hat ihnen längst erzählt, was in der Zeitung steht.
Er wich den Leuten auf dem Bahnsteig aus, ihm schien,
Die Blicke aller richteten sich nur auf ihn,
Der Mann im Kiosk da, der wusste Wort für Wort,
was in der Zeitung steht!
Wie eine Welle war's, die über ihm zusammenschlug,
Wie die Erlösung kam der Vorortzug!
Du wirst nie mehr ganz frei, das hängt dir ewig an,
was in der Zeitung steht!

„Was wolln Sie eigentlich?" fragte der Redakteur.
„Verantwortung, Mann, wenn ich das schon hör'!
Die Leute müssen halt nicht alles glauben,
nur weil's in der Zeitung steht!
Na schön, so'ne Verwechslung kann schon mal passier'n,
Da kannst du auch noch so sorgfältig recherchier'n,
Mann, was glauben Sie, was Tag für Tag für'n Unfug in der Zeitung steht!"
„Ja", sagte der Chef vom Dienst, das ist wirklich zu dumm,
Aber ehrlich, man bringt sich doch nicht gleich um,
Nur weil mal aus Versehen was in der Zeitung steht."
Die Gegendarstellung erschien am Abend schon
Fünf Zeilen mit dem Bedauern der Redaktion.
Aber Hand aufs Herz, wer liest, was so klein in der Zeitung steht?

9. c) Gute alte Druckerschwärze

Es ist kein technisches Problem, die Zeitung auf einen Bildschirm zu bringen. Nur – wer nimmt schon einen Bildschirm mit in die U-Bahn? Eine Zeitung dagegen kann man überall und zu jeder Zeit lesen.
Dennoch: Die Zeitung ist, wie das Buch, ein jahrhundertealtes Medium aus der Urzeit der modernen Kommunikation. Aber sie könnte Probleme haben, sich zu behaupten, wenn die Zahl der Fernsehkanäle und die Informationsdichte der Datennetze bald explosionsartig zunimmt.
In Bezug auf die Aktualität hat der technische Fortschritt die Zeitung heute schon überholt, weil sie viele Stunden braucht, um eine Nachricht zu den Menschen zu transportieren. Aber ist die Schnelligkeit und die Menge so wichtig? Kaum einer fragt danach, was die Menschen eigentlich verarbeiten können und welche Informationen für ihren Alltag, für ihr Leben wirklich wichtig sind.
Es gibt drei Gründe, warum die gute alte Tageszeitung wahrscheinlich auch in der Zukunft noch bei ihren Lesern beliebt sein wird.
Erstens: Die Zeitung wird unter anderem als Mittel der Entspannung im unruhigen Tagesablauf geschätzt. Wer liest, der ist für eine halbe Stunde frei von aller Hektik und findet Zeit zum Nachdenken und auch zum Genießen. Darüber sind viele Menschen froh in einer Welt, in der ständig Computer piepen, Musik im Hintergrund dudelt und Handys rufen.
Zweitens: Der angebliche Vorteil der Datenbanken, nämlich die fast unendliche Informationsfülle, ist oft ein Nachteil. Die Menschen brauchen Spezialisten, die das Wichtige vom Unwichtigen trennen.
Und drittens: Zeitungen haben ein durchdachtes und kompliziertes System, Informationen zu sammeln zu sortieren und zu analysieren. Wer zwischendurch gerade ein wenig Zeit hat und den Bildschirm nicht mag, der greift auch in 30 Jahren noch zur Zeitung, weil sie die meisten Fragen schnell und gut beantwortet.

Aktivitäten

4. Hörspiel: Der Würger lässt die Maske fallen (Kurzkrimi)

Am Anfang fand ihn Cindy sehr sympathisch. Sie hatte sich sogar etwas in ihn verliebt. Er kam häufig in ihre kleine Kneipe und ließ dann immer viel Geld da. Außerdem war er witzig, und wenn er sie mal eingeladen hätte, hätte sie sicher nicht nein gesagt. Da wusste sie aber noch nicht, dass er ein Mörder war …

Der Mann hieß Frank. Er sei Reisender, bemerkte er so nebenbei. Und Cindy erzählte ihm von ihrer Kneipe, dass sie es zusammen mit einer Küchenhilfe allein schaffe, dass sie aber dabei nicht reich würde. Von Peter, der manchmal abends kam und ihr half, erzählte sie nichts.

Am Tag nach einem von Franks Besuchen las Cindy in der Zeitung von zwei Einbrüchen, aber natürlich brachte sie die nicht mit Frank in Verbindung. Etwas misstrauisch wurde sie allerdings, als die Sache mit dem Knopf passierte. „Du hast was verloren", sagte sie, als sie ihm den Scotch servierte. Er sah auf die Stelle an seinem blauen Lederblouson, an der ein Knopf fehlte. Er erschrak viel heftiger, als es wegen eines fehlenden Knopfes nötig gewesen wäre. „Niemand mit Nähkästchen zu Hause?" fragte sie lächelnd, um seine merkwürdige Reaktion zu überspielen. Er grinste, aber die Blässe in seinem Gesicht blieb. „Nein, ich bin der einsame Wolf, weißt du?" Er trank an diesem Abend schneller als sonst und wirkte irgendwie erregt und zerstreut und verabschiedete sich früher als gewöhnlich.

Am nächsten Tag stand in der Zeitung ein Bericht von einem Raubmord. Das Opfer war eine junge Frau. Sie lebte allein in einer Erdgeschosswohnung am Stadtrand. Sie hatte vor dem Fernseher gesessen, als der Täter durch das Schlafzimmerfenster eingestiegen war. Bevor er sie erwürgt hatte, musste es einen Kampf gegeben haben, bei dem der Einbrecher einen Knopf verloren hatte. Cindy starrte auf das Foto. Ein Bild von einem Knopf. Ein Knopf wie von Franks Jacke.

Cindy war sich plötzlich ganz sicher, dass Frank der Täter war. Sie bekam Angst. Wenn Frank die Zeitung nun auch gelesen hatte und sich erinnerte, dass ihr das Fehlen des Knopfes aufgefallen war? Sie erzählte Peter von der Sache und ging dann auf seinen Rat hin zur Polizei. Ein Beamter legte ihr den Knopf vor. Genau so sahen die Knöpfe an Franks Jacke aus. „Sollen wir Ihnen einen Beamten zu Ihrer Sicherheit in Ihre Kneipe schicken?" „Nein, nein, das ist nicht nötig. Mein Freund hat Urlaub genommen und ist jetzt immer bei mir."

Als Cindy am nächsten Tag gerade ihre Kneipe geöffnet hatte, kam Frank herein. Eine lähmende Angst überfiel sie. Ausgerechnet jetzt war Peter kurz in die Stadt gefahren, und von den Stammgästen war noch keiner da. Frank war ihr einziger Gast. „Hallo, Cindy!", sagte er lächelnd und setzte sich vor ihr auf einen Barhocker. „Hallo, Frank!" Cindy bemühte sich, möglichst natürlich und unbefangen zu sein. „Scotch?", fragte sie. „Erst ein Bier", verlangte Frank, „ich habe einen Mordsdurst."

Sie sah ihn an und lächelte, während sie das Bierglas füllte. „Heiß heute, nicht wahr?", sagte sie, denn Schweißtropfen standen auf ihrer Stirn. Hoffentlich fällt's ihm nicht auf, dachte sie und wischte sich mit der Hand über die Stirn. Er sah sie misstrauisch an, aber vielleicht bildete sie sich das auch nur ein. Die Stille war für Cindy plötzlich unerträglich. Sie schaltete das Radio ein. Hoffentlich geht er mal raus, damit ich telefonieren kann, dachte sie. Aber Frank blieb sitzen. „Jetzt kannst du den Whisky klar machen", sagte er, als sie ihm das Bier hinstellte.

Er sprach langsamer als sonst. Cindy griff unter die Theke, hantierte mit der Whiskyflasche und den Eiswürfeln. Ihre Hände zitterten. „Nur nichts fallen lassen", betete sie. Frank holte eine Zigarette heraus. „Hast du mal Feuer?" fragte er. Cindy nickte nervös und zog eine Schublade auf. Neben den Streichhölzern lag die Zeitungsseite … Frank sah sie. Das Foto von dem Knopf, die Schlagzeile. Er sah in Cindys totenblasses Gesicht. Sein Lächeln erstarrte zur Maske. „Keine

Tricks, ja?"

Frank ging rückwärts zur Tür, schloss sie ab. Plötzlich blitzte ein Messer in seiner Rechten. Er kam zurück, griff nach dem Whisky und trank ihn in einem Zug aus. „Ich hab's gewusst", zischte er. „Schade, dass du sterben musst." Langsam ging er um die Theke herum.

✳ ✳ ✳

Wie kann die Geschichte weitergehen? Erfinden Sie den fehlenden Schluss.

✳ ✳ ✳

„Meine größte Angst war, dass das Zeug nicht mehr wirkte", sagte Cindy. „Eine Freundin, die in einer Bar arbeitet, hat's mir vor einem Jahr mal gegeben. Zur Sicherheit."

„K. O. Tropfen halten lange", grinste der Kommissar. „Er hat übrigens gestanden."

Lektion 30
Situationen – Texte – Redemittel

4. b) Die neue Generation

Reporter (R) – Marco (Ma) – Ann (A) – Michael (Mi) – Gina (G)

R: Ich habe euch hier einige Themen aufgeschrieben. Vielleicht könnt ihr alle ganz kurz in ein paar Sätzen etwas dazu sagen. Marco, kannst du vielleicht mal anfangen?

Ma: Ich heiße Marco Spreider, bin 19 Jahre alt, habe mein Abitur mit der Note 1,4 gemacht und bin – ja – das verwöhnte Einzelkind. Meine Eltern sind beide Friseure. Besonders gern mag ich – hm – Helmut Kohl, meine Freundin – und – Fußball. Beruflich wollte ich eigentlich Medizin studieren, aber ich kann ziemlich gut singen, und seitdem ich einen Vorvertrag für eine Bühne habe, mache ich jetzt statt Medizin eine Ausbildung in Gesang. Was ich nicht gut finde ist, dass viele junge Leute heute nur an Geld und Konsum denken.

A: Ja also, ich heiße Ann Thorer, bin 19 und habe Abi mit 1,3 gemacht. Mein Vater ist Journalist und meine Mutter Hausfrau. Was ich besonders gern mag – hmm – das ist malen und – England und deutsches Essen, besonders Forelle blau. Mein Berufswunsch ist Psychotherapeutin, und da will ich später mal richtig gut werden und mir einen Namen machen. Politisch bin ich nicht sehr engagiert. Ich wähle die Grünen, aber ich finde, es sollte mehr wirkliche Persönlichkeiten in der Politik geben, so als Orientierungshilfe für junge Leute. Mein Lebensziel? Hmm – jaa – also mir ist ein harmonisches Familienleben wichtig – ja und natürlich Erfolg im Beruf. In fünf Jahren etwa will ich heiraten und dann zwei Kinder haben. Geld? – Das ist mir eigentlich nicht so wichtig. Mir genügt ein Fahrrad und später mal ein Häuschen mit Grün drumrum. Politisch bin ich konservativ. Was mir wichtig ist, ist Religion und mein Glaube an Gott.

Mi: Ich heiße Michael Schneidawind, bin 18 Jahre alt. Mein Vater ist Kaufmann und meine Mutter Lehrerin. Ich habe Abi mit 2,1 gemacht, und das war eine ganz schön harte Zeit, weil ich nebenher immer noch in der Eishockey-Nationalmannschaft als Stürmer gespielt habe. Was ich besonders gern mag ist James Dean, schnelle Autos und – na ja – meine Freundin Sabine. Politisch bin ich liberal und wähle die FDP. Beruflich will ich erst mal Eishockey-Profi werden und viel Geld verdienen – so 8.000 Euro im Monat mindestens. Und dann möchte ich 'ne Wohnung in Paris und London haben.

G: Ich heiße Gina Griebert. Ich bin 20 Jahre alt und habe Abi mit 2,7
   gemacht. Meine Eltern sind getrennt, und ich lebe bei meiner
   Mutter. Später will ich Dramaturgin werden. Aber jetzt ziehe ich
   erst mal zu meinem Freund. Der ist 2 Jahre älter als ich, und ich
   kenne ihn schon seit ich acht Jahre alt bin. Er ist auch der Vater
   von Johanna. Eigentlich wollte ich noch gar kein Kind, aber jetzt
   ist sie mir das Liebste auf der Welt. Als sie ganz klein war, durf-
   te sie auch oft mit in den Unterricht. Aber als ich dann Abi
   gemacht habe, hat mein Freund vier Monate Erziehungsurlaub
   genommen und Johanna betreut. Mein Lebensziel – hmm – also
   lieber noch nicht so schnell heiraten, das ist dann zu viel Familie. Und was ich gut finde – natürlich Greenpeace. Was die
   machen, finde ich einfach gut.

8. b) Wer ist wirklich glücklich?

Reporter (R) – Claus Hipp (H) – Maria Lehrmann (L) – Christian Reuter (C)– Pater Emanuel Renz (P)

R: Herr Hipp, Sie haben gesagt, dass Sie glücklich sind. Können Sie
   sich vielleicht kurz vorstellen?
H: Ja, also mein Name ist Claus Hipp, ich bin Konzernchef der Hipp
   Babynahrung. Wir haben einen Umsatz von jährlich 140 Millio-
   nen Euro und einen Marktanteil von 50%. Ich habe 1 300 Mitar-
   beiter, bin verheiratet und habe fünf Kinder.
R: Und was macht Sie glücklich?
H: Tja – eigentlich meine ganze Lebenssituation, und dann beson-
   ders das Malen.
R: Ach, Sie sind Wochenendmaler?
H: Nein, ich mache jeden Tag pünktlich um 16 Uhr Schluss und
   fahre hierher in meine Hütte. Beim Malen kann ich mich dann
   total entspannen.
R: Hm – und was malen Sie hauptsächlich?
H: Jaa – vor allem Landschaftsaquarelle. Ich liebe die Natur. Für
   mich ist sie wie ein wunderschönes Geschenk.

R: Pater Renz, Sie gehören zu den glücklichsten Menschen, sagen
   Sie. Würden Sie sich bitte kurz vorstellen?
P: Ja, ich heiße Emanuel Renz und bin Priester hier an der Johan-
   niskirche.
R: Und Sie leben ganz allein?
P: So kann man das nicht sagen. Ich lebe in meiner Gemeinde, und
   an manchen Sonntagen ist die Kirche so voll, dass es nur noch
   Stehplätze gibt.
R: Oh, das ist in der heutigen Zeit erstaunlich. Was sind Ihrer Mei-
   nung nach die Gründe dafür?
P: Nun, ich glaube, die Menschen fühlen sich durch meine Predig-
   ten angesprochen, und es verbindet sie, dass sie ihr Christsein
   auch in ganz praktischen Situationen zeigen und leben können.
R: Können Sie dafür ein Beispiel geben?
P: Ja, also zum Beispiel hat meine Gemeinde an einem Sonntag
   9 000 Euro für eine Operation zusammengebracht, die ein Aus-
   länder dringend brauchte, aber nicht bezahlen konnte.
R: Tja, und das macht Sie glücklich.
P: Ja, zum Beispiel.

R: Herr Professor Binnig, Sie sind Physiker an der Universität
   München.
B: Ja, das ist richtig.
R: Sie sagen von sich, dass Sie glücklich sind.
B: Ja, für einen Wissenschaftler ist der Nobelpreis natürlich das
   höchste Glück.
R: Ist es die Ehre oder die damit verbundenen 75 000 Euro, die Sie
   glücklich machen?
B: Nein, es ist das Abenteuer Wissenschaft. Ich habe jahrelang bis
   in die Nacht gearbeitet. Viele Mitarbeiter sind abgesprungen,

meine Frau hat mich kaum noch gesehen. Aber eines Nachts war
es dann so weit. Ich habe Dinge gesehen, die kein anderer vor mir
gesehen hatte. Ich bin die Treppen im Institut rauf und runter
gerannt. Ich bin fast verrückt geworden vor Glück.

R: Frau Lehrmann, auch Sie sind glücklich. Können Sie kurz etwas
   zu Ihrer Person sagen?
L: Ja, mein Name ist Maria Lehrmann, ich bin 56 Jahre, habe vier
   Kinder großgezogen und acht Jahre lang meinen kranken Mann
   gepflegt. Unseren Handwerksbetrieb musste ich dann aufgeben,
   und jetzt bekomme ich nur eine kleine Rente. Weil ich mir etwas
   dazu verdienen muss, arbeite ich als Putzfrau und als Gardero-
   biere im Theater.
R: Und was macht Sie glücklich?
L: Ich habe drei Jahre lang die 8 Euro gespart, die ich als Gardero-
   biere pro Stunde bekomme, damit ich einmal im Leben einen
   Urlaub in der Karibik machen kann.
R: Ja, und wann soll's losgehen?
L: In vier Wochen. Und dann werde ich nichts tun außer faulenzen
   und mich sonnen und den Regenwald besichtigen!

R: Herr Reuter, auch Sie zählen sich zu den glücklichsten Menschen.
   Stellen Sie sich vielleicht auch erst mal vor.
C: Ich heiße Christian Reuter und bin 29 Jahre alt. Ich bin
   Geschäftsmann und eigentlich auch sehr erfolgreich. Ich fahre
   ein BMW–Cabrio und habe eine Wohnung in bester Lage.
R: Und deshalb sind Sie glücklich?
C: Ja, aber nicht nur. Wirklich glücklich macht mich, dass ich noch
   lebe. Ich habe seit einer Herzoperation eine künstliche Herzklap-
   pe, und ich weiß, dass ich jeden Tag sterben kann. Deshalb genie-
   ße ich jede Minute und lebe sehr intensiv.
R: Vielen Dank.
C: Bitte schön.

Phonetik (s. Lösungsschlüssel, Lb S. 188)

Aktivitäten

5. Hörspiel: Der unsichtbare Mörder (Kurzkrimi)
Kommissar Klein (K) – Direktor Dobler (D) – Dr. Rumpf (R) – Beamter (B)

*Kommissar Klein und Direktor Dobler gehen durch die Forschungsab-
teilung.*
K: Und sonst kann sich niemand in den Räumen aufgehalten haben?
D: Nein, diese Räume gehören zum strengsten Sicherheitsbereich
   der Forschungsabteilung. Nur wenige Leute haben dafür Auswei-
   se in Form von Magnetkarten.
K: Aha.
D: Wir wissen immer, wer sich dort aufhält. Als Letzter vor Inge-
   nieur Gerlich hat Dr. Rumpf um 18.43 Uhr die Abteilung verlas-
   sen.
K.: Ah ja.
D: Um 23.45 Uhr ist dann unser Wachmann reingegangen und hat
   Gerlich erschossen auf dem Boden gefunden.
K: Vielen Dank. Kann ich jetzt vielleicht mit Herrn Dr. Rumpf
   sprechen?
D: Selbstverständlich. Bitte folgen Sie mir, ich zeige Ihnen den Weg.
   (Kurze Pause)
R: Sie wollten mich sprechen?
K: Ja, Herr Dr. Rumpf, nehmen Sie doch bitte Platz.
R: Danke.
K. Sie haben also mit Ingenieur Gerlich zusammengearbeitet?
R: Ja, wir haben ein neuartiges computergestütztes Steuerungs-

system für Flugzeuge entwickelt. Eine Revolution auf diesem Gebiet und ein Millionengeschäft.

K: Mhm.

R: Deshalb waren auch andere sehr an unserer Arbeit interessiert. Leider nicht immer auf ganz legale Art.

K: Sie sprechen von Industriespionage, wenn ich Sie richtig verstehe?

R: Ja. Ich weiß nicht, wer die Hintermänner sind, aber Gerlich und ich hatten seit längerer Zeit den Verdacht, dass etwas nicht stimmt. Zum Beispiel verschwanden Papiere, und vor etwa zwei Wochen habe ich von anonymer Seite ein Angebot bekommen. Es ging um ziemlich viel Geld.

K: Und Gerlich? Hat man ihn auch gefragt?

R: Ja, aber er wäre nie darauf eingegangen. Nie! Ich glaube aber, dass er einen Verdacht hatte.

K: Aha.

R: Er war sich nur noch nicht ganz sicher. Der Spion muss Angst bekommen haben, dass er entdeckt wird, und deshalb hat er Gerlich umgebracht.

K: Sie selbst können mir aber keinen Verdächtigen nennen.

R: Leider nicht. Gerlich hat nie mit mir darüber gesprochen.

K: Was ich jetzt nur nicht verstehe, ist, dass der Täter unbemerkt und ohne Gewaltanwendung in die Räume kommen konnte und zwar anscheinend lautlos, denn Gerlich ist von hinten erschossen worden.
(Nach einer kurzen Pause)
Äh, ich würde mir Ihre Abteilung gerne noch einmal ansehen.

R: Ja, natürlich, kommen Sie, ich begleite Sie.
(Schritte auf einem Gang)

K: Sagen Sie mal, Dr. Rumpf, wohin führt eigentlich diese Tür hier?

R: Oh *(lachend)*, das ist sozusagen unsere Bastelstube. Hier probieren wir aus, was wir uns ausgedacht haben. Äh, Vorsicht, stolpern Sie nicht!

K: Und was ist das für ein Ding?

R: *(Lachend)* Ach, das ist Harry.

K: Sieht aus wie ein Getränkeautomat.

R: Ja, aber der kann sogar Torten zerschneiden und servieren.

K: Ach was!

R: Mhm, sehen Sie hier, da hat er ein elektronisches Auge und einen zusammenklappbaren Teleskoparm, und er läuft auf Gummiketten. Man kann ihn von diesem Computer da fernsteuern.

K: Kann Harry auch von außerhalb des Gebäudes ferngesteuert werden?

R: Ja, ja natürlich, man braucht nur einen entsprechend starken Sender dazu.

K: Und wo der ist, das könnte man feststellen? Sagen Sie, Dr. Rumpf, könnte Harry statt mit einem Tortenmesser nicht auch mit einer Pistole umgehen?

R: *(Nachdenklich)* Hm – mhm, ja, ja, warum nicht.

K: Vielen Dank, jetzt wird mir einiges klar. Passen Sie auf, ich habe eine Idee. Ich werde jetzt das Gerücht verbreiten, dass Sie den starken Verdacht haben, dass jemand aus der Abteilung für eine fremde Firma spioniert.

R: Mhm.

K: Dass Sie noch nicht ganz sicher sind, mir aber in den nächsten Tagen Beweise liefern wollen.

R: Ja.

K: Das Ganze ist für Sie nicht ungefährlich, Dr. Rumpf.

R: Wieso?

K: Der Spion könnte versuchen, auch Sie umzubringen. Wir werden Sie selbstverständlich optimal beschützen.

R: *(Seufzt)* Wenn wir damit Gerlichs Mörder finden, bin ich einverstanden.

K: Gut! jetzt zu Ihrer Rolle: Sie machen heute Abend Überstunden, ähnlich wie Ihr Kollege Gerlich.

R: Mhm.

K: Wir werden vorher drei Kameras installieren und zwar eine in Ihrem Arbeitsraum …

R: Ja.

K: … die zweite in Harrys Abstellraum und die dritte in einem unauffälligen Lieferwagen auf der Straße.

R: Aha.

K: Wir werden auf Monitoren alles genau überwachen und bei der ersten Bewegung von Harry versuchen, den Sender so schnell wie möglich zu lokalisieren. Außerdem werde ich über ein Walkie-Talkie in ständigem Sprechkontakt mit Ihnen stehen, und Männer Ihres Werkschutzes werden sich vor Ihrem Labor bereit halten. Nun, was meinen Sie dazu, Dr. Rumpf?

R: Tja, das klingt sehr gut. Ich … ich verlasse mich auf Sie. Also dann, bis heute abend.

K: Bis heute abend.
(Kleine Pause)

B: *(Ungeduldig)* Na, jetzt könnte es aber langsam losgehen. Die Warterei nervt ganz schön. Na komm schon, Mann!

K: *(Laut, aufgeregt)* Da! Er bewegt sich! Jetzt marschiert er los. *(Etwas sachlicher)* Dr. Rumpf, Achtung, er kommt! Da, jetzt nimmt er sich eine Pistole aus dem Materialberg. Unglaublich! Jetzt rollt er aus dem Bastelraum auf den Gang. *(Zu den Beamten)* Leute, habt ihr den Sender schon gefunden?

B: *(Nervös)* Nein, noch nicht, nur die ungefähre Richtung.

K: Dann strengt euch an! Jetzt wird's gefährlich! *(Kurze Pause)* Immer noch nichts? Leute, beeilt euch, sonst müssen wir den Roboter stoppen. Nun macht schon! Jetzt rollt er in Rumpfs Labor!

* * *

Wie kann die Geschichte weitergehen? Erfinden Sie den fehlenden Schluss.

* * *

K: *(Hektisch, aufgeregt)* Dr. Rumpf, Dr. Rumpf, der Roboter rollt gerade in Ihr Labor! Passen Sie auf! Er hebt die Pistole!
(Lautes Rumpeln wie beim Aufprall eines menschlichen Körpers auf dem Boden. Ein Schuss kracht, ein zweiter und dritter)

K: *(Aufgeregt schreiend)* Stoppt den Roboter! Los rein Leute! *(Besorgt)* Dr. Rumpf, Dr. Rumpf, sind Sie o.k?

R: *(Keuchend)* Ja, so weit ja.

K: Einen Moment! Ich bin sofort bei Ihnen. *(Kleine Pause)* Sind Sie verletzt?

R: Ich nicht, aber von unserem Harry scheint nicht mehr viel übrig zu sein. *(Etwas wehmütig)* Schade, er war eigentlich ein ganz brauchbarer Kerl. Ich möchte nur wissen, wer dahinter steckt.

K: Das wissen wir gleich. Meine Leute haben den Sender in letzter Sekunde hier ganz in der Nähe gefunden.

R: *(Erschrocken)* Was?
(Stimme durch das Walkie-Talkie, kaum verständlich) Chef, wir haben ihn.

K: Wissen Sie, wer's war? Kurt Boos, einer von Ihren Ingenieurkollegen.

Phonetik Fitness Center
(Lösungen im Lösungsschlüssel, Lb, S. 189)

Alphabetische Wortliste

Die folgende Liste mit ca. 3100 Einträgen enthält den **Wortschatz der Texte, Dialoge und Aufgaben der Lektionen 21 – 30.** Es wurde die Schreibung gemäß der neuen Rechtschreibreform zugrunde gelegt. Nicht aufgenommen wurden: die Arbeitsanleitungen, Artikelwörter, Pronomen, Zahlwörter, die grammatischen und phonetischen Fachtermini, die Schaubilder, Anmerkungen und Eigennamen. Der Wortakzent ist durch Unterstreichen des Akzentvokals bzw. -diphthongs angegeben. Die Wörter aus den Lesetexten sind mit „(LV)" gekennzeichnet. Das Präfix der trennbaren Verben ist *kursiv* gedruckt. Wörter, die nur im Singular verwendet werden, sind ohne Pluralbildung angeführt. Wörter, die nur im Plural verwendet werden, sind mit „(Pl)" gekennzeichnet. Zur Erleichterung des Auffindens im Text sind hinter dem Eintrag Lektion, Seite und Aufgabennummer angegeben.

A

Abbau, der, L23, 45, 5.a
*ab*binden, L28, 123, 2.c
abendländisch, L27, 112, 9.b (LV)
abendlich, L24, 64, 10.a (LV)
Abendmahl, das, L24, 71, 3.a (LV)
Abendprogramm, das, -e, L29, 149, 1.d
Abendsonne, die, L23, 48, 10.a (LV)
Abenteuer, das, -, L29, 142, 6.b (LV)
Abfallbehälter, der, -, L21, 17, 1.c
*ab*fallen, L24, 59, 2.a (LV)
*ab*fassen, L27, 117, 1.b (LV)
*ab*feuern, L23, 54, 3.1
*ab*geben, L24, 59, 2.a (LV)
abgegriffen, L22, 27, 3.b (LV)
*ab*halten, L30, 163, 2.a
*ab*hängen, L21, 13, 6.c
*ab*hören, L22, 27, 3.b (LV)
*ab*kommandieren, L27, 112, 9.b (LV)
*ab*kürzen, L24, 73, II
Abkürzung, die, -en, L24, 73, I
Abkürzungssystem, das, -e, L24, 73, I
*ab*laufen, L22, 31, 7.b (LV)
Ablehnung, die, -en, L23, 47, 8.a (LV)

Abonnement, das, -s, L21, 25, P
Abonnementzeitung, die, -en, L29, 139, 2.a (LV)
abonnieren, L29, 139, 2.c
abrufbar, L22, 32, 8.e (LV)
*ab*rufen, L29, 143, 8
*ab*rüsten, L23, 53, 2
Abrüstung, die, L23, 53, 2
Abrüstungsvertrag, der, -"e, L23, 53, 2
Absage, die, -n, L26, 92, 3.a (LV)
*ab*schaffen, L22, 39, 4.b (LV)
Abscheu, der, L28, 129, 2
*ab*schicken, L26, 100, 4
Abschiedsfest, das, -e, L30, 166, 1
Abschluss, der, -"e, L26, 94, 8.a (LV)
Abschlussprüfung, die, -en, L21, 24, I
Abschreckung, die, -en, L23, 53, 2
absehbar, L29, 144, 10.h *ab*sehen, L30, 162, 1.b
*ab*setzen, L23, 48, 10.a (LV)
*ab*spielen, L29, 143, 8
*ab*springen, L28, 136, 2
Abstand, der, -"e, L30, 167, 2
*ab*stimmen, L22, 36, 3.a
Abstimmung, die, -en, L27, 107, 3
abstrakt, L22, 32, 8.e (LV)
*ab*stumpfen, L23, 44, 3.a (LV)
*ab*suchen, L23, 50, 3.a
*ab*tippen, L29, 142, 6.b (LV)
*ab*treiben, L26, 96, 13.b (LV)
*ab*warten, L27, 116, 5.c
Abwasser, das, -", L27, 110, 8.c (LV)
*ab*wechseln, L25, 78, 8.a (LV)
Abwechslung, die, -en, L23, 44, 4.c
*ab*wenden (sich), L24, 62, 7.b (LV)
Abwesenheit, die, -en, L25, 83, 4.a
adaptieren, L29, 144, 10.b (LV)
Adressat, der, -en, L27, 117, 1.b (LV)
Adressbüchlein, das, -, L24, 72, 3.b
Adventskalender, der, -, L24, 64, 10.a (LV)
Adventskranz, der, -"e, L24, 64, 10.a (LV)
Adventssonntag, der, -e, L24, 64, 10.a (LV)
ahnen, L30, 158, 7.c (LV)
Akademie, die, -n, L25, 88, D
aktivisch, L28, 132, 2.d
akustisch, L27, 121, a
alarmieren, L23, 50, 3.a
All, das, L30, 164, 4

allgemeinbildend, L26, 91, 2.b (LV)
Allgemeinheit, die, L30, 155, 2.b (LV)
Allgemeinsprache, die, -n, L28, 123, 2.a
alljährlich, L28, 133, 3.b
allmächtig, L24, 62, 7.b (LV)
alltäglich, L24, 61, 4.a (LV)
Alltagsgewalt, die, L30, 155, 2.b (LV)
alphabetisch geordnet, L29, 149, 1.b
Altar, der, -"e, L21, 24, C
Ameise, die, -n, L23, 43, 2.a (LV)
Ampel, die, -n, L27, 117, 1.b (LV)
Amphitheater, das, -, L30, 158, 7.c (LV)
Amsel, die, -n, L25, 78, 8.a (LV)
Amselmann, der, -"er, L25, 78, 8.a (LV)
analog, L24, 73, IV
analytisch, L22, 30, 6.b
Anaphorik, die, L26, 105, I
*an*bringen, L28, 131, 1.c
andermal, L21, 12, 5.b
ändern (sich), L21, 10, 2.c C
Änderung, die, -en, L21, 10, 2.c H
*an*deuten, L26, 98, 1.a
aneinander reihen, L22, 31, 7.b (LV)
Anekdote, die, -n, L27, 121, a
Anfahrtszeit, die, -en, L26, 101, 6.a
Anfängerkurs, der, -e, L21, 17, 2.b
Anfangsbuchstabe, der, -n, L24, 73, I
*an*fassen, L23, 43, 2.d (HV)
Anforderung, die, -en, L28, 126, 6.a (LV)
angeboren, L21, 13, 6.b
angefüllt, L22, 27, 3.b (LV)
angestellt, L26, 98, 2.b
Angestellte, der/die, -n, L26, 98, 2.a
angewiesen, L23, 45, 5.a
*an*greifen, L25, 80, 12.b (LV)
Angstbekämpfung, die, L28, 128, 9.e
Angstgefühl, das, -e, L28, 128, 9.d (LV)
Angsthase, der, -n, L28, 136, 3
Angstsituation, die, -en, L28, 128, 9.e
*an*gucken, L25, 76, 4.a
Anhänger, der, -, L24, 62, 7.b (LV)
*an*heizen, L23, 45, 5.b
Animator, der, -en, L22, 39, 4.b (LV)
*an*klopfen, L29, 141, 5.b
*an*knüpfen, L25, 85, 1
*an*kündigen, L29, 148, 6.a

Ankunft, die, L21, 10, 2.c A

*an*lachen, L21, 15, 10,a

Anlage, die, -n, L26, 94, 8.a (LV)

Anmaßung, die, -en, L24, 59, 2.a (LV)

*an*melden, L22, 27, 3.b (LV)

*an*nehmen, L21, 21, 2.a

Anordnung, die, -en, L22, 31, 7.b (LV)

*an*passen (sich), L21, 10, 2.c H

Anpassung, die, -en, L21, 22, 3

anpassungsfähig, L25, 85, 2

*an*rucken, L26, 96, 13.b (LV)

Anruf, der, -e, L27, 118, 1.f

*an*schauen, L21, 11, 4.c

Anschlagsäule, die, -n, L30, 158, 7.c (LV)

*an*sehen (sich), L21, 12, 5 (LV)

Ansprache halten, L27, 118, 1.f

ansprechbar, L26, 96, 13.b (LV)

*an*sprechen, L21, 20, 6

Ansprechpartner, der, -, L27, 117, 1.b (LV)

anstatt, L27, 114, 2.a

*an*steigen, L28, 123, 3.b

*an*streichen, L28, 130, 1.a

Antisemitismus, der, L23, 45, 5.a

Antrag stellen, L23, 46, 6.a

Antwortbrief, der, -e, L27, 118, 1.f

Anwendung, die, -en, L23, 47, 8.a (LV)

Anwesenheit, die, L27, 118, 1.f

Anwohner, der, -, L27, 117, 1.b (LV)

Anzahl, die, L23, 42, 1.b

Appartment, das, -s, L30, 166, 1.a

applaudieren, L28, 132, 2.d

apropos, L23, 46, 6.a

Araber, der, -, L21, 16, 2.a (Ph)

arabisch, L24, 70, 2.a (LV)

Arbeitgeberbeitrag, der, -"e, L26, 93, 7.a

Arbeitsamt, das, -"er, L26, 93, 6.a

Arbeitsatmosphäre, die, L26, 96, 13 C

Arbeitsbedingung, die, -en, L27, 111, 8.c (LV)

Arbeitsbuch, das, -"er, L22, 29, 5.b

Arbeitsform, die, -en, L26, 101, 5

Arbeitsgruppe, die, -n, L28, 126, 6.a (LV)

Arbeitskraft, die, -"e, L30, 163, 2.a

Arbeitsleben, das, L26, 91, 2

arbeitslos melden (sich), L26, 93, 6.a

Arbeitslose, der/die, -n, L26, 98, 2.a

Arbeitslosengeld, das, -er, L26, 93, 6.a

Arbeitslosenhilfe, die, L26, 93, 6.a

Arbeitsmenge, die, -n, L30, 163, 2.a

Arbeitsmoral, die, L26, 95, 10

Arbeitsstelle, die, -n, L26, 104, 4

Arbeitssuche, die, L26, 94, 8

arbeitssüchtig, L26, 95, 12.a

Arbeitswoche, die, -n, L26, 102

Arbeitszimmer, das, -, L23, 43, 2.a (LV)

Ärger, der, L25, 83, 3.a

ärgern (sich), L21, 19, 4.a

Ärgernis, das, -se, L29, 150, e

Arme, der/die, -n, L24, 63, 8.a (LV)

ärmlich, L23, 48, 10.a (LV)

armselig, L22, 27, 3.b (LV)

Armut, die, L24, 67, 2.a

Arzthelferin, die, -nen, L21, 20, 6

Aschermittwoch, der, L21, 25, Q

Asien, L25, 86, 5.a

Aspekt, der, -e, L22, 38, 1

Assoziation, die, -en, L22, 32, 8.e (LV)

Astronaut, der, -en, L26, 98, 1.a

Astronautin, die, -nen, L30, 168, 3.a

Asylant, der, -en, L25, 86, 5.a

Asylbewerber, der, -, L25, 86, 5.a

Atelier, das, -s, L27, 112, 9.b (LV)

Atemtechnik, die, -en, L28, 128, 9.d (LV)

Atheistin, die, -nen, L24, 59, 2.a (LV)

Atomenergie, die, L27, 113, 1.d

*auf*bauen, L24, 59, 2.a (LV)

*auf*brauchen, L27, 119, 3.a

aufeinander, L28, 125, 5.a (LV)

aufeinander folgen, L26, 105, l

*auf*fallen, L21, 9, 1

*auf*fassen, L24, 62, 7.b (LV)

*auf*finden, L23, 50, 3.a

*auf*frischen, L22, 29, 5

*auf*führen, L28, 130, (LV)

Aufführung, die, -en, L28, 132, 3.a

aufgrund, L24, 64, 10.a (LV)

Aufmachung, die, -en, L29, 149, 1.a

Aufmerksamkeit, die, -en, L25, 85, 2

Aufnahme, die, -n, L23, 56

Aufnahmeprüfung, die, -en, L26, 100, 4

*auf*passen, L23, 48, 10.a (LV)

*auf*regen, L26, 96, 13.b (LV)

*auf*regen (sich), L21, 20, 5.b

aufregend, L23, 50, 3.a

*auf*rufen, L24, 63, 8.a (LV)

*auf*sagen, L22, 27, 3.b (LV)

*auf*schlagen, L22, 27, 3.b (LV)

Aufsicht, die, -en, L30, 163, 2.a

*auf*springen, L26, 99, 3.a

Aufstiegsmöglichkeit, die, -en, L23, 54, 4.b (LV)

*auf*tauchen, L28, 128, 9.c

*auf*teilen, L24, 73, l

*auf*treten, L28, 128, 9.c

*auf*zählen, L24, 64, 10.a (LV)

augenblicklich, L26, 94, 9.a

augenförmig, L30, 164, 4.a

*aus*atmen, L28, 128, 9.d (LV)

*aus*bessern, L26, 99, 3.a

*aus*bilden, L22, 39, 4.b (LV)

Ausbildungsjahr, das, -e, L26, 91, 2.c (LV)

Ausbildungskosten, die (Pl), L26, 92, 3.a (LV)

Ausbildungsplatz, der, -"e, L24, 60, 3.a

Ausbildungsprogramm, das, -e, L21, 24, l

*aus*brechen, L25, 77, 6.c

Ausbreitung, die, L29, 144, 10.b (LV)

*aus*brüten, L25, 78, 8.a (LV)

*aus*fragen, L26, 100, 4

ausführlich, L23, 47, 8.a (LV)

Ausgang haben, L28, 134, 1.c

ausgebucht, L28, 132, 2.d

ausgefüllt, L27, 109, 6.a (LV)

*aus*gehen, L24, 66, 1.d

ausgeliefert sein, L26, 96, 13.b (LV)

ausgerechnet, L28, 124, 5.a (LV)

*aus*kehren, L26, 96, 13.b (LV)

*aus*kennen (sich), L21, 14, 10.a

ausländerfeindlich, L25, 82, 2.a

Ausländerfeindlichkeit, die, L23, 45, 5.a

Auslandsaufenthalt, der, -e, L23, 47, 8.a (LV)

Auslandseinsatz, der, -"e, L27, 106, 1.a

*aus*lassen, L24, 73, l

*aus*laugen, L26, 96, 13.b (LV)

*aus*legen, L27, 112, 9.b (LV)

*aus*liefern, L28, 128, 9.c

*aus*löschen, L22, 39, 4.b (LV)

Ausnahmefall, der, -"e, L23, 56

*aus*nutzen, L30, 158, 7.c (LV)

*aus*reden, L23, 53, 1

*aus*reißen, L25, 80, 12.b (LV)

Ausreißer, der, -, L25, 80, 12.b (LV)

*aus*rollen, L24, 63, 8.a (LV)

Ausruf, der, -e, L24, 72, 3

*aus*schalten, L27, 114, 2.a

*aus*schließen, L27, 111, 8.c (LV)

ausschließlich, L28, 125, 5.a (LV)

Außenminister, der, -, L29, 148, 6.c

*aus*spannen, L29, 147, 5
*aus*spucken, L23, 43, 2.a (LV)
Ausstattung, die, -en, L22, 39, 5.a
Aussteiger, der, -, L30, 157, 6
Ausstieg, der, L27, 113, 1.d
*aus*suchen, L23, 48, 10.a (LV)
*aus*tauschen, L21, 24, H
*aus*treiben, L22, 39, 4.b (LV)
*aus*treten, L24, 59, 2.a (LV)
*aus*üben, L24, 70, 2.c
Auswahl, die, L27, 110, 8.c (LV)
*aus*werten, L26, 100, 4
*aus*wirken, L26, 96, 13.c (LV)
Auszeichnung, die, -en, L27, 110,
8.c (LV)
Auszubildende, der/die, -n, L21, 24, I
Auszug, der, -"e, L27, 121, a
Authentizität, die, L23, 56
autonom, L22, 39, 4
Autoreparatur, die, -en, L22, 40, 2
Autorin, die, -nen, L27, 110, 8.c (LV)
Azubi, der/die, -s, L26, 91, 2.b (LV)

B
backen, L24, 64, 10.a (LV)
Backsteingotik, die, L23, 57
Badehose, die, -n, L22, 40, 2
Balalaika, die, -s, L25, 77, 6.c
baldig, L30, 162, 1.b
Bandabschnitt, der, -e, L26, 96,
13.b (LV)
bankrott, L26, 93, 6.a
Banküberfall, der, -"e, L29, 148, 6.a
Bär, der, -en, L28, 136, 3
barock, L23, 57
Barock, das, L23, 57
Barockschloss, das, -schlösser,
L23, 57
Barockstil, der, L23, 57
Bart, der, -"e, L24, 59, 2.a (LV)
Basketball (= Spiel) L29, 142,
6.b (LV)
Basketballteam, das, -s, L23, 45, 5.b
Baumwolle, die, -n, L27, 110, 8.c (LV)
Bausparvertrag, der, -"e, L30, 157,
5.a (LV)
Baustelle, die, L25, 79, 11.c (LV)
Baustil, der, -e, L23, 57
Beamtin, die, -nen, L26, 98, 2.a
beantwortbar, L25, 85, 2
bearbeiten, L29, 139, 2.c
beben, L28, 124, 5.a (LV)
bebildert, L29, 139, 2.c
Becher, der, -, L27, 114, 2.a
Bedarf, der, L26, 92, 3.a (LV)

bedenken, L24, 61, 4.a (LV)
bedienen, L22, 29, 5.b
bedrohen, L23, 53, 2
Bedrohung, die, -en, L23, 53, 2
Bedürfnis, das, -se, L30, 168, 1
beeinflussen, L23, 47, 8.a (LV)
befähigen, L23, 45, 5.a
befassen (sich), L27, 121, a
befördern, L29, 143, 8
Befragte, der/die, -n, L23, 54,
4.b (LV)
Befragung, die, -en, L30, 155, 2.b
(LV)
befriedigt, L22, 27, 3.b (LV)
befürchten, L28, 123, 3.b
begegnen (sich), L26, 96, 13.b (LV)
begehen, L23, 52, 5.a
Begeisterung, die, L22, 39, 4.b (LV)
Begründung, die, -en, L23, 46, 6.a
beherrschen, L29, 142, 6
behindern, L23, 50, 3.d
behindert, L23, 46, 6.a
Behinderung, die, -en, L25, 84, 5.e
Behörde, die, -n, L25, 86, 5.a
Behördengang, der, -"e, L25, 86, 5.a
behost, L23, 48, 10.a (LV)
*bei*bringen, L22, 36, 3.a
beinhalten, L30, 155, 2.b (LV)
bekämpfen, L23, 47, 8.a (LV)
beklagen (sich), L21, 19, 4.a
bekleiden, L23, 54, 3.1
bekleidet, L21, 17, 1.c
bekräftigen, L24, 70, 1
beladen, L21, 25,K
belagern, L28, 132, 3.a
beleidigen, L23, 45, 5.b
Beleidigung, die, -en, L28, 125,
5.a (LV)
beliebig, L26, 105, I
Beliebtheit, die, L21, 13, 6.b
belohnen (sich), L28, 126, 6.a (LV)
belustigt, L25, 82, 2.a
bemalen, L23, 43, 2.a (LV)
bemühen (sich), L23, 47, 8.a (LV)
benachbart, L27, 112, 9.b (LV)
Benachteiligung, die, -en, L25, 79,
11.c (LV)
beneiden, L30, 162, 1.b
benötigen, L26, 101, 6.a
Benutzung, die, -en, L27, 114, 2.a
Benzinpreis, der, -e, L21, 20, 5.b
Beratung, die, -en, L27, 107, 3
berechnen, L30, 158, 7.c (LV)
Bereicherung, die, -en, L29, 144,
10.b (LV)

bereit, L26, 92, 4.b
Bereitschaft, die, -en, L27, 118, 1.f
bereuen, L27, 108, 3
Beruferaten, das, L26, 104, 2.a
Berufsarbeit, die, L26, 101, 5.a
berufsbezogen, L26, 91, 2.b (LV)
Berufskollege, der, -n, L23, 55, 5
Berufsschultag, der, -e, L26, 91,
2.c (LV)
Berufswahl, die, L26, 98, 1.a
Berufswunsch, der, -"e, L26, 98, 1
beruhen, L22, 30, 6.b
Beschäftigte, der/die, -n, L26, 98, 2.b
Beschäftigungspolitik, die, L29,
148, 6.a
Bescheid, der, -e, L28, 126, 6.c (LV)
bescheiden, L27, 109, 6.a (LV)
Bescherung, die, -en, L24, 64,
10.a (LV)
Beschluss fassen, L25, 80, 12.c
Beschuldigung, die, -en, L28, 125,
5.a (LV)
beschütten, L26, 96, 13.b (LV)
beschweren (sich), L21, 20, 5.b
Besetzung, die, -en, L22, 31, 7.b (LV)
Besichtigungsreise, die, -n, L30, 1
68, 2.a
besiegeln, L27, 112, 9.b (LV)
besiegen, L28, 133, 3.b
Besitz, der, L24, 67, 2.a
Besonderheit, die, -en, L25, 88, A
Besorgung, die, -en, L24, 64,
10.a (LV)
bespritzen, L24, 71, 3.a (LV)
bestärken, L23, 47, 8.a (LV)
Bestätigung, die, -en, L24, 71, 3.a
(LV)
Bestätigungsfrage, die, -n, L24,
65, 1.a
Bestürzung, die, L26, 97, 1.b
beteiligen (sich), L21, 19, 4.a
Beteiligung, die, -en, L23, 46, 7.b
beten, L22, 36, 2.a
betonen, L24, 62, 7.b (LV)
Betonung, die, -en, L25, 88, A
betragen, L30, 163, 2.a
betreuen, L27, 115, 4.a
betriebliche Altersversorgung, L26,
93, 7.a
Betriebswirtschaftslehre, die, L26,
91, 2.b (LV)
betroffen, L27, 117, 1.b (LV)
Betrunkene, der/die,-n, L29, 141, 4.a
Bettdecke, die, -n, L23, 43, 2.a (LV)
Bettruhe, die, L24, 67, 2.a

beugen (sich), L23, 54, 3.3
Bevölkerungsexplosion, die, L30, 164, 3
bewahren, L23, 54, 3
bewältigen, L29, 144, 10.b (LV)
Bewegungsfreiheit, die, L28, 128, 9.d (LV)
Beweis, der, -e, L25, 86, 5.a
bewerben (sich), L26, 92, 3.a (LV)
Bewerber, der, -, L26, 92, 3.a (LV)
Bewerbung, die, -en, L26, 94, 8.a (LV)
Bewerbungsunterlage, die, -n, L26, 94, 8.a (LV)
bewerten, L28, 135, 3.a
bewirken, L22, 38, 2
Bewunderung, die, L26, 97, 1.b
bewusst, L22, 28, 4.b
Bewusstmachen, das, L28, 128, 9.e
Bewusstmachung, die, L27, 121, a
Bewusstsein, das, L22, 31, 7.b (LV)
bezahlter Urlaub, L26, 93, 7.a
Bezahlung, die, -en, L26, 101, 6.a
bezeugen, L24, 70, 2.a (LV)
beziehen (sich), L21, 20, 5.b
Bezugsperson, die, -en, L28, 128, 9.d (LV)
Bibel, die, -n, L24, 71, 3.a (LV)
Bibliothek, die, -en, L21, 18, 3.a
Bibliothekarin, die, -nen, L26, 95, 11.b (LV)
biegen, L23, 43, 2.a (LV)
Biertrinken, das, L25, 83, 4.a
Bildfolge, die, -n, L27, 119, 2
Bildhauerin, die, -nen, L25, 89, H
Bildschirm, der, -e, L23, 44, 3.a (LV)
Bildschirmtext, der, -e, L29, 144, 10.b (LV)
Bindeglied, das, -er, L29, 152, A
binnen, L29, 143, 8
Biologe, der, -n, L29, 144, 10.b (LV)
Bischof, der, -"e, L23, 57
bislang, L29, 144, 10.b (LV)
Bistro, das, -s, L25, 83, 4.a
Bit, das, -s, L22, 31, 7.b (LV)
bizarr, L22, 32, 8.e (LV)
blamieren, L28, 127, 8.a
blauer Brief, L22, 33, 2.c (HV)
blaurot, L23, 48, 10.a (LV)
bleich, L28, 125, 5.a (LV)
Blickkontakt, der, -e, L28, 134, 1.f
blinzeln, L23, 48, 10.a (LV)
Block, der, -"e, L27, 112, 9.b (LV)
Blockunterricht, der, L26, 91, 2.c (LV)

blöd, L25, 76, 4.a
blond, L25, 77, 6.c
Blondine, die, -n, L25, 77, 6.c
Blumenvase, die, -n, L28, 133, 4.a
Blutkreislauf, der, -"e, L29, 144, 10.b (LV)
Blutspur, die, -en, L23, 51, 4.a
Bote, der, -n, L29, 139, 2.a (LV)
Boulevardpresse, die, L22, 39, 4.b (LV)
Brand, der, -"e, L29, 148, 6.a
brav, L24, 64, 10.a (LV)
Bruchteil, der, -e, L22, 30, 6.b
Bruderschaft, die, -en, L24, 63, 8.a (LV)
brüllen, L23, 43, 2.a (LV)
Brustlatz, der, -"e, L28, 124, 5.a (LV)
Brüstung, die, -en, L27, 112, 9.b (LV)
Brutalität, die, -en, L23, 44, 3.a (LV)
Buchführung, die, L26, 91, 2.b (LV)
bücken (sich), L23, 48, 10.a (LV)
Bühne, die, -n, L21, 25, P
Bund, der (= Bundeswehr, die), L23, 54, 4.b (LV)
Bundesanstalt, die, -en, L26, 92, 3.a (LV)
Bundesbürger, der, -, L29, 139, 2.b (LV)
Bundesliga-Fußballclub, der, -s, L27, 110, 8.c (LV)
Bundesverdienstkreuz, das, -e, L27, 110, 8.c (LV)
bundesweit, L29, 139, 2.b (LV)
Bürger, der, -, L25, 86, 5.a
Bürgerinitiative, die, -n, L25, 86, 5.a
Bürgermeister, der, -, L25, 79, 11.c (LV)
Bürgerrechtler, der, -, L23, 54, 3.3
Bürgersteig, der, -e, L25, 75, 3.b
Bürgervertreter, der, -, L21, 24, H
Büroraum, der, -"e, L26, 101, 6.a
Butler, der, -, L28, 134, 1.c
Byte, das, -s, L29, 142, 6.b (LV)

C

Camp, das, -s, L29, 142, 6.b (LV)
Caritas, die, L23, 44, 4.a
CD, die, -s, L29, 138, 1
CD-Player, der, -, L29, 143, 8
CD-ROM, die, -s, L22, 29, 5.b
CDU, L30, 155, 2.b (LV)
chaotisch, L29, 146, 3.a
Charaktereigenschaft, die, -en, L21, 13, 6.b
Charter-Flug, der, „e, L21, 20, 5.b

Chef vom Dienst, der, L29, 141, 4.a
Chefredakteur, der, -e, L23, 45, 5.b
Chemiestadt, die, -"e, L21, 24,H
Chemikalie, die, -n, L27, 110, 8.c (LV)
chinesisch, L21, 12, 5.b
Chor, der, -"e, L22, 36, 2.a
Christ, der, -en, L24, 61, 6.a
Christenlehre, die, L24, 60, 3.a
christlich, L24, 66, 1.d
Christus, L24, 59, 2.a (LV)
Chronik, die, -en, L28, 132, 3.a
Clown, der, -s, L27, 121, a
Comic, der, -s, L29, 140, 3.a
Compact Disk, die, -s, L29, 143, 8
Computerfachleute, die (Pl), L29, 148, 6.c
Computerleistung, die, -en, L29, 144, 10.b (LV)
Computernetz, das, -e, L29, 144, 10.b (LV)
Computersound, der, -s, L29, 143, 8
Containerdorf, das, -"er, L25, 86, 5.a
cool, L29, 142, 6.b (LV)
Cyberspace, der, -s, L29, 143, 8

D

daher, L25, 83, 3.b
Dämon, L27, 112, 9.b (LV)
Darbietung, die, -en, L22, 30, 6.b
darstellen, L23, 47, 8.a (LV)
darüber, L21, 10, 2.c C
das Beste machen, L21, 13, 6.b
das gleiche Theater, L21, 22, 3.a
*da*sitzen, L25, 76, 4.a
Daten-Autobahn, die, -en, L29, 144, 10.b (LV)
Datenbank, die, -en, L29, 144, 10.b (LV)
Dateneinheit, die, -en, L29, 143, 8
Datennetz, das, -e, L29, 143, 8
Datenverschlüsselung, die, -en, L29, 148, 6.a
Dattel, die, -n, L22, 40, 2
Datum, das, Daten, L29, 143, 8
Daumen, der, -, L23, 51, 4.a
*davon*kommen, L28, 136, 3
*dazu*setzen (sich), L25, 86, 5.a
Degeneration, die, -en, L25, 89, F
dehnen (sich), L30, 158, 7.c (LV)
Deich, der, -e, L30, 164, 3.a
demnächst, L23, 46, 6.a
Demo, die, -s, L23, 46, 6
Demokratie, die, -n, L29, 146, 3.a
demokratisch, L22, 36, 3.a
Denkanstoß, der, -"e, L23, 47, 8.a (LV)

Denkblase, die, -n, L30, 157, 6.b
denken können (sich), L23, 48,
10.a (LV)
Denkmal, das, -"er, L23, 56
Denkpause, die, -n, L26, 98
deprimiert, L22, 34, 1.d (Gr)
der Landessprache mächtig sein, L26,
95, 10.b
derartig, L25, 75, 2 (LV)
dereinst, L30, 158, 7.c (LV)
derjenige, L28, 136, 2
dermaßen, L28, 124, 5.a (LV)
derselbe, L21, 10, 2.c B
Designerin, die, -nen, L27, 110,
8.c (LV)
deswegen, L22, 33, 2.c (HV)
deutlich kälter, L21, 10, 2.c E
Deutschkenntnis, die, -se, L21,
17, 2.b
Deutschlernen, das, L25, 86, 5.a
Deutschstunde, die, -n, L27, 121, a
Dialog, der, -e, L26, 102, d
Dichter, der, -, L25, 89, E
dienen, L24, 63, 8.a (LV)
Dienstleistung, die, -en, L24, 62,
7.b (LV)
Dienstleistungs-Sektor, der, -en, L29,
144, 10.b (LV)
Dienstreise, die, -n, L28, 136, 5
Diktatur, die, -en, L27, 112, 9.b (LV)
Diplom, das, -e, L21, 24, I
Discobesuch, der, -e, L21, 19, 4.a
Diskette, die, -n, L22, 40, 2
Diskriminierung, die, -en, L25, 79,
11.c (LV)
Diskussionsbeitrag, der, -"e, L22,
38, 1
Diskussionsende, das, L22, 38, 1
Diskussionsergebnis, das, -se, L26,
102, g
Diskussionsformel, die, -n, L21, 21, 1
Diskussionsorganisation, die, L22,
38, 1
Diskussionsregel, die, -n, L22, 38, 1
Diskussionsthema, das, -themen,
L23, 54, 3
Dissertation, die, -en, L21, 24, I
Disziplin, die, -en, L22, 36, 3.a
Doktortitel, der, -, L30, 160, 9.c (LV)
dominieren, L29, 139, 2.a (LV)
L23, 43, 2.a (LV)
Doppelturm, der, -"e, L23, 57
Dorffest, das, -e, L27, 106, 1.a
dortig, L27, 111, 8.c (LV)
dösen, L23, 48, 10.a (LV)

Drache, der, -n, L28, 130, (LV)
Drachenstich, der, L28, 130, (LV)
Drachenstichfest, das, -e, L28, 130, 1
Drachenstichspiel, das, -e, L28,
132, 3.a
Drama, das, Dramen, L27, 121, a
dramatisch, L28, 132, 3.a
*dran*setzen, L26, 96, 13.b (LV)
Dreck, der, L23, 43, 2.a (LV)
Drecksack, der, -"e, L28, 125, 5.a (LV)
Dreigroschenoper, die, L27, 121, a
Dreiländereck, das, L21, 24, D
Dreilandzeitung, die, -en, L21, 25, R
*drin*stehen, L23, 46, 6.a
Dritte Reich, das, L23, 47, 8.a (LV)
Droge, die, -n, L23, 44, 3.a (LV)
Drogenhändler, der, -, L30, 156, 3.a
Drogenrausch, der, L30, 160, 9.c (LV)
drohen, L25, 80, 12.b (LV)
drucken, L27, 106, 1.a
Drucker, der, -, L29, 149, 2.a
Druckerschwärze, die, L29, 143, 9
Druckmedien, die (Pl), L29, 139, 2.c
Druckmittel, das, -, L22, 38, 2
Drucktype, die, -n, L22, 27, 3.b (LV)
dual, L26, 91, 2
Dunkelheit, die, L28, 128, 9.d (LV)
dünn, L21, 23, 4
durch dick und dünn gehen, L21,
23,4
*durch*drehen, L26, 96, 13.b (LV)
durcheinander, L22, 38, 1
*durch*führen, L22, 30, 6.b
Durchführung, die, -en, L28, 135, 3.a
*durch*gleiten, L27, 109, 6.a (LV)
*durch*lesen, L28, 126, 6.c (LV)
durchqueren, L25, 79, 11.c (LV)
Durchschnittssumme, die, -n, L26,
93, 7.a
Durchschnittsverdiener, der, -, L30,
160, 9.c (LV)
*durch*streichen, L26, 105, III

E

ebenfalls, L25, 77, 6.c
Echtheit, die, L23, 56
Egoismus, der, -men, L22, 38, 2
ehemalig, L23, 57
eher, L25, 77, 6.c
Ehre, die, L27, 121, a
Ehrenamt, das, -"er, L27, 106, 1.a
ehrenamtlich, L27, 110, 8.c (LV)
Ehrentribüne, die, -n, L28, 130, 1.a
Eifer, der, L24, 64, 10.a (LV)
eigen, L21, 19, 4.a

Eigengruppe, die, -n, L25, 75, 2 (LV)
Eigenkorrektur, die, -en, L28, 137, I
Eigentext, der, -e, L26, 105, III
eigenverantwortlich, L22, 36, 3.a
Eigenwahrnehmung, die, -en, L24,
61, 4.a (LV)
Eilbrief, der, -e, L29, 143, 8
einander, L28, 125, 5.a (LV)
*ein*arbeiten, L26, 96, 13.b (LV)
Einarbeitung, die, L26, 96, 13.b (LV)
Einbauküche, die, -n, L30, 157,
5.a (LV)
eindeutig, L24, 73, I
Eindruck machen, L25, 81, 1.a
eineiig, L30, 160, 9.c (LV)
*ein*fallen, L28, 126, 6.c (LV)
einfarbig, L25, 75, 3.b
einförmig, L30, 158, 7.c (LV)
*ein*fügen, L25, 82, 2.b
Einführung, die, -en, L23, 54,
4.b (LV)
*ein*gehen, L26, 102, c
einig, L29, 145, 1.a (LV)
einigen (sich), L21, 16, 2.a (Ph)
einigermaßen, L28, 124, 5.a (LV)
einiges, L23, 50, 3.b
Einigung, die, -en, L29, 148, 6.a
Einkaufliste, die, -n, L22, 40, 2
Einklang, der, L29, 144, 10.b (LV)
*ein*leben (sich), L21, 14, 10.a
*ein*pendeln (sich), L30, 160, 9.c (LV)
*ein*prägen (sich), L22, 28, 4.b
*ein*rahmen, L22, 27, 3.b (LV)
Einsamkeit, die, L27, 121, a
Einsatzbereich, der, -e, L23, 55, 1
*ein*schätzen, L28, 128, 9.c
*ein*schlagen, L28, 125, 5.a (LV)
*ein*schließen, L24, 65, 2.b
*ein*schränken, L24, 70, 2.b
Einschub, der, -"e, L28, 129, 1
*ein*setzen (sich), L23, 45, 5.a
Einsicht, die, -en, L29, 144, 10.b (LV)
*ein*sparen, L26, 96, 13.b (LV)
*ein*sperren, L25, 77, 6.c
*ein*spielen, L30, 163, 2.a
Einstellung, die, -en, L22, 31, 7.b (LV)
Einstieg, der, -e, L26, 91, 2
*ein*strömen, L29, 144, 10.b (LV)
Einstufungstest, der, -s, L21, 17, 2.b
*ein*teilen, L21, 16, 2 (Ph)
Eintönigkeit, die, -en, L26, 96,
13.b (LV)
*ein*treiben, L24, 62, 7.b (LV)
einverstanden sein, L26, 96, 13.b (LV)
Einwanderer, der, -, L25, 86, 4.b

einwöchig, L25, 86, 5.a
Einwohnerzahl, die, -en, L24, 61, 6.a
Einwurf, der, -"e, L29, 148, 6.a
Einzelheit, die, -en, L26, 94, 9.a
Einzelperson, die, -en, L23, 54, 3.3
Einzelprüfung, die, -en, L22, 27,
3.b (LV)
einzigartig, L23, 56
Einzigartigkeit, die, L23, 56
Eisenhütte, die, -n, L23, 57
Eisheilige, die, -n, L27, 121, a
Ekel, der, L28, 129, 2.b
eklig, L28, 129, 2.c
Ekstase, die, -n, L30, 160, 9.c (LV)
Elektrorollstuhl, der, -"e, L25, 79,
11.c (LV)
Element, das, -e, L24, 73, I
elementar, L25, 88, D
Elend, das, L27, 121, a
Elite, die, -n, L29, 144, 10.h
Ellbogen, der, -, L23, 44, 3.a (LV)
elternlos, L27, 116, 4.d
Emigration, die, -en, L27, 121, a
Emotion, die, -en, L30, 160, 9.c (LV)
emotional, L22, 31, 7.b (LV)
Empfang, der, -"e, L28, 132, 3.a
empfangen, L30, 167, 2
Empfänger, der, -, L29, 143, 8
Empfangskomitee, das, -s, L25, 79,
11.c (LV)
endgültig, L22, 28, 3.b (LV)
Endgültigkeit, die, L28, 127, 8.a
endlos, L30, 158, 7.c (LV)
Energiesparen, das, L27, 114, 2
engagieren (sich), L23, 45, 5.b
engagiert, L26, 98, 1.a
Ensemble, das, -s, L27, 121, a
Entbehrung, die, -en, L23, 47,
8.a (LV)
entdecken, L21, 10, 2.c B
entfernen, L30, 167, 2
*entgegen*kommen, L29, 141, 4.b
*entgegen*laufen, L25, 84, 5.e
*entgegen*nehmen, L29, 144, 10.b (LV)
*entgegen*rufen, L28, 124, 5.a (LV)
entgehen, L30, 157, 5.a (LV)
Entgelt, das, -e, L26, 93, 7.a
entkommen, L26, 100, 3.b
entmutigen, L26, 100, 4
entmutigen lassen (sich), L21, 19, 4.a
entscheidend, L24, 65, 1
Entscheidung treffen, L27, 107, 3
Entscheidungsfrage, die, -n, L24,
65, 1.a
entschließen (sich), L23, 54, 3.2

Entschluss, der, -"e, L27, 107, 3
entschuldigen (sich), L25, 82, 2.b
entsetzt, L25, 82, 2.b
entspannt, L22, 30, 6.c
Entspannung, die, -en, L22, 30, 6.b
Entspannungsmusik, die, -en, L22,
41, II
Entspannungsübung, die, -en, L28,
126, 6.a (LV)
Entsprechung, die, -en, L22, 41, II
Entstehung, die, -en, L28, 128, 9.e
entziehen (sich), L24, 59, 2.a (LV)
erarbeiten, L27, 117, 1.b (LV)
Erbanlage, die, -n, L30, 160, 9.c (LV)
Erbe, das, L27, 119, 3.a
erbetteln, L23, 44, 4.a
erbittert, L23, 44, 3.a (LV)
Erdboden, der, -", L25, 80, 12.b (LV)
Erdteil, der, -e, L24, 63, 8.a (LV)
Ereignis, das, -se, L23, 44, 3.a (LV)
ererben, L30, 160, 9.c (LV)
erfinden, L25, 77, 6.c
Erfinder, der, -, L25, 77, 6.c
erfolgen, L27, 117, 1.b (LV)
Erfolgsbilanz, die, -en, L27, 108, 4.b
Erfolgsstrategie, die, -n, L28, 126, 6
erfreuen, L27, 118, 1.f
Erfrischung, die, -en, L30, 163, 2.a
Erfüllung, die, -en, L30, 168, 3.a
Ergänzung, die, -en, L21, 16, 1 (Ph)
Ergänzungsfrage, die, -n, L24, 65, 1.a
ergeben, L26, 93, 7.a
ergreifen, L21, 20, 6
Erhalt, der, L29, 148, 6.a
erheben (sich), L30, 158, 7.c (LV)
erhöhen, L27, 113, 1.d
Erkenntnis, die, -se, L22, 30, 6.b
Erkrankung, die, -en, L25, 83, 3.c
erlaubt, L23, 44, 3.a (LV)
Erledigungsliste, die, -n, L22, 40, 2
erleichtern, L25, 86, 5.a
erleiden, L28, 134, 1.c
erlernen, L28, 128, 9.d (LV)
erleuchten, L28, 132, 3.a
ermahnen, L24, 64, 10.a (LV)
ermorden, L23, 50, 3.a
ermuntern, L22, 38, 1
ermutigen, L26, 92, 3.a (LV)
erneuern, L21, 16, 2.a (Ph)
Ernte, die, -n, L27, 110, 8.c (LV)
erotisch, L25, 88, B
erproben, L23, 45, 5.b
erregen, L28, 123, 2.b
Erreichung, die, L23, 45, 5.b
errichten, L25, 86, 5.a

Ersatzfamilie, die, -n, L27, 115, 4.a
Ersatzform, die, -en, L29, 145, 1.b
erscheinen, L22, 27, 3.b (LV)
Erscheinung, die, -en, L21, 13, 6.b
erschellen, L28, 124, 5.a (LV)
erschlagen, L25, 80, 12.b (LV)
Erschöpfung, die, L24, 62, 7.b (LV)
Ersparnis, die, -se, L27, 119, 3.a
Erstaunen, das, L21, 16, 2.a (Ph)
erstaunlich, L23, 54, 4.b (LV)
erste Mal, das, L26, 98
Erteilung, die, L27, 118, 1.g
ertönen, L24, 70, 2.a (LV)
erträumen (sich), L30, 167, 2
Erwachsensein, das, L28, 135,
2.a (LV)
Erwachsenwerden, das, L30, 155, 2.b
(LV)
erwähnen, L21, 10, 2.c H
erweisen, L21, 16, 2.a (Ph)
erweitern, L25, 78, 7
erweitert, L29, 144, 10.b (LV)
Erweiterung, die, -en, L26, 99
erwischen, L28, 125, 5.a (LV)
erzählen (sich), L25, 76, 4
erziehen, L22, 36, 3.a
Erziehungsmittel, das, -, L23, 47,
8.a (LV)
Eselsbrücke, die, -n, L22, 37, 4.c
Ethik, die, L24, 60, 3.a
ethisch, L24, 61, 4.a (LV)
ethnisch, L23, 45, 5.a
EU-Minister, der, -, L29, 148, 6.a
Europäer, der, -, L29, 145, 1.a
Eurozertifikat, das, -e, L21, 24, I
evangelisch, L24, 71, 3.a (LV)
Evangelische Kirche, die, -n, L24, 62,
7.b (LV)
EWG, L29, 152, A
Ex-Managerin, die, -nen, L27, 110,
8.c (LV)
Exempel statuieren, L27, 112,
9.b (LV)
Exemplar, das, -e, L29, 139, 2.a (LV)
existieren, L28, 128, 9.c
experimentell, L27, 121, a
Expertenservice, der, L27, 119, 1.a
explosionsartig, L29, 143, 9.b
expressionistisch, L25, 88, C
exquisit, L29, 153
Extremismus, der, ...men, L28, 136, 1
exzentrisch, L21, 13, 6.b
exzessiv, L24, 62, 7.b (LV)

F

Fabrikarbeiter, der, -, L26, 95, 11.b (LV)
Fachkraft, die, -"e, L26, 92, 3.a (LV)
Fachleute, die (Pl), L29, 148, 6.a
fähig, L22, 39, 4.b (LV)
Fahrgast, der, -"e, L25, 76, 4.a
Fahrkartenschalter, der, -, L21, 10, 2.c G
Fahrlehrer, der, -, L28, 135, 2.a (LV)
Fahrradabstellplatz, der, -"e, L29, 148, 6.c
Fahrraddiebstahl, der, -"e, L29, 148, 6.c
Fahrradklau, der, L29, 148, 6.a
Fahrstunde, die, -n, L28, 135, 2.a (LV)
Fairness, die, L23, 45, 5.b
Faktor, die, -en, L21, 13, 6.c
Fallbeil, das, -e, L27, 112, 9.b (LV)
fällen, L27, 109, 6.a (LV)
*fallen*lassen, L29, 149, 4
Familieneinkommen, das, -, L26, 101, 6.d
Familienfest, das, -e, L24, 71, 3.a (LV)
Familienunternehmen, das, -, L27, 111, 8.c (LV)
Fanatismus, der, -men, L23, 45, 5.b
Fantasiebild, das, -er, L22, 32, 8.e (LV)
fantastisch, L27, 121, a
farbecht, L27, 110, 8.c (LV)
Farbfernseher, der, -, L30, 157, 5.a (LV)
farbig, L26, 105, III
farblos, L21, 13, 6.b
Fass, das, -"er, L21, 25, K
fassen, L27, 119, 3.a
Fassungsvermögen, das, L22, 30, 6.b
Fastnacht, die, L21, 25, Q
faszinieren, L21, 11, 4.c
fauchen, L23, 44, 3.a (LV)
Faulheit, die, L22, 38, 2
FCKW-frei, L27, 108, 4.b
Fehler, der, -, L21, 13, 6.b
fehlerfrei, L30, 162, 1.a
fehlerhaft, L26, 105, II
Fehlerstatistik, die, -en, L26, 105, III
feierlich, L24, 71, 3.a (LV)
feige, L25, 77, 6.c
Feindbild, das, -er, L23, 45, 5.a
Feinschmecker, der, -, L21, 24, F
Fensterbrett, das, -er, L28, 133, 4.a
Fensterchen, das, -, L24, 64, 10.a (LV)

Ferienbetreuung, die, -en, L27, 106, 1.a
Fernfahrer, der, -, L25, 79, 11.c (LV)
*fern*lenken, L28, 127, 8.a
Fernsehprogramm, das, -e, L29, 149, 1.d
Fernsehprogrammzeit-schrift, die, -en, L29, 149, 1.d
Fernsehantenne, die, -n, L25, 78, 8.a (LV)
Fernsehnachricht, die, -en, L29, 149, 1.b
Fernweh, das, L25, 79, 11.c (LV)
Fertigmacher, der, -, L26, 96, 13.b (LV)
fertig stellen, L23, 57
Festessen, das, -, L24, 71, 3.a (LV)
Festgottesdienst, der, -e, L24, 71, 3.a (LV)
festigen, L21, 17, 2.b
fettgedruckt, L29, 139, 2.c
Feuerzeug, das, -e, L23, 43, 2.a (LV)
Feuilleton, das, -s, L29, 139, 2.c
Figurenbild, das, -er, L25, 88, C
Film-AG, die, -s, L25, 76, 4.a
Filmsequenz, die, -en, L24, 73, IV
Finanzamt, das, -"er, L30, 168, 2
Finanzskandal, der, -e, L29, 141, 4.a
finden (der Meinung sein), L21, 20, 6
Fingernagel, der, -", L24, 64, 10.a (LV)
finster, L25, 80, 12.b (LV)
fix, L23, 48, 10.a (LV)
Flächenhaftigkeit, die, L25, 88, A
flackern, L23, 44, 3.a (LV)
Flaschenpost, die, L27, 119, 2
fliehen, L22, 27, 1.d
Fließband, das, -"er, L26, 96, 13
Fließbandarbeit, die, L26, 96, 13, C
flimmern, L23, 48, 10.a (LV)
flüchten, L25, 80, 12.b (LV)
Fluchtgedanke, der, -n, L30, 164, 4.a
Flugblatt, das, -"er, L27, 112, 9.b (LV)
Flügel, der, -, L25, 89, F
Flugplatz, der, -"e, L28, 136, 2
Flugticket, das, -s, L22, 40, 2
Flur, der, -e, L29, 141, 5.b
folgen, L22, 28, 3.b (LV)
folgend, L21, 13, 6.b
folgern, L24, 64, 10.a (LV)
Folklore-Lied, das, -er, L28, 124, 4
folkloristisch, L21, 24, E
Forderung, die, -en, L27, 117, 1.b (LV)
Förderung, die, -en, L25, 79, 10 (LV)

Form, die, -en, L22, 31, 7.b (LV)
formal, L25, 88, A
Formel, die, -n, L23, 53, 1
formelle Diskussion, L22, 38, 1
formeller Sprachgebrauch, L29, 145
formlos, L27, 117, 1.b (LV)
Forschungsergebnis, das, -se, L30, 160, 9.c (LV)
Forschungsprojekt, das, -e, L21, 24, I
*fort*bewegen (sich), L28, 130, (LV)
*fort*fahren, L26, 99, 3.a
fortschreitend, L25, 79, 11.c (LV)
Fortschritt, der, -e, L29, 144, 10.b (LV)
*fort*setzen, L25, 83, 3.c
fotokopiert, L26, 105, III
Fragensturm, der, -"e, L21, 22, 3.a
frech, L22, 28, 3.b (LV)
Frechheit, die, -en, L29, 150, d
Freistellung, die, L30, 155, 2.b (LV)
Freitagabend, der, L24, 70, 2.a (LV)
fremd fühlen (sich), L21, 14, 10.a
Fremde, die, L21, 10, 2
Fremdgruppe, die, -n, L25, 75, 2 (LV)
Fremdtext, der, -e, L26, 105, II
Fremdwahrnehmung, die, -en, L24, 61, 4.a (LV)
Freude, die, -n, L22, 39, 4.b (LV)
Freundschaftsdienst, der, -e, L21, 16, 2.a (Ph)
Friede(n), der, L23, 42
Friedensauftrag, der, L23, 54, 4.b (LV)
Friedensdienst, der, -e, L27, 106, 1.a
Friedenserziehung, die, L23, 45, 5
Friedensprojekt, das, -e, L23, 55, 5
friedlich, L25, 86, 5.a
frisch gewagt, L21, 14, 8
froh, L29, 143, 9.b
Frohnatur, die, -en, L30, 160, 9.c (LV)
fromm, L24, 59, 2.a (LV)
frühmorgens, L26, 104, 3
Frustration, die, -en, L22, 38, 2
frustriert, L22, 35, 1.d (Gr)
fühlen (sich), L23, 54, 4.b (LV)
Fülle, die, L29, 144, 10.b (LV)
Funk, der, L27, 111, 8.e
Funktion, die, -en, L23, 45, 5.a
funktionsfähig, L23, 47, 8.a (LV)
Furcht, die, L28, 123, 2
furchtbar, L25, 82, 2.b
fürchten (sich), L28, 124, 5.a (LV)
fürchten um, L26, 96, 13.b (LV)
fürchterlich, L28, 123, 2.b
furchtlos, L28, 124, 5.a (LV)
furchtsam, L28, 124, 5.a (LV)

Fuß, der, -"e, L23, 48, 10.a (LV)
Fußballfan, der, -s, L25, 77, 6.g

G
gähnen, L23, 48, 10.a (LV)
Galerie, die, -n, L25, 88
galoppieren, L25, 80, 12.b (LV)
Gang, der, L23, 51, 4.a
ganz gut, L26, 91, 2.c (LV)
ganzheitlich, L22, 30, 6.c
gar, L21, 15, 10.a
Gartenanlage, die, -n, L23, 57
Gärtner, der, -, L28, 134, 1
Gasteltern, die (Pl), L23, 47, 8.a (LV)
gastfreundlich, L25, 77, 6.h
Gebet, das, -e, L24, 67, 2.a
Gebetskreis, der, -e, L24, 62, 7.b (LV)
Gebetsruf, der, -e, L24, 70, 2.a (LV)
Geblinzel, das, L23, 48, 10.a (LV)
gebrochenes Deutsch, L21, 10, 2.c A
Geburtsort, der, -e, L29, 143, 8
Geburtstagseinladung, die, -en, L21, 22, 3.a
Geburtstagsfeier, die, -n, L21, 22, 3.a
Gedächtnis, das, -se, L22, 28, 4.b
Gedächtnisart, die, -en, L22, 31, 7.c
Gedächtniskapazität, die, L22, 37, 4.c
Gedächtnisleistung, die, -en, L22, 31, 7.c
Gedächtnisschwäche, die, -en, L22, 31, 7.b (LV)
Gedächtnistest, der, -s, L22, 32, 8.a
gedeihen, L27, 112, 9.b (LV)
geduldig, L21, 10, 2.c A
geeignet, L26, 92, 3.a (LV)
Gefahr, die, -en, L24, 62, 7.b (LV)
Gefährlichkeit, die, L28, 128, 9.d (LV)
gefühlsmäßig, L25, 75, 2 (LV)
gegen, L21, 18, 3.e
gegen jmd. ankommen, L27, 112, 9.b (LV)
Gegendarstellung, die, -en, L29, 147, 5
Gegensatz, der, -"e, L26, 98, 2.b
gegenteilig, L27, 116, 5
Gegner, der, -, L29, 148, 6.a
geheimnisvoll, L24, 64, 10.a (LV)
Gehirnforschung, die, L22, 30, 6.b
Gehirnhälfte, die, -n, L22, 30, 6.b
Gehirnkapazität, die, L22, 30, 6.c
gehorchen, L22, 36, 2.a
gehörig, L22, 27, 3.b (LV)
Gehorsam, der, L22, 36, 3.a
Gehweg, der, -e, L25, 75, 3.b

geizig, L27, 119, 3.a
gekleidet, L30, 158, 7.c (LV)
gelassen, L27, 109, 6.a (LV)
Geldzahlung, die, -en, L24, 62, 7.d
Gelegenheit, die, -en, L24, 73, I
Gemälde, das, -, L29, 153, 7
Gemeinde, die, -n, L24, 62, 7.b (LV)
Gemeindehaus, das, -"er, L29, 142, 6.b (LV)
Gemeinderat, der, -"e, L27, 117, 1.b (LV)
Gemeinderatsmitglied, das, -er, L27, 106, 1.a
Gemeindeverwaltung, die, -en, L27, 117, 1.b (LV)
Gemeinschaft, die, -en, L24, 63, 8.a (LV)
Gemeinschaftlichkeit, die, L23, 45, 5.b
Gen, das, -e, L30, 160, 9.c (LV)
genauer gesagt, L21, 10, 2.c, F
genauso, L29, 144, 10.b (LV)
Genehmigung, die, -en, L27, 118, 1.g
Gentechnik, die, L29, 148, 6.a
genügen, L23, 47, 8.a (LV)
geraten, L27, 119, 3.a
gerecht, L27, 119, 3.a
gerechtfertigt, L28, 124, 5.a (LV)
Gerechtigkeit, die, L23, 45, 5.a
geregeltes Nebeneinander, L21, 15, 12.d
Gericht, das, -e, L27, 106, 1.a
geringschätzig, L23, 48, 10.a (LV)
Geruch, der, -"e, L24, 72, 3.b
gesamtdeutsch, L30, 155, 2.b (LV)
geschäftig, L21, 10, 2.c H
Geschehnis, das, -se, L23, 47, 8.a (LV)
gescheit, L21, 25, K
Geschichtsunterricht, der, L23, 47, 8.a (LV)
Geschmack, der, -"e, (-"er) L23, 43, 2.a (LV)
Gesellenprüfung, die, -en, L26, 94, 8.a (LV)
Gesichtszug, der, -"e, L26, 96, 13.b (LV)
gesprächseinleitend, L27, 118, 1.f
Gesprächstherapeut, der, -en, L30, 163, 2.a
gesprochene Sprache, L23, 49, 2.b
Gestaltung, die, L29, 152, A
Gestapo, die, L27, 112, 9.b (LV)
gestatten, L22, 27, 3.b (LV)
Getreide, das, -, L24, 62, 7.b (LV)

Gewalt, die, -en, L23, 44, 3.a (LV)
Gewaltakt, der, -e, L23, 44, 4
Gewaltbereitschaft, die, L30, 155, 2.b (LV)
Gewaltdelikt, das, -e, L23, 44, 4.a
Gewaltelement, das, -e, L23, 55, 6
gewaltfrei, L23, 45, 5.a
Gewaltkonsum, der, L23, 44, 3.a (LV)
gewaltlos, L23, 54, 3.3
Gewaltlosigkeit, die, L23, 54, 3.2
gewaltsam, L23, 54, 3.2
Gewalttäter, der, -, L23, 44, 4
Gewand, das, -"er, L24, 65, 2.b
geweiht, L24, 71, 3.a (LV)
Gewerkschaft, die, -en, L26, 93, 6.a
gewerkschaftlich, L26, 104, 1.a
gewissenhaft, L26, 92, 4.b
Gewissensbildung, die, L23, 47, 8.a (LV)
Gewissensentscheidung, die, -en, L23, 47, 8.a (LV)
gezwungen sehen (sich), L28, 125, 5.a (LV)
Gift, das, -e, L28, 123, 2.c
giftfrei, L27, 110, 8.c (LV)
Glaubensfrage, die, -n, L24, 71, 3.a (LV)
Gläubige, der/die, -n, L24, 62, 7.b (LV)
gleichberechtigt, L21, 20, 6
gleichförmig, L30, 158, 7.c (LV)
gleichgültig, L22, 31, 7.b (LV)
gleiten, L27, 109. 6.a (LV)
Gliederung, die, -en, L21, 16, 2. (Ph)
Globalisierung, die, -en, L26, 93, 6.a
Globus, der, Globen, L29, 143, 8
Glockenläuten, das, L24, 70, 2.b
glücklicherweise, L24, 72, 3
Glücklichsein, das, L30, 160, 9.c (LV)
Glückssuche, die, L27, 121, a
Glückstest, der, -s, L30, 160, 9.c (LV)
Gokart (Cart), das, -s, L23, 44, 4.c
Golf, das, L25, 77, 6.c
Gotik, die, L23, 57
Gottesdienst, der, -e, L24, 71, 3.a (LV)
Gottheit, die, -en, L24, 70, 2.a (LV)
göttlich, L24, 62, 7.b (LV)
Grab, das, -"er, L28, 134, 1.c
Grafik, die, -en, L29, 143, 8
Grafiker, der, -, L25, 88, C
Grafikerin, die, -nen, L25, 89, H
Granitblock, der, -"e, L27, 121, a
Gratifikation, die, -en, L26, 93, 7.a
grausam, L23, 47, 8.a (LV)

Gravitationstheorie, die, L25, 78, 9.c
Greueltat, die, -en, L23, 47, 8.a (LV)
Großhirn, das, L22, 31, 7.b (LV)
Großmarkt, der, -"er, L29, 148, 6.a
Grund angeben, L25, 80, 12.b (LV)
Grundgesetz, das, L24, 70, 2.b
Grundposition, die, -en, L21, 18, 3.c
Grundprinzip, das, -ien, L24, 63,
8.a (LV)
grünlichbraun, L22, 27, 3.b (LV)
Gruppen bilden, L27, 118, 1.g
Gruppierung, die, -en, L27, 117,
1.b (LV)
Gulasch, das, -e, L25, 82, 2.b
Guru, der, -s, L24, 62, 7.b (LV)
Gymnasiast, der, -en, L26, 98, 1.a
Gymnastikübung, die, -en, L30,
163, 2.a

H

Haargestrüpp, das, L23, 48, 10.a (LV)
Habsucht, die, L27, 109, 6.a (LV)
Haftzettel, der, -, L22, 41, I
halb gewonnen, L21, 14, 8
halblang, L28, 125, 5.a (LV)
Hallenabschnitt, der, -e, L26, 96,
13.b (LV)
halten für, L25, 80, 12.c
haltmachen, L26, 96, 13.b (LV)
Haltung, die, -en, L21, 10, 2.c C
hämmern, L25, 80, 12.b (LV)
Handel, der, L26, 91, 2.b (LV)
handeln um (sich), L28, 124, 5.a (LV)
Handelszentrum, das, ...tren, L21, 25
Handgriff, der, -e, L26, 96, 13.b (LV)
Handgröße, die, -n, L23, 51, 4.a
Handschrift, die, -en, L29, 142,
6.b (LV)
Handtasche, die, -n, L23, 49, 2.a
Handwerk, das, -e, L26, 91, 2.b (LV)
Handwerker, der, -, L28, 130, 1.a
handwerklich, L26, 104, 2.a
Handwerksbursche, der, -n, L29, 1
52, A
Hängebrücke, die, -n, L29, 153
Hansestadt, die, -"e, L23, 57
Hardware, die, -s, L29, 144, 10.b (LV)
harmoniebedürftig, L27, 111, 8.c (LV)
Hass, der, L30, 167, 2
Haue kriegen, L23, 43, 2.a (LV)
Häufigkeit, die, -en, L24, 69, 3.f
Haupt, das, -"er, L27, 112, 9.b (LV)
Hauptportal, das, -e, L24, 65, 2.b
Hauptsache, die, -n, L26, 96, 13.b
(LV)

Hauptthema, das, ...themen, L23, 47,
8.a (LV)
Hausaufgabenbetreuung, die, -en,
L27, 106, 1.a
Hausbewohner, der, -, L30, 166, 1.b
Hausgemeinschaft, die, -en, L30,
166, 1
Hausmeister, der, -, L27, 112, 9.b (LV)
Hausmeisterstelle, die, -n, L30,
166, 1.a
Hausmeisterwohnung, die, -en, L30,
166, 1.a
Hauswand, die, -"e, L30, 158,
7.c (LV)
hebräisch, L23, 42, 1.c
Hecht, der, -e, L27, 117, 1.e
Heiliger Abend, L24, 64, 10.a (LV)
heimatlich, L27, 119, 3.a
Heimatregion, die, -en, L29, 140, 3.a
Heimatstern, der, -e, L29, 143, 8
heimisch, L24, 70, 2.b
heimlich, L21, 25, K
Heimweh, das, L21, 14, 10.a
Heizkosten, die (Pl), L27, 114, 2.a
Helferfunktion, die, -en, L27,
106, 1.a
hellbraun, L26, 96, 13.b (LV)
Hemisphäre, die, -n, L22, 30, 6.b
Henker, der, -, L22, 27, 3.b (LV)
herankommen, L25, 84, 5.a
Heranwachsende, der/die, -n, L24,
61, 4.a (LV)
herausbekommen, L26, 104, 2.a
herausfahren, L22, 28, 3.b (LV)
herausfordern, L27, 111, 8.e
Herausgeber, der, -, L24, 59, 2.a (LV)
herausragen, L29, 144, 10.b (LV)
herausreißen, L23, 51, 4.a
herausschallen, L21, 23, 4
herausspülen, L27, 110, 8.c (LV)
herausstellen, L23, 52, 5.a
herausziehen, L24, 64, 10.a (LV)
herbei, L24, 70, 2.a (LV)
herfahren, L25, 84, 5.a
herfallen (über jmdn.), L25, 80,
12.b (LV)
hergehen, L26, 96, 13.b (LV)
herkömmlich, L29, 143, 9.b
herrschen, L23, 51, 3.f
Herrscherclique, die, -n, L27, 112,
9.b (LV)
herrufen, L23, 52, 6.a
herstellen, L23, 54, 3.1
herüberkommen, L26, 99, 3.a
herumreisen, L26, 98, 1.a

herumstehen, L23, 50, 3.a
heruntenehmen, L26, 99, 3.a
herunterschnurren, L22, 27, 3.b (LV)
heruntersehen, L23, 48, 10.a (LV)
hervorheben, L22, 38, 1
Hervorhebung, die, -en, L24, 73, I
hervorholen, L26, 99, 3.a
hervorkommen, L28, 133, 4.f
hervorrufen, L28, 123, 2.b
hervorziehen, L22, 27, 3.b (LV)
Herz, das, -en, L22, 27, 3.b (LV)
Herzanfall, der, -"e, L28, 134, 1.c
hiermit, L26, 94, 8.a (LV)
hilflos, L28, 128, 9.d (LV)
hilfsbereit, L25, 76, 4.a
Hilfsbereitschaft, die, L24, 64,
10.a (LV)
Hilfsorganisation, die, -en, L27,
119, 1.a
Hilfssammlung, die, -en, L23, 45, 5.b
Hilfstruppe, die, -n, L23, 54, 4.b (LV)
Himmelsrichtung, die, -en, L30,
167, 2
hin- und herwischen, L23, 48,
10.a (LV)
hinaufbringen, L26, 99, 3.a
hinaufrennen, L29, 141, 5.b
hinausgehen, L23, 51, 4.a
hinaussehen, L21, 10, 2.c, B
Hindu, der/die, -s, L24, 62, 7.b (LV)
hindurch, L23, 48, 10.a (LV)
hindurchgehen, L23, 48, 10.a (LV)
hineinfüllen, L21, 25, K
hineingeboren, L27, 111, 8.c (LV)
hineingehen, L29, 141, 5.a
hineinrufen, L21, 23, 4
hineintragen, L26, 99, 3.a
Hingabe, die, L24, 62, 7.b (LV)
hingegen, L28, 132, 2.d
hinhalten, L25, 76, 4.a
hinken, L23, 51, 4.a
hinreisen, L26, 95, 11.b (LV)
hinrichten, L27, 112, 9.b (LV)
hinschieben, L25, 82, 2.b
hinschreiben, L22, 34, 1.b (Gr)
hinsehen, L26, 99, 3.a
hinsetzen (sich), L24, 66, 1.a
hinstellen, L24, 61, 4.a (LV)
hinstrecken, L25, 82, 2.b
hinter sich bringen, L27, 109,
6.a (LV)
Hinterbein, das, -e, L25, 80, 12.b (LV)
hinterfragen, L22, 39, 4.b (LV)
hintergehen, L26, 99, 3.a
hinterlassen, L21, 16, 2.a (Ph)

jugendlich, L23, 44, 4
Jugendstil, der, L25, 88, A
Jugendstudie, die, -n, L30, 155,
2.b (LV)
Jugendtreffen, das, -, L24, 63, 8.a
(LV)
Jugendvertretung, die, -en, L27,
106, 1.a
Junge, das, -n, L23, 48, 10.a (LV)
jüngstes Gericht, L24, 59, 2.a (LV)
jungverheiratet, L26, 96, 13.b (LV)
Jurist, der, -en, L26, 98, 1.a

K
Kabarettist, der, -en, L27, 121, a
Kaffeetrinken, das, L26, 102, c
Kampf, der, -"e, L23, 54, 3.2
Kanal, der, -"e, L29, 153
Kaninchenfamilie, die, -n, L25, 80,
12.b (LV)
Kaninchenfutter, das, -, L23, 48,
10.a (LV)
Kapazität, die, -en, L22, 30, 6.b
*kaputt*machen, L28, 125, 5.a (LV)
kariert, L25, 75, 3.b
Kartei, die, -en, L22, 41, II
Karteikarte, die, -n, L22, 41, II
Karteikasten, der, -", L22, 41, II
Kastagnette, die, -n, L25, 77, 6.c
Kästchen, das, -, L23, 55, 3
Kathedrale, die, -n, L23, 57
Kauderwelsch, das, L22, 27, 3.b (LV)
kauen, L24, 64, 10.a (LV)
Kauf, der, -"e, L23, 44, 4
keinerlei, L29, 144, 10.b (LV)
kennen lernen, L21, 13, 7
Kenntnis, die, -se, L24, 59, 2.a (LV)
Kennzeichen, das, -, L25, 75, 2 (LV)
kennzeichnen, L24, 73, I
Kerl, der, -e, L23, 48, 10.a (LV)
Kernenergie, die, L21, 20, 5.b
Kid, das, -s, L23, 44, 4
Kidnapping, das, -s, L30, 164, 4
Killer-Programm, das, -e, L29, 144,
10.b (LV)
kilometerweit, L26, 91, 2.c (LV)
Kinderbuch, das, -"er, L27, 121, a
Kinderdorf, das, -"er, L27, 115, 4
Kindergartenplatz, der, -"e, L27, 117,
1.b (LV)
Kindergeschichte, die, -n, L27, 121, a
Kinderpsychologe, der, -n, L23,
43, 2.k
Kinderschuh, der, -e, L29, 144, 1
0.b (LV)

Kinderspielplatz, der, -"e, L23, 50, 3.a
Kindheit, die, L28, 128, 9.d (LV)
Kindheitsangst, die, -"e, L28, 133, 4
Kinokarte, die, -n, L22, 40, 2
Kirchenaustritt, der, -e, L24, 61, 6.a
Kirchenaustrittserklärung, die, -en,
L29, 148, 6.a
Kirchengemeinde, die, -n, L24, 63,
8.a (LV)
Kirchenlied, das, -er, L24, 71, 3.a (LV)
Kirchenmaus, die, -"e, L24, 72, 2
Kirchturmuhr, die, -en, L28, 134, 1.c
klagen, L25, 84, 5.e
klanglich, L22, 32, 8.e (LV)
klappen, L23, 55, 3
klar machen (sich), L28, 128, 9.d (LV)
klären, L23, 50, 3.a
Klarheit, die, L28, 126, 6.a (LV)
*klar*stellen, L25, 85, 1
Klarstellung, die, -en, L25, 85, 1
Klassenlehrer, der, -, L22, 27, 3.b (LV)
Klassenstärke, die, -n, L22, 39, 5.a
Klassenzeitung, die, -en, L29,
140, 3.a
Klassenzimmer, das, -, L22, 27, 1.d
kleben, L29, 149, 1.b
Kleinkrieg, der, -e, L23, 43, 2
kleinlaut, L22, 35, 1.d (Gr)
Kleinstadt, die, -"e, L23, 45, 5.b
Klimaveränderung, die, -en, L30,
164, 3
Klopperei, die, -en, L28, 125, 5.a (LV)
Kloster, das, -", L24, 67, 2
Klosterkirche, die, -n, L23, 57
Kneipenbesuch, der, -e, L21, 12, 5.d
Kniestrumpf, der, -"e, L25, 75, 3.b
knipsen, L24, 68, 3.e
Knirps, der, -e, L29, 142, 6.b (LV)
knüpfen, L21, 12, 5.
Kochbuch, das, -"er, L23, 46, 6.a
Kollege, der, -n, L26, 98, 1.c
Kollektion, die, -en, L27, 110, 8.c (LV)
Kölnisch Wasser, L23, 43, 2.a (LV)
kombinieren, L22, 30, 6.b
kommen sehen, L26, 96, 13.b (LV)
Kommunikationsnetz, das, -e, L29,
143, 8
Kommunion, die, L24, 71, 3.a (LV)
Kommunionunterricht, der, L24, 71,
3.a (LV)
Kommunismus, der, L24, 59, 2.a (LV)
Kompanie, die, -n, L23, 46, 6.a
Kompromiss, der, -e, L23, 45, 5.a
Kompromisslösung, die, -en, L27,
117, 1.e

Konfession, die, -en, L24, 61, 6.a
konfessionell, L24, 63, 8.a (LV)
konfessionslos, L24, 60, 3.a
Konfirmandenunterricht, der, L24, 71,
3.a (LV)
Konfirmation, die, -en, L24, 71,
3.a (LV)
Konfliktlösung, die, -en, L23, 44,
3.a (LV)
Konfrontation, die, -en, L27, 108, 4.b
konkret, L22, 32, 8.e (LV)
Konkurrenz, die, L28, 127, 8.a
Konstruktion, die, -en, L24, 66, 1.c
konstruktiv, L26, 95, 11.b (LV)
Konsulat, das, -e, L24, 65, 2.a
Konsum, der, L27, 109, 6.a (LV)
Konsumgesellschaft, die, -en, L21,
22, 3.a
Kontaktfrage, die, -n, L24, 68, 3.a
Kontaktgruppe, die, -n, L27, 107, 2.a
(LV)
Kontaktmöglichkeit, die, -en, L21,
19, 4.a
Kontaktproblem, das, -e, L21, 19, 4
Kontextübung, die, -en, L22, 41, II
kontra, L21, 20, 6
Kontrolle, die, -n, L21, 10, 2.c A
Kontrollstatistik, die, -en, L28, 137, I
Kontrollübung, die, -en, L22, 41, II
Konvention, die, -en, L23, 56
Konzentration, die, -en, L22, 30, 6.b
Konzentrationsbewegung, die, -en,
L29, 139, 2.a (LV)
Koordinierungsgruppe, die, -n, L23,
45, 5.b
Kopf zerbrechen (sich den), L30, 160,
9.c (LV)
Kopftuch, das, -"er, L25, 76, 4.a
Kopie, die, -n, L27, 117, 1.b (LV)
Kopplung, die, -en, L29, 144,
10.b (LV)
Korb, der, -"e, L23, 48, 10.a (LV)
körperlich, L22, 30, 6.b
Körpersprache, die, -n, L28, 134, 1.f
Körperverletzung, die, -en, L27, 109,
6.a (LV)
Kraft, die, -"e, L24, 59, 2.a (LV)
Kraftfahrzeugmechaniker, der, -, L26,
91, 2.c (LV)
kräftig, L23, 51, 4.a
Kraftwerk, das, -e, L27, 109, 6.a (LV)
Krankheitsfall, der, -"e, L26, 93, 7.a
kratzen (sich), L28, 125, 5.a (LV)
Kreativität, die, L22, 30, 6.c
Kreis, der, -e, L29, 149, 2.a

kreisen, L22, 31, 7.b (LV)
kreisförmig, L30, 164, 4.a
Kreuz, das, -e, L26, 96, 13.b (LV)
Kreuzzeichen, das, -, L24, 65, 2.a
Kriegsbild, das, -er, L23, 44, 3.a (LV)
Kriegsdienst, der, -e, L23, 47, 8.a (LV)
Kriegsdienstverweigerung, die, -en,
L23, 46, 6.a
Kriegsgeneration, die, -en, L27,
121, a
Kriegsjahr, das, -e, L23, 47, 8.a (LV)
kriegslos, L23, 47, 8.a (LV)
Kriegsopfer, das, -, L24, 63, 8.a (LV)
Kriegsschiff, das, -e, L23, 54, 3.1
Kriminalität, die, L23, 44, 3.a (LV)
Krisengebiet, das, -e, L23, 46, 6.a
Krisensituation, die, -en, L25, 75,
2 (LV)
Kriterium, das, ...ien, L23, 56
Kritik, die, -en, L27, 121, a
kritisch, L24, 66, 1.d
krumm, L23, 43, 2.a (LV)
Küchenuhr, die, -en, L22, 35, 1.d (Gr)
Kulturvolk, das, -"er, L27, 112,
9.b (LV)
Kulturzentrum, das, ...tren, L21, 25, P
Kümmernis, die, -se, L22, 27, 3.b (LV)
künftig, L30, 167, 2
Künstlergemeinschaft, die, -en, L25,
88, A
Künstlervereinigung, die, -en, L25,
88, A
künstlich, L29, 142, 6.b (LV)
Kunstwerk, das, -e, L21, 11, 4.d
Kursbuch, das, -"er, L24, 73, II
kürzen, L30, 156, 3.a
Kurzfilm, der, -e, L25, 76, 4.a
Kurzkrimi, der, -s, L26, 104, 5
Kurzzeitgedächtnis (KZG), das, L22,
31, 7.b (LV)
Küsschen, das, -, L29, 149, 2.b
küssen (sich), L21, 17, 1.c
Kutter, der, -, L26, 95, 10.b

L
Lack, der, -e, L26, 96, 13.b (LV)
lagern, L22, 31, 7.b (LV)
lähmen, L28, 136, 3
Landeshauptstadt, die, -"e, L24, 63,
8.a (LV)
Landesstudio, das, -s, L21, 25, R
Landkartenskizze, die, -n, L29,
140, 3.a
Landschaftsbild, das, -er, L25, 88, C
Landstraße, die, -n, L25, 84, 5.e

Landwirt, der, -e, L30, 163, 2.a
Länge, die, -n, L28, 125, 5.a (LV)
langweilen (sich), L21, 10, 2.c D
Langzeitarbeitslose, der, -n, L26,
98, 2.b
Langzeitgedächtnis (LZG), das, L22,
31, 7.b (LV)
Last-Minute-Ticket, das, -s, L28,
124, 4
Laster, das, -, L26, 104, 3
lästig, L27, 109, 6.a (LV)
Latein, das, L22, 27, 3.b (LV)
Lateinstunde, die, -n, L22, 28, 4.c
Lauf, der, (im Laufe der ...), L28,
137, II
laufend, L23, 55, 1
lauten, L22, 28, 3.b (LV)
lauter, L30, 158, 7.c (LV)
lautlos, L28, 134, 1.c
Lazaretteinsatz, der, -"e, L27, 112,
9.b (LV)
Leben nehmen (sich), L29, 141, 4.a
Lebensart, die, -en, L21, 10, 2.c H
Lebensauffassung, die, -en, L23, 47,
8.a (LV)
Lebensbedingung, die, -en, L29,
152, A
Lebensflucht, die, L24, 67, 2.a
Lebensform, die, -en, L26, 95,
11.b (LV)
Lebensgefühl, das, L30, 160, 9.c (LV)
Lebensgestaltung, die, L24, 60, 3.a
Lebenshaltungskosten, die (Pl), L28,
123, 3.b
lebenslang, L25, 85, 2
Lebenslauf, der, -"e, L26, 94, 8.a (LV)
Lebensphilosophie, die, L24, 60, 3.a
Lebensverhältnisse, die (Pl), L29,
146, 2.a
Lebensversicherung, die, -en, L30,
157, 5.a (LV)
Lebensvorstellung, die, -en, L24, 61,
4.a (LV)
Lebensweise, die, -n, L23, 47, 8.a (LV)
Lebenswelt, die, -en, L24, 61, 4.a (LV)
Lebensziel, das, -e, L25, 79, 11.c (LV)
Lehrbuch, das, -"er, L22, 29, 5
Lehrerausbildung, die, -en, L22, 39,
4.b (LV)
lehrreich, L28, 125, 5.a (LV)
Lehrstelle, die, -n, L26, 92, 3.a (LV)
Lehrstellenkatastrophe, die, -n, L29,
148, 6.a
Lehrstellenmarkt, der, -"e, L26, 92,
3.a (LV)

Lehrstil, der, -e, L22, 39, 5.a
Lehrwerk, das, -e, L22, 29, 5.b
Lehrzeit, die, -en, L21, 24
Leichentuch, der, -"er, L24, 65, 2.b
leiden, L25, 85, 2
leisten, L26, 92, 4.b
Leistungsfähigkeit, die, L29, 146, 2.a
Leistungskontrolle, die, -en, L22,
38, 2
Leistungssteigerung, die, -en, L22,
38, 2
leiten, L25, 88, B
Leitungsnetz, das, -e, L29, 144,
10.b (LV)
Lernfortschritt, der, -e, L26, 105, III
Lernkanal, der, -"e, L22, 37, 4.a
Lernproblem, das, -e, L22, 30, 6.b
Lernprogramm, das, -e, L21, 20, 5
Lernpsychologie, die, L22, 30, 6.b
Lernstil, der, -e, L22, 39, 5.a
Lernstoff, der, L22, 30, 6.b
Lernstrategie, die, -n, L22, 36, 3.a
Leser, der, -, L21, 25
Lesesaal, der, ...säle, L29, 138, 1
Lesetext, der, -e, L24, 73, II
Letter, die, -n, L30, 158, 7.c (LV)
letzte, L22, 27, 1.d
leuchten, L30, 158, 7.c (LV)
Lichthof, der, -"e, L27, 112, 9.b (LV)
Lichtkreis, der, -e, L30, 164, 4.a
Lieblingsfach, das, -"er, L22, 31,
7.b (LV)
Lieblingsmusik, die, -en, L30, 164,
4.a
liefern, L29, 139, 2.a (LV)
Limousine, die, -n, L27, 109, 6.a (LV)
Linde, die, -n, L27, 121, a
Linie, die, -n, L25, 88, A
Linkssein, das, L29, 146, 3.a
Lippe, die, -n, L21, 16, 1 (Ph)
loben, L24, 64, 10.a (LV)
Löffel, der, -, L25, 82, 2.a
Lohnfortzahlung, die, -en, L26,
93, 7.a
Lohnnebenkosten, die (Pl), L26, 93, 7
Lokalzeitung, die, -en, L26, 98, 1.a
Lokomotivführer, der, -, L26, 98, 1.a
lösen, L21, 19, 4.a
lügen, L26, 92, 4.b
lustig machen über (sich), L23,
45, 5.b
lutschen, L24, 64, 10.a (LV)
Lyrik, die, L27, 121, a

M

Machbarkeit, die, L27, 109, 6.a (LV)
Machtblock, der, -"e, L29, 145, 1.a
mächtig, L29, 146, 3.a
Made, die, -n, L28, 125, 5.a (LV)
Magnet, der, -e, L30, 164, 4.a
Malaktion, die, -en, L23, 45, 5.b
manch, L23, 50, 3.b
Mangel, der, -", L22, 29, 5.b
mangelhaft, L25, 75, 2 (LV)
manipulieren, L28, 127, 8.a
Manko, das, -s, L25, 78, 9.c
Marathonläufer, der, -, L24, 62,
7.b (LV)
Märchenroman, der, -e, L27, 121, a
Marketing-Profi, der, -s, L27, 110,
8.c (LV)
Marxismus-Leninismus-Unterricht,
der, L24, 60, 3.a
Maske, die, -n, L29, 149, 4
Maß, das, -e, L30, 160, 9.c (LV)
Material, das, -ien, L22, 31, 7.b (LV)
Materie, die, -n, L22, 30, 6.b
Mathematik, die, L26, 91, 2.b (LV)
Mathematikstudium, das, L30,
166, 1.a
Mathematiktest, der, -s, L22, 35,
1.e (Gr)
Mauer, die, -n, L23, 43, 2.a (LV)
Mauerfall, der, L29, 146, 3.a
Maus, die, -"e, L22, 29, 5
Maya-Pyramide, die, -n, L28, 124, 4
Medieninteresse, das, L27, 117,
1.b (LV)
Meditation, die, -en, L24, 62,
7.b (LV)
Meditationsgruppe, die, -n, L24, 62,
7.b (LV)
meditieren, L24, 62, 7.b (LV)
Medium, das, ...ien, L25, 83, 3.c
Meeresbiologe, der, -n, L26, 98, 1.a
Meeresspiegel, der, L30, 164, 3.a
Mehlwurm, der, -"er, L28, 125,
5.a (LV)
mehrfach, L28, 137, II
Mehrfachübung, die, -en, L28,
137, II
Mehrheit, die, -en, L27, 117, 1.b (LV)
mehrmalig, L27, 110, 8.c (LV)
mehrmals, L24, 64, 10.a (LV)
mehrteilig, L26, 101, 5
Meinungsäußerung, die, -en, L24,
70, 1
melden (sich), L30, 162, 1.b
Meldung, die, -en, L29, 139, 2.c

Memoiren, die (Pl), L22, 28, 4.c
Memory-Spiel, das, -e, L22, 41, II
Menschenansammlung, die, -en, L28,
128, 9.d (LV)
Menschenhand, die, -"e, L28,
133, 3.b
Menschenopfer, das, -, L28, 132, 3.a
Menschheit, die, L23, 53, 2
Menschheitsfamilie, die, L24, 63,
8.a (LV)
menschlich, L24, 63, 8.a (LV)
Menschlichkeit, die, L24, 59, 2.a (LV)
Mentalität, die, -en, L23, 47, 8.a (LV)
merken, L23, 48, 10.a (LV)
merken (sich), L21, 13, 6.b
Merkhilfe, die, -n, L30, 165, 5
Merkmal, das, -e, L25, 75, 2 (LV)
Merkspruch, der, -"e, L26, 105, I
Metall, das, -e, L23, 49, 2.a
metallisch, L30, 164, 4.a
Metropole, die, -n, L24, 63, 8.a (LV)
mickrig, L28, 125, 5.a (LV)
mies, L28, 125, 5.a (LV)
mieten, L28, 128, 9.c
Mietskaserne, die, -n, L30, 158,
7.c (LV)
Militär, das, L23, 46, 6.a
Militärausgaben, die (Pl), L30,
156, 3.a
Militärdienst, der, L30, 156, 3.a
militärisch, L23, 47, 8.a (LV)
Milliardensumme, die, -n, L24, 62,
7.b (LV)
Millionärstochter, die, -", L27, 111,
8.c (LV)
Minarett, das, -e, L24, 70, 2.a (LV)
Minderheit, die, -en, L23, 45, 5.a
Mineralölkonzern, der, -e, L30, 155,
2.b (LV)
Minister, der, -, L29, 148, 6.a
Ministerium, das, ...ien, L24, 61,
4.a (LV)
Mischehe, die, -n, L25, 85, 2
missachten, L26, 99, 3.a
Misserfolg, der, -e, L21, 19, 4.a
Missetat, die, -en, L24, 64, 10.a (LV)
Missfallen, das, L28, 129, 2.b
missionieren, L24, 70, 2.b
missmutig, L30, 158, 7.c (LV)
Missstimmung, die, -en, L21, 20, 5.b
missverstehen, L26, 99, 3.a
mit freundlichen Grüßen, L26, 94,
8.a (LV)
Mitarbeit, die, L27, 112, 9.b (LV)
Mitbegründer, der, -, L25, 88, B

Mitbegründerin, die, -nen, L29,
146, 3.a
Mitbürger, der, -, L24, 70, 2.b
miterleben, L23, 55, 1
mitfahren, L23, 44, 4.c
mitführen, L24, 65, 2.b
Mitleid, das, L26, 95, 10.b
mitleidlos, L23, 44, 3.a (LV)
mitreden, L26, 99, 3.a
Mitschrift, die, -en, L29, 142,
6.b (LV)
Mitschüler, der, -, L23, 45, 5.b
Mitschülerin, die, -nen, L26, 91,
2.c (LV)
Mittagsruhe, die, L23, 43, 2.a (LV)
mitteilen, L26, 100, 4
Mitteilung, die, -en, L27, 106, 1.a
Mittel, das, -, L22, 38, 2
Mittelklassewagen, der, -, L30, 157,
5.a (LV)
Mittelmeer, das, L29, 145, 1.a
Mittelschiff, das, -e, L24, 65, 2.a
Mitternacht, die, L24, 65, 2.b
Mitternachtssonne, die, L29, 153
mittlerweile, L27, 112, 9.b (LV)
mitverantwortlich, L23, 44, 3.a (LV)
Modekollektion, die, -en, L27, 111,
8.c (LV)
Mofa, das, -s, L29, 142, 6.b (LV)
Mohrrübenknabberer, der, -, L25, 80,
12.b (LV)
Molekularbiologe, der, -n, L30, 160,
9.c (LV)
Mond, der, -e, L26, 98, 1.a
Monitor, der, -e, L23, 44, 3.a (LV)
Montage, die, -n, L26, 96, 13.b (LV)
Moral, die, L25, 80, 12.b (LV)
moralisch, L27, 109, 6.a (LV)
Moralphilosophie, die, L24, 60, 3.b
Mord, der, -e, L23, 51, 3.f
Morden, das, L23, 47, 8.a (LV)
Mörder, der, -, L26, 104, 5
Morgenstunde, die, -n, L26, 104, 3
morgig, L30, 167, 2
moslemisch, L24, 70, 2.a (LV)
motivieren, L22, 38, 2
Motorboot, das, -e, L30, 157, 6.b
Muckser, der, -, L26, 96, 13.b (LV)
Muezzin, der, -s, L24, 70, 2
Mühe, die, -n, L21, 20, 6
Müll, der, L27, 107, 2.a (LV)
Mülldeponie, die, -n, L27, 117,
1.b (LV)
Multifunktions-Terminal, das, -s,
L30, 163, 2.a

multikulturell, L23, 45, 5.a
multikulturelle Gesellschaft, L21, 1
5, 12
Multimedia, das, L29, 138, 1
Multimedia-Paket, das, -e, L22,
29, 5.b
Multimillionär, der, -e, L30, 160,
9.c (LV)
multiplizieren, L29, 144, 10.b (LV)
mündlich, L21, 17, 2.b
mundtot, L28, 127, 8.a
Musikinstrumentenbau, der, L26, 91,
2.c (LV)
Musikkorps, das, -, L23, 54, 4.b (LV)
Musiktitel, der, -, L29, 143, 8
Muskel, der, -n, L22, 32, 8.e (LV)
Müßiggang, der, L26, 104, 3
Muttersprachler, der, -, L22, 29, 5.b
muttersprachlich, L22, 41, II
Mythologie, die, -n, L25, 89, F

N
na, L22, 27, 3.b (LV)
Nachbarschaft, die, -en, L23, 50, 3.a
Nachbartisch, der, -e, L25, 82, 2.a
nachdenken, L21, 10, 2.c C
Nachdenklichkeit, die, L26, 97, 1.b
nachsagen, L25, 75, 2 (LV)
nachstellen, L25, 77, 6.c
nächster, L21, 12, 5.b
Nachtschicht, die, -en, L26, 95,
11.b (LV)
Nachtvogel, der, -", L28, 127, 7
Nachtwache, die, -n, L29, 153
Nachwuchs, der, L30, 155, 2
nahen, L25, 86, 5.a
nähern (sich), L21, 10, 2.c E
nähren, L23, 54, 3.1
Nahrung, die, L24, 62, 7.b (LV)
Nahverkehr, der, L27, 113, 1.d
Name, der, -n, L22, 28, 4.c
Nasenspitze, die, -n, L24, 64,
10.a (LV)
Nashorn, das, -"er, L25, 78, 9.c
nassmachen, L23, 43, 2.a (LV)
Nationalismus, der, ...men, L29,
152, A
nationalistisch, L29, 152, A
Nationalstaat, der, -en, L23, 47,
8.a (LV)
Nationalstolz, der, L25, 77, 6.c
Nationaltheater, das, -, L29, 148, 6.a
Naturdenkmal, das, -"er, L23, 56
Naturerbe, das, L23, 56
Naturlandschaft, die, -en, L23, 56

Natürlichkeit, die, L27, 109, 6.a (LV)
Naturschutzprojekt, das, -e, L27,
106, 1.a
nebeneinander, L21, 15, 12.d
Neger, der, -, L25, 76, 4.a
Neid, der, L26, 95, 10.b
nennen (sich), L21, 25, R
Nervenlähmung, die, -en, L25, 79,
11.c (LV)
Nervensystem, das, -e, L29, 144,
10.b (LV)
Netz, das, -e, L29, 144, 10.b (LV)
Netzwerk, das, -e, L29, 143, 8
Neubauviertel, das, -, L30, 158,
7.c (LV)
Neugier, die, L21, 13, 6.b
Neugierde, die, L22, 28, 3.b (LV)
Neugierde-Löschen, das, L22, 39,
4.b (LV)
neugierig, L23, 50, 3.a
Neujahr, das, L24, 69, 3.h
Neuntel, das, -, L21, 16, 2.a (Ph)
Nicht-Angriffs-Vertrag, der, -"e, L23,
53, 2
Nicht-Sesshafte, der/die, -n, L25,
83, 4.a
Nichtstun, das, L26, 104, 3
niederschreiben, L22, 39, 4.b (LV)
nimmermehr, L22, 40, 3
nirgends, L27, 115, 4.c
Niveau, das, -s, L30, 160, 9.c (LV)
Nobelpreis, der, -e, L27, 121, a
nochmals, L27, 118, 1.f
nominal, L29, 148, 6
Nonne, die, -n, L24, 67, 2.a
Norm, die, -en, L24, 61, 4.a (LV)
Normalfamilie, die, -n, L27, 116, 4.d
Not, die, -"e, L27, 119, 3.a
Note (Zeugnis-), die, -n, L22, 38, 2
Note, die, -n, L28, 127, 8
Notendruck, der, L22, 38, 2
Notizbuch, das, -"er, L23, 51, 4.a
Notizentechnik, die, L24, 73, 1
Notsituation, die, -en, L27, 119, 4
notwendig, L23, 45, 5.a
Notwendigkeit, die, -en, L27, 109,
6.a (LV)
Novelle, die, -n, L27, 121, a
nüchtern, L30, 160, 9.c (LV)
Null, die, -en, L28, 125, 5.a (LV)
nummeriert, L22, 40, 2
Nuss, die, -"e, L24, 62, 7.b (LV)
nutzen, L22, 30, 6.b
Nutzen, der, L29, 144, 10.b (LV)
Nutzung, die, -en, L22, 30, 6.c

O
obendrauf, L26, 93, 7.a
obere, L21, 13, 6.b
objektiv, L22, 38, 2
obligatorisch, L30, 156, 3.a
offensiv, L29, 146, 3.a
öffnen (sich), L27, 112, 9.b (LV)
öfter, L23, 44, 3.a (LV)
okkult, L24, 62, 7.b (LV)
ökologisch, L27, 108, 4.b
Ökosteuerinitiative, die, -n, L27,
108, 4.b
ökumenisch, L24, 63, 8.a (LV)
Opfer, das, -, L21, 16, 2.a (Ph)
Opium, das, L24, 60, 3.a
Opposition, die, -en, L23, 54, 3.2
Oppositionspartei, die, -en, L27,
111, 9.a
Optimismus, der, L25, 79, 11.c (LV)
Organismus, der, ...men, L29, 144,
10.b (LV)
Original, das, -e, L28, 137, II
Originalschluss, der, L26, 104, 5
Originaltext, der, -e, L26, 105, III
Ornamentik, die, L25, 88, A
Orthografie, die, L26, 105, III
Orthopädische Klinik, die, -en, L24,
59, 2.a (LV)
Ortswechsel, der, -, L30, 162, 1.b
Osterweiterung, die, L29, 145, 1.a
Osterzeit, die, L24, 71, 3.a (LV)
Ostfront, die, L27, 112, 9.b (LV)
Ozonloch, das, L27, 108, 3

P
packen, L21, 10, 2.c F
Packpapier, das, L29, 149, 1.b
pädagogisch, L22, 36, 3.a
Paella, die, -s, L25, 77, 6.c
Panik, die, -en, L28, 128, 9.d (LV)
Panikmache, die, L27, 107, 2.a (LV)
Papierstreifen, der, -, L28, 137, II
Pappe, die, -n, L22, 27, 1.d
Pappkarton, der, -s, L28, 124,
5.a (LV)
Papprest, der, -e, L28, 125, 5.a (LV)
parat haben, L22, 31, 7.b (LV)
Parenthese, die, -n, L28, 129, 1
Parkbank, die, -"e, L23, 50, 3
Parlament, das, -e, L27, 107, 3
Parlamentswahl, die, -en, L27,
111, 9.a
Parteiapparat, der, -e, L23, 47,
8.a (LV)
Partnerstadt, die, -"e, L21, 24, H

passiver Widerstand, L27, 112, 9.b (LV)
Passivität, die, L25, 80, 12.c
Passwort, das, -"er, L29, 143, 8
Pate, der, -n, L24, 71, 3.a (LV)
Patentante, die, -n, L27, 110, 8.c (LV)
Patriot, der, -en, L23, 47, 8.a (LV)
patriotisch, L23, 47, 8.a (LV)
Patriotismus, der, L23, 47, 8.a (LV)
pauschal, L25, 85, 2
Pausenhof, der, -"e, L23, 45, 5.b
PC, der, -s, L29, 144, 10.b (LV)
Peperoni, die, -, L22, 40, 2
Personalabteilung, die, -en, L26, 94, 8.a (LV)
Personalkosten, die (Pl), L26, 93, 7.a
Personifizierung Gottes, L24, 59, 2.a (LV)
Pestizid, das, -e, L27, 110, 8.c (LV)
Pfarrbücherei, die, -en, L27, 106, 1.a
Pferdewagen, der, -, L21, 25, K
Pflegefall, der, -"e, L28, 136, 1
pflegeleicht, L27, 110, 8.c (LV)
Pflichtfach, das, -"er, L24, 72, 2
Pfote, die, -n, L28, 125, 5.a (LV)
pfui, L28, 129, 2
Pfyffespieler, der, -, L21, 25, Q
Philosoph, der, -en, L30, 160, 9.c (LV)
Phrase, die, -n, L22, 41, II
Picknick, das, -s, L21, 12, 5.d
Pionier, der, -e, L26, 94, 8.a (LV)
Pipeline, die, -s, L26, 94, 8.a (LV)
Pistole, die, -n, L23, 55, 4
Plappermaul, das, -"er, L29, 149, 2.b
Plattdeutsch, das, L30, 161, a
Plätzchen, das, -, L24, 64, 10.a (LV)
plus, L27, 113, 1.c
Pointe, die, -n, L25, 76, 4.a
Pokal, der, -e, L23, 44, 4
Politikerin, die, -nen, L27, 111, 9.a
Poltern, das, L24, 64, 10.a (LV)
Porträt, das, -s, L25, 89, E
positives Denken, L28, 126, 6.a (LV)
Potential, das, -e, L22, 30, 6.b
prägen, L23, 47, 8.a (LV)
praktizieren, L23, 45, 5.a
Präsentation, die, -en, L22, 30, 6.b
Präsident, der, -en, L23, 54, 3.1
praxisbezogen, L26, 91, 2.b (LV)
Predigt, die, -en, L24, 63, 8.a (LV)
preisen, L30, 158, 7.c (LV)
Presse, die, L23, 55, 1
Presse-Büro, das, -s, L23, 55, 1
Pressefotograf, der, -en, L26, 98, 1.a
Pressekonferenz, die, -en, L27, 117, 1.b (LV)

Presselandschaft, die, L29, 139, 2.a (LV)
preußisch, L23, 57
prima, L26, 91, 2.c (LV)
Privatauto, das, -s, L27, 113, 1
Privathaus, das, -"er, L27, 115, 4.a
Privileg, das, -ien, L27, 111, 8.e
privilegiert, L27, 111, 8.c (LV)
Probetest, der, -s, L28, 126, 6.a (LV)
Produktionsbereich, der, -e, L27, 109, 6.a (LV)
Produktionsland, das, -"er, L27, 111, 8.c (LV)
produktiv, L27, 109, 6.a (LV)
professionell, L27, 110, 8.c (LV)
Profit, der, -e, L27, 111, 8.c (LV)
Prognose, die, -n, L24, 64, 10.b
programmieren, L28, 135, 2
promovieren, L29, 152, A
Prosa, die, L27, 121, a
Protest, der, -e, L29, 150, d
protestantisch, L24, 61, 6.a
protestieren, L26, 95, 12.b
Provokateurin, die, -nen, L27, 111, 8.c (LV)
provokativ, L27, 111, 8.e
provozieren, L23, 45, 5.b
Prozess, der, -e, L28, 130, 1.a
Prozession, die, -en, L24, 65, 2.a
Prüferin, die, -nen, L28, 126, 6.d
Prüfling, der, -e, L28, 126, 6.d
Prüfungsangst, die, -"e, L28, 126, 6
Prüfungsart, die, -en, L28, 135, 3.a
Prüfungsergebnis, das, -se, L28, 135, 3.a
Prüfungsstress, der, L28, 126, 6.a (LV)
Prüfungsziel, das, -e, L28, 135, 3.a
psychisch, L23, 54, 4.b (LV)
Pult, das, -e, L22, 27, 3.b (LV)
Putzarbeit, die, -en, L26, 101, 5.a
Pyramide, die, -n, L23, 56

Q

quälen, L26, 96, 13.b (LV)
Quelle, die, -n, L24, 63, 8
quer, L29, 143, 8
Quote, die, -n, L30, 155, 2.b (LV)

R

rächen (sich), L23, 55, 4.b
Rachen, der, -, L27, 112, 9.b (LV)
radikal, L23, 53, 2
Radionachricht, die, -en, L28, 137, II
Rakete, die, -n, L23, 54, 3.1

Rand, der, -"er, L22, 41, II
Randgruppe, die, -n, L25, 86, 6.a
rasant, L29, 144, 10.b (LV)
rasch, L27, 112, 9.b (LV)
Rassismus, der, L23, 45, 5.a
rasten, L26, 104, 3
Rat suchen, L23, 43, 2.k
rational, L22, 30, 6.b
rätselhaft, L22, 27, 3.b (LV)
räumlich, L22, 30, 6.b
Raumschiff, das, -e, L29, 143, 8
*raus*fliegen, L23, 43, 2.a (LV)
*raus*suchen, L23, 46, 6.a
Realität, die, -en, L24, 66, 1.d
recherchieren, L29, 139, 2.c
rechnen, L22, 39, 4.b (LV)
recht, L21, 21, 1
Recht, das, -e, L21, 21, 2.b
rechtzeitig, L27, 107, 2.a (LV)
Redakteur, der, -e, L29, 139, 2.c
Redakteurin, die, -nen, L29, 146, 3.b
Redaktion, die, -en, L29, 147, 5
Redaktionsgebäude, das, -e, L29, 141, 5.b
Rederecht, das, L23, 53, 1
Redewiedergabe, die, -n, L29, 145, 1.c
Refa, die, L26, 96, 13.b (LV)
Referat, das, -e, L22, 34, 1.b (Gr)
Regierungspartei, die, -en, L27, 111, 9.a
Regio, die, L21, 24
regional, L29, 139, 2.b (LV)
Regionalzeitung, die, -en, L29, 139, 2.b (LV)
Regisseur, der, -e, L27, 121, a
Registerblock, -"e, L22, 41, II
regulär, L27, 113, 1.d
reichen, L23, 46, 6.a
Reihe, die, -n, L22, 27, 3.b (LV)
*rein*legen, L26, 104, 5
reissen, L25, 76, 4.a
reizbar, L24, 64, 10.a (LV)
Rekonstruktion, die, -en, L28, 137, II
Relevanz, die, L29, 144, 10.b (LV)
Religionsausübung, die, L24, 70, 2.b
Religionsfreiheit, die, L24, 70, 2.b
Religionskunde, die, L24, 60, 3.a
Religionslehrer, der, -, L24, 66, 1
Religionslehrerin, die, -nen, L24, 66, 1
Religionsunterricht ("Reli"), der, L24, 60, 3.a
religiös, L24, 70, 2.a (LV)
Religiosität, die, L24, 58

Rennfahrer, der, -, L26, 98, 1.a

Residenz, die, -en, L23, 57

Resignation, die, L26, 97, 1.a

Respekt, der, L29, 145, 1.a

restlich, L23, 54, 3

Resultat, das, -e, L24, 73, II

retten, L27, 107, 2.a (LV)

Revier, das, -e, L26, 96, 13.b (LV)

Revoluzzerin, die, -nen, L27, 111, 8.c (LV)

richten (sich), L23, 45, 5.b

Richter, der, -, L27, 112, 9.b (LV)

Riesengeschäft, das, -e, L24, 62, 7.b (LV)

Riesenspaß, der, L29, 142, 6.b (LV)

Ringbuch, das, -"er, L22, 41, I

riskieren, L23, 48, 10.a (LV)

Ritter, der, -, L28, 132, 3.a

Rittersfrau, die, -en, L28, 132, 3.a

Rockgruppe, die, -n, L29, 143, 8

roden, L27, 109, 6.a (LV)

Rohstoff, der, -e, L27, 108, 4.b

Rokoko, das, L23, 57

Rokokostil, der, L23, 57

rollen, L28, 131, 2.a

Rollerblades, die (Pl), L29, 142, 6.b (LV)

Rollstuhlfahrer, der, -, L25, 79, 11.c (LV)

Romanik, die, L23, 57

romanisch, L23, 57

romantisch, L21, 17, 2.a

römisch, L23, 57

rosig, L30, 160, 9.c (LV)

rosten, L26, 104, 3

Rotkäppchen, das, L23, 55, 6

Rotstift, der, -e, L23, 43, 2.a (LV)

Rückfall, der, -"e, L29, 144, 10.b (LV)

Rückreiseverkehr, der, L21, 18, 3.e

Rücksichtnahme, die, -n, L22, 36, 3.a

rücksichtslos, L23, 44, 3.a (LV)

Rückspiegel, der, -, L25, 84, 5.a

rückübersetzen, L28, 137, II

Rudel, das, -, L25, 80, 12.b (LV)

Ruf, der, -e, L24, 70, 2

Ruhm, der, L30, 160, 9.c (LV)

Ruin, der, L23, 54, 3

rund (etwa), L24, 63, 8.a (LV)

Rundfrage, die, -n, L29, 150, c

russisch, L23, 42, 1.c

rüsten, L23, 53, 2

Rüstung, die, L23, 53, 2

Rutenschlag, der, -"e, L24, 64, 10.a (LV)

S

Sachgruppe, die, -n, L22, 41, I

Sack, der, -"e, L24, 64, 10.a (LV)

Sahara, die, L26, 99, 3.a

Saison, die, -s, L29, 148, 6.c

Saisonabschluss, der, -"e, L29, 148, 6.a

Salatfresser, der, -, L25, 80, 12.b (LV)

salopp, L21, 12, 5.b

Samstagmorgen, der, -, L24, 60, 3

sanft, L27, 109, 6.a (LV)

Sängerin, die, -nen, L24, 59, 2.a (LV)

Sanitätsdienst, der, -e, L23, 54, 4.b (LV)

Sarg, der, -"e, L24, 65, 2.b

Schach, das, L29, 142, 6.b (LV)

schade, L21, 10, 2.c H

schadstoffarm, L27, 110, 8.c (LV)

Schaltungstechnik, die, L26, 91, 2.b (LV)

Scharfrichter, der, -, L27, 112, 9.b (LV)

Schatten, der, -, L28, 133, 4.f

schätzen, L27, 117, 1.b (LV)

schätzungsweise, L24, 62, 7.b (LV)

Schaubild, das, -er, L30, 168, 1

Schaufenster, das, -, L25, 75, 3.b

Schaum, der, -"e, L30, 168, 3.a

Schauspiel, das, -e, L28, 130, (LV)

Schichtende, das, -n, L26, 96, 13.b (LV)

Schichtwechsel, der, -, L26, 96, 13.b (LV)

Schicksal, das, -e, L27, 112, 9.b (LV)

Schiffsreise, die, -n, L30, 168, 2

Schildchen, das, -, L26, 96, 13.b (LV)

schildern, L23, 44, 4

Schlacht, die, -en, L28, 130, (LV)

Schlafentzug, der, L24, 62, 7.b (LV)

Schlafsack, der, -"e, L24, 63, 8.a (LV)

Schlaftablette, die, -n, L23, 51, 3.f

Schlafzimmer, das, -, L23, 51, 4.a

Schlag, der, -"e, L24, 64, 10.a (LV)

Schlagzeile, die, -n, L23, 45, 5.b

schlendern, L29, 141, 5.a

schlichten, L23, 45, 5.b

Schlüsselwort, das, -"er, L24, 73, I

Schmied, der, -e, L30, 168, 3.a

schmücken (sich), L28, 130, 1.a

Schnecke, die ,-n, L28, 129, 2.c

Schneelast, die, L25, 89, G

Schneeziege, die, -n, L28, 125, 5.a (LV)

schneiden, L28, 137, II

Schnellverfahren, das, -, L27, 112, 9.b (LV)

Schnellzug, der, -"e, L21, 10, 2.c G

schnurgerade, L30, 158, 7.c (LV)

schnurstracks, L25, 80, 12.b (LV)

Schock, der, -s, L29, 146, 2.a

schockieren, L29, 141, 4.a

Schöffe, der, -n, L27, 106, 1.a

Schönheit, die, -en, L21, 25

Schöpfung, die, -en, L30, 160, 9.c (LV)

Schornsteinrest, der, -e, L23, 48, 10.a (LV)

Schoß, der, Schöße, L25, 89, H

Schrankschlüssel, der, -, L23, 43, 2.a (LV)

Schreck, der, -en, L23, 45, 5.a

schreckensvoll, L27, 112, 9.b (LV)

Schriftführer, der, -, L27, 106, 1.a

Schriftsteller, der, -, L24, 59, 2.a (LV)

schrittweise, L29, 152, A

schüchtern, L21, 20, 6

Schuheputzen, das, L24, 64, 10.a (LV)

Schuhputzdienst, der, L24, 64, 10.a (LV)

Schulabschluss, der, -"e, L30, 157, 5.a (LV)

Schulausbildung, die, L26, 91, 2.b (LV)

Schulenglisch, das, L22, 29, 5

Schüleraustausch, der, L23, 47, 8.a (LV)

Schülerin, die, -nen, L24, 61, 4.a (LV)

Schulheft, das, -e, L29, 142, 6.b (LV)

Schulklasse, die, -n, L21, 24, H

Schulleiter, der, -, L22, 27, 3.b (LV)

Schulraum, der, -"e, L22, 27, 3.b (LV)

Schulzeit, die, -en, L22, 34, 1.b (Gr)

Schutt, der, L23, 48, 10.d

Schuttwüste, die, -n, L23, 48, 10.a (LV)

Schutz, der, L27, 118, 1.g

Schutzfunktion, die, -en, L28, 128, 9.d (LV)

Schwäche, die, -n, L21, 13, 6.b

Schwächere, der/die, -n, L27, 111, 8.c

Schwächling, der, -e, L23, 44, 3.a (LV)

Schwachsinnige, der/die, -en, L24, 59, 2.a (LV)

schwärzen, L28, 137, II

schweigen, L24, 63, 8.a (LV)

*schwer*fallen, L26, 91, 2.c (LV)

Schwerpunkt, der, -e, L27, 108, 4.b

Schwester (Nonne), die, -n, L24, 67, 2.a

schwinden, L30, 155, 2

Schwung, der, L28, 126, 6.a (LV)
Science-Fiction, die, L30, 163, 2
Seele, die, -n, L24, 59, 2.a (LV)
sehr geehrte Damen und Herren,
L26, 94, 8.a (LV)
Seiteneingang, der, -"e, L24, 65, 2.a
Sekretariat, das, -e, L24, 68, 3.a
Sekte, die, -n, L24, 62, 7.b (LV)
Sektenbeauftragte, der/die, -n, L24,
62, 7.b (LV)
sektentypisch, L24, 62, 7.b (LV)
selbständig, L22, 39, 4.b (LV)
Selbstbedienungsrestaurant, das, -s,
L25, 82, 2.a
Selbstbewusstsein, das, L21, 13, 6.b
Selbstkontrolle, die, L22, 41, II
Selbstkorrektur, die, -en, L26, 105
Selbstlerner, der, -, L22, 29, 5.b
Selbstmord begehen, L24, 62,
7.b (LV)
Selbstvertrauen, das, L28, 126,
6.a (LV)
Semesterferien, die (Pl), L27, 112,
9.b (LV)
Sender, der, -, L28, 137, II
senkrecht, L28, 137, II
Senkung, die, -en, L26, 95, 10
sesshaft, L25, 83, 4.a
setzen (sich), L22, 27, 3.b (LV)
Sex, der, L24, 62, 7.b (LV)
Sezession, die, L25, 88, B
Sezessionsstil, der, L25, 88, A
sich über etwas lustig machen,
L21, 25
Sicherheitsexperte, der, -n, L29,
148, 6.a
Sicherheitskraft, die, -"e, L30,
163, 2.a
Sicht, die, -en, L23, 47, 8.a (LV)
sichtbar, L24, 63, 8.a (LV)
sichtlich, L27, 109, 6.a (LV)
Sieb, das, -e, L22, 40, 3
Siedlung, die, -en, L23, 44, 4
Silber, das, L25, 87, 3
simultan, L22, 30, 6.b
Sinneseindruck, der, -"e, L22, 30, 6.b
sinnlos, L21, 15, 11.a
Slawe, der, -n, L25, 77, 6.c
Software, die, -s, L29, 144, 10.b (LV)
Sog, der, -e, L26, 96, 13.b (LV)
solange, L21, 22, 3.a
Solar-Kampagne, die, -n, L27, 108, 4.b
Solarauto, das, -s, L27, 115, 3
Solarkollektor, der, -en, L27, 109,
6.a (LV)

Solarstrom, der, L27, 115, 3
Soldat, der, -en, L27, 121, a
Soldatin, die, -nen, L23, 54, 4
Solidarität, die, L22, 38, 2
Sonderstellung, die, -en, L27,
111, 8.e
Sonnabend, der, -e, L23, 48, 10.a (LV)
sonnen (sich), L21, 17, 1.c
Sonntagszeitung, die, -en, L29, 1
49, 1.a
sorgen (da)für, L23, 46, 6.a
sorgen um (sich), L30, 155, 2
sorgenfrei, L30, 155, 2.b (LV)
Sorgenkind, das, -er, L25, 79, 10 (LV)
Sorte, die, -n, L24, 64, 10.a (LV)
sortieren, L27, 107, 2.a (LV)
SOS-Kinderdorf, das, -"er, L27, 115, 4
soundso, L26, 96, 13.b (LV)
soviel, L23, 48, 10.a (LV)
soweit, L22, 27, 3.b (LV)
sowohl, L21, 13, 6.b
sozialistisch, L24, 59, 2.a (LV)
sozialkritisch, L27, 121, a
Sozialkunde, die, L26, 91, 2.b (LV)
Sozialpsychologe, der, -n, L30, 160,
9.c (LV)
Sozialversicherung, die, -en, L26,
93, 7.a
spannend, L21, 14, 10
Sparer, der, -, L30, 158, 7.c (LV)
sparsam, L27, 109, 6.a (LV)
Spätherbst, der, L27, 112, 9.b (LV)
Spätnachmittag, der, -e, L22, 27,
3.b (LV)
Spätschicht, die, -en, L26, 96,
13.b (LV)
Spätwerk, das, L25, 88, D
Spaziergang, der, -"e, L24, 59,
2.a (LV)
SPD, L30, 155, 2.b (LV)
Speicher, der, -, L29, 143, 8
Speicherdauer, die, L22, 31, 7.c
speien, L28, 130, (LV)
spektakulär, L27, 108, 4.b
Spende, die, -n, L24, 62, 7.b (LV)
Spieler, der, -, L22, 41, II
spielerisch, L24, 71, 3.a (LV)
Spielmöglichkeit, die, -en, L27,
121, a
Spielplatz, der, -"e, L23, 50, 3.a
Spielsachen, die (Pl), L24, 64,
10.a (LV)
Spielstätte, die, -n, L21, 25, P
Spielwarenabteilung, die, -en, L23,
44, 3.a (LV)

Spinnerei, die, -en, L27, 109, 6.a (LV)
Spitzbogen, der, -", L23, 57
Spleen, der, -e, L25, 77, 6.c
sponsern, L27, 111, 8.e
Sponsorin, die, -nen, L27, 110,
8.c (LV)
Sportlichkeit, die, L24, 62, 7.b (LV)
Sportmöglichkeit, die, -en, L21,
19, 4.a
Sportteil, der, -e, L26, 98, 1.a
Sprachausgabe, die, L30, 163, 2.a
Spracheingabe, die, L30, 163, 2.a
Sprachschule, die, -n, L22, 29, 5.b
Sprechangst, die, -"e, L22, 37, 4.c
Sprechtempo, das, L28, 129, 1.b
spritzen, L23, 43, 2.a (LV)
Spruch, der, -"e, L27, 107, 2.a (LV)
Spur, die, -en, L23, 50, 3.a
spüren, L26, 96, 13.b (LV)
Staatsangehörigkeit, die, -en, L21,
21, 2
Staatsbürger, der, -, L21, 24, H
Staatsbürgerkunde, die, L24, 60, 3.a
Staatsbürgerschaft, die, -en, L21,
21, 2.b
Staatspräsident, der, -en, L23, 54,
3.2
Stadtlandschaft, die, -en, L25, 89, E
Stadtrat, der, -"e, L25, 79, 11.c (LV)
Stadtteilfest, das, -e, L25, 86, 5.a
Stadttor, das, -e, L23, 57
Standard, der, -s, L21, 10, 2.c C
standardisiert, L24, 73, I
Stärke, die, -n, L22, 38, 2
stattdessen, L24, 63, 8.a (LV)
Statue, die, -n, L23, 57
Statussymbol, das, -e, L30, 154, 1
Stäubchen, das, -, L27, 109, 6.a (LV)
Staubgewölke, das, L23, 48, 10.a (LV)
stehenbleiben, L25, 84, 5.a
steigern, L28, 128, 9.c
Steigerung, die, -en, L28, 126,
6.a (LV)
steilgereckt, L23, 48, 10.a (LV)
Stellenmarkt, der, -"e, L30, 162, 1.b
steuern, L28, 137, II
Steuerreform, die, -en, L27, 108, 4.b
Steuersenkung, die, -en, L27, 107, 3
Steuerung, die, -en, L26, 94, 8.a (LV)
Stewardess, die, -en, L24, 67, 2.a
Stierkampf, der, -"e, L25, 77, 4.a
Stift, der, -e, L26, 105, III
Stille, die, L30, 158, 7.c (LV)
Stillleben, das, -, L25, 88, C
Stilmittel, das, -, L25, 89, F

U

U-Bahn-Station, die, -en, L29, 141, 5.b
überallher, L28, 133, 3.b
überängstlich, L28, 128, 9.d (LV)
überarbeiten, L26, 100, 4
überbieten, L28, 125, 5.a (LV)
Überblick, der, L24, 64, 10.a (LV)
überdies, L25, 77, 6.c
Überdosis, die, L23, 51, 4.a
*überein*stimmen, L30, 160, 9.c (LV)
überfallen, L25, 80, 12.c
überflüssig, L21, 23, 4
übergroß, L24, 59, 2.a (LV)
überholt, L28, 127, 8.a
Überlegenheit, die, L25, 78, 9.c
Überlegung, die, -en, L27, 107, 3
überliefern, L28, 132, 3.a
übermäßig, L22, 31, 7.b (LV)
Übermittlung, die, -en, L27, 118, 1.f
Übermüdung, die, L24, 62, 7.d
übernächster, L21, 12, 5.b
Überprüfung, die, -en, L28, 137
überregional, L29, 139, 2.a (LV)
übersehen, L26, 96, 13.b (LV)
überstehen, L25, 83, 3.c
Überstunde, die, -n, L26, 96, 13.b (LV)
übertönen, L24, 64, 10.a (LV)
Übertragungstempo, das, L29, 144, 10.b (LV)
*über*treten, L26, 99, 3.a
übertrieben, L22, 32, 8.e (LV)
überwachen, L30, 163, 2.a
Überwachung, die, -en, L26, 94, 8.a (LV)
überwinden, L25, 74, 1
Überwindung, die, -en, L28, 128, 9
überzeugen, L24, 59, 2.a (LV)
Überzeugung, die, -en, L24, 61, 4.a (LV)
übrig bleiben, L21, 16, 2.a (Ph)
übrige, L26, 100, 4
Übungsleiter, der, -, L27, 106, 1.a
Übungsleiterin, die, -nen, L27, 106, 1.a
Übungsmöglichkeit, die, -en, L28, 137, II
Ultrakurzzeitgedächtnis (UZG), das, L22, 31, 7.b (LV)
Umbau, der, -ten, L27, 108, 4.b
*um*bringen (sich), L29, 141, 4.a
*um*denken, L23, 53, 2
umfahren, L26, 99, 3.a
umfassen, L21, 24

umgeben (von), L25, 77, 6.c
umgeben (sich), L27, 109, 6.a (LV)
*um*gehen, L21, 13, 6.b
umgekehrt, L26, 96, 13.b (LV)
Umhängetasche, die, -n, L25, 75, 3.b
*um*leiten, L28, 131, 1.c
Umschreibung, die, -en, L22, 41, II
*um*setzen, L23, 45, 5.b
umso, L22, 32, 8.e (LV)
umsonst, L29, 144, 10.b (LV)
Umstand, der, -"e, L25, 80, 12.b (LV)
Umstellung, die, -en, L26, 91, 2.c (LV)
umstritten, L29, 148, 6.a
*um*tauschen, L22, 29, 5.b
umweltbewusst, L25, 74, 1
Umweltengagement, das, L27, 107, 2
Umwelterziehung, die, L27, 113, 1.d
Umweltorganisation, die, -en, L27, 108, 3
Umweltschaden, der, -", L27, 115, 3
Umweltschutzbeauftragte, der/die, -n, L27, 109, 6.a (LV)
Umweltveranstaltung, die, -en, L27, 107, 2
Umweltverein, der, -e, L27, 107, 2.a (LV)
Umweltverschmutzer, der, -, L27, 113, 1.d
umweltverträglich, L27, 110, 8.c (LV)
Umweltzerstörung, die, -en, L28, 136, 1
unbeantwortet, L27, 117, 1.b (LV)
unbegrenzt, L29, 144, 10.b (LV)
unberechenbar, L28, 124, 5.a (LV)
unbeweglich, L26, 104, 3
uneigennützig, L24, 64, 10.a (LV)
unendlich, L27, 121, a
unentgeltlich, L27, 106, 1.a
unersättlich, L27, 112, 9.b (LV)
unerträglich, L28, 128, 9.d (LV)
unfair, L25, 85, 2
Unfreiheit, die, L27, 121, a
ungeheuer, L24, 59, 2.a (LV)
Ungehorsam, der, L24, 64, 10.a (LV)
ungenießbar, L23, 43, 2.a (LV)
ungewiss, L30, 167, 2
ungläubig, L29, 142, 6.b (LV)
unglücklicherweise, L28, 124, 5.a (LV)
Union, die, -en, L29, 145, 1.a
Universitätsstudium, das, ...ien, L30, 168, 2.a
Universum, das, L22, 30, 6.b
Unkosten, die (Pl), L24, 63, 8.a (LV)

unleserlich, L23, 51, 4.a
unnötig, L25, 77, 6.c
unpersönlich, L30, 162, 1.a
Unrecht, das, L23, 54, 3.3
unruhig, L22, 35, 1.d (Gr)
unser, L24, 59, 2.a (LV)
unsicher fühlen (sich), L26, 91, 2.c (LV)
unsichtbar, L30, 164, 4.a
unsinnig, L25, 79, 10 (LV)
unter Druck setzen, L28, 135, 2.a (LV)
unterbrechen, L23, 53, 1
*unter*bringen, L24, 63, 8.a (LV)
unterdrücken, L23, 54, 3.2
Untergang, der, L23, 56
unterhalten (sich), L21, 19, 4.a
Unterlage, die, -n, L26, 100, 4
unternehmen, L25, 89, I
Unternehmen, das, -, L27, 109, 6.a (LV)
Unternehmer, der, -, L27, 111, 8.c (LV)
Unterrichtstag, der, -e, L29, 149, 1.b
unterstreichen, L24, 73, II
unterstützen, L23, 47, 8.a (LV)
Unterstützung, die, L21, 15, 11.a
untertan machen (sich), L26, 95, 11.b (LV)
unterwegs, L24, 63, 8.a (LV)
unterzeichnen, L23, 56
unüberhörbar, L24, 64, 10.a (LV)
unverheiratet, L21, 20, 5.b
unvermeidlich, L28, 125, 5.a (LV)
unverschämt, L29, 150, d
unversehens, L28, 125, 5.a (LV)
unverzichtbar, L27, 109, 6.a (LV)
unverzüglich, L28, 125, 5.a (LV)
unweit, L25, 80, 12.b (LV)
unwürdig, L27, 112, 9.b (LV)
unzureichend, L25, 75, 2 (LV)
Urgroßvater, der, -", L23, 47, 8.a (LV)
Urlauberschiff, das, -e, L24, 67, 2.a
Urlaubsgeld, das, -er, L26, 93, 7.a
Urlaubsschiff, das, -e, L24, 67, 2
Urlaubstag, der, -e, L24, 67, 2.a
ursprünglich, L22, 39, 4.b (LV)
Urteil, das, -e, L25, 74, 1
urteilen, L24, 59, 2.a (LV)
US-Militär, das, L29, 143, 8
User, der, -, L29, 149, 2.b

V

Vaterland, das, -"er, L23, 47, 8.a (LV)
verächtlich, L23, 48, 10.a (LV)

verändern (sich), L21, 10, 2.c E
verankern, L25, 75, 2 (LV)
verantwortlich, L22, 30, 6.b
verantwortungslos, L27, 112, 9.b (LV)
verarbeitbar, L29, 144, 10.b (LV)
Verarbeitung, die, L27, 110, 8.c (LV)
Verabredung, die, -en, L30, 167, 2
verbindlich, L24, 61, 4.a (LV)
verbittert, L30, 158, 7.c (LV)
verblöden, L28, 127, 8.a
verblüffen, L27, 109, 6.a (LV)
verbrauchen, L27, 114, 2.a
Verbrechen, das, -, L30, 158, 7.c (LV)
Verbund, der, -e, L29, 143, 8
verdient, L26, 98, 2.b
vereinbaren, L26, 102, g
vereinsamen, L23, 48, 10.a (LV)
Vereinsposten, L27, 106, 1.a
verfolgen, L23, 43, 2.a (LV)
verfügen, L21, 16, 2.a (Ph)
Verfügung, die, -en, L22, 39, 4.b (LV)
vergesslich, L25, 77, 6.h
Vergleich, der, -e, L22, 41, II
Vergnügungspark, der, -s, L29, 152
vergrößern, L25, 78, 7
Verhaltensweise, die, -n, L29, 150, b
Verhandlung, die, -en, L27, 117,
1.b (LV)
verhärtet, L26, 96, 13.b (LV)
verherrlichen, L23, 44, 3.a (LV)
Verhinderung, die, L24, 62, 7.d
verhungern, L30, 164, 3.a
verjagen, L27, 112, 9.b (LV)
verkehrsberuhigt, L27, 117, 1.b (LV)
Verkehrsbewegung, die, -en, L29,
144, 10.b (LV)
Verkehrsgefahr, die, -en, L27,
118, 1.g
Verkehrsunfall, der, -"e, L28, 136, 1
verkriechen (sich), L28, 124, 5.a (LV)
verkürzen, L25, 78, 7
Verlängerung, die, -en, L30, 155,
2.b (LV)
verlegen, L26, 93, 6.a
Verleger, der, -, L29, 143, 9.b
Verlegung, die, -en, L26, 94, 8.a (LV)
verlieben (sich), L21, 17, 2.a
verloren gehen, L22, 31, 7.b (LV)
vermessen, L24, 59, 2.a (LV)
Vermischung, die, -en, L21, 15, 12.d
vernachlässigen, L24, 62, 7.b (LV)
vernetzen, L29, 144, 10.b (LV)
Vernetzung, die, -en, L29, 144,
10.b (LV)
Vernichtung, die, L25, 80, 12.b (LV)

vernunftmäßig, L22, 30, 6.b
veröffentlichen, L29, 147, 5
verpetzen, L23, 45, 5.b
verpflichten (sich), L23, 56
verrichten, L26, 96, 13.b (LV)
versagen, L30, 160, 9.c (LV)
Versagen, das, L22, 31, 7.b (LV)
Versager, der, -, L23, 44, 3.a (LV)
Versäumnis, das, -se, L24, 64,
10.a (LV)
verschaffen, L23, 54, 3.3
verschieben, L26, 104, 3
verschlagen, L25, 77, 6.c
verschlüsselt, L29, 148, 6.c
verschwenden, L26, 95, 11.b (LV)
versetzen, L26, 96, 13.b (LV)
versiegen, L27, 109, 6.a (LV)
Versöhnung, die, -en, L24, 63,
8.a (LV)
verspätet, L22, 27, 3.b (LV)
verspritzen, L23, 49, 2.d
verspüren, L28, 128, 9.c
verständigen (sich), L22, 37, 4.d
Verständnis, das, L21, 15, 11.a
verstärkt, L23, 45, 5.a
Versteckspielen, das, L26, 105, I
verstellbar, L30, 163, 2.a
verstoßen, L27, 109, 6.a (LV)
verteidigen, L23, 53, 1
Verteidigungskrieg, der, -e, L23, 47,
8.a (LV)
verteilen, L22, 31, 7.b (LV)
vertiefen, L21, 19, 4.a
vertreten, L23, 45, 5.b
Vertreter, der, -, L25, 88, A
verüben, L23, 51, 3.f
verurteilen, L27, 112, 9.b (LV)
Verurteilung, die, -en, L27, 112,
9.b (LV)
Vervielfältigungsapparat, der, -e,
L27, 112, 9.b (LV)
Verwaltung, die, -en, L30, 163, 2.a
Verwaltungseinheit, die, -en, L23, 47,
8.a (LV)
Verwechslung, die, -en, L29, 147, 5
verweigern, L23, 47, 8.a (LV)
Verwendung, die, -en, L26, 105, I
verwirklichen, L23, 45, 5.b
verwirrt/verwirren, L25, 75, 3.c
Verwüstung, die, -en, L23, 47,
8.a (LV)
Video, das, -s, L29, 143, 8
Videofilm, der, -e, L24, 73, IV
Videospiel, das, -e, L23, 44, 3.a (LV)
Videoszene, die, -n, L22, 29, 5.b

vielfältig, L30, 160, 9.c (LV)
vielstöckig, L30, 158, 7.c (LV)
Vielzahl, die, L27, 110, 8.c (LV)
visuell, L27, 121, a
Vokabelheft, das, -e, L22, 41, I
Völkerkunde, die, L24, 60, 3.b
Volksfest, das, -e, L28, 130, (LV)
Volksgerichtshof, der, L27, 112,
9.b (LV)
Volksgruppe, die, -n, L25, 86, 6.a
Volkslied, das, -er, L25, 77, 6.c
Volksschauspiel, das, -e, L28,
132, 3.a
Volksschüler, der, -, L30, 160, 9.c (LV)
Volksstück, das, -e, L28, 130, (LV)
Vollbart, der, -"e, L25, 75, 3.b
Vollkaskoversicherung, die, -en, L30,
157, 5.a (LV)
vollkommen, L28, 124, 5.a (LV)
Vollzeit, die, L26, 101, 6.d
vom Stapel laufen, L23, 54, 3.1
von dannen ziehen, L26, 95, 10.b
von vornherein, L21, 13, 6.b
vorangehen, L22, 34, 1.d (Gr)
vorbeisein, L28, 125, 5.a (LV)
vorbeigehen, L21, 15, 10.a
vorbeirennen, L29, 141, 5.b
Vorbereitung, die, -en, L22, 38, 2
vorbestellen, L29, 140, 3.a
Vorbild, das, -er, L27, 121, a
vordere, L23, 51, 4.a
Vordergrund, der, L22, 27, 1.d
vorgeben, L28, 137, I
vorgefasst, L25, 75, 2 (LV)
vorgehen, L23, 44, 4.a
vorhaben, L21, 12, 5.b
vorhin, L25, 85, 1
vorkommen, L27, 112, 9.b (LV)
Vorläufer, der, -, L29, 143, 8
vorlesen, L22, 27, 1.d
Vormachtstellung, die, L29, 145, 1.a
Vorortzug, der, -"e, L29, 147, 5
vorschnell, L25, 75, 2 (LV)
vorsichtig, L24, 70, 1
Vorstand, der, -"e, L27, 110, 8.c (LV)
vorstellen (sich), L23, 46, 7
Vorstoß, der, -"e, L23, 54, 3.2
Vortrag, der, -"e, L24, 63, 8.a (LV)
vortragen, L26, 104, 5
Vorurteil, das, -e, L25, 74, 1
vorweisen, L27, 108, 4.b
vorwerfen, L24, 67, 2.a
vorwiegend, L25, 77, 6.c
vorzeitig, L25, 81, 1.a

Zerfall, der, L24, 59, 2.a (LV)
zergliedernd, L22, 30, 6.b
zermürbend, L26, 96, 13.b (LV)
zerstörerisch, L23, 47, 8.a (LV)
Zerstörung, die, -en, L23, 47, 8.a (LV)
Zeugnis, das, -se, L29, 142, 6.b (LV)
Zirkuswelt, die, L25, 89, F
zittern, L21, 10, 2.c C
Zivi, der, -s, L23, 55, 1.a
Zivildienst, der, L23, 46, 6.a
Zivildienstleistende, der, -n, L23, 55, 1.a
zivilisieren, L25, 80, 12.b (LV)
zögern, L21, 12, 5.b
Zone, die, -n, L27, 117, 1.b (LV)
zu Ende bringen, L23, 53, 1
zu Ende führen, L23, 53, 1
zu sich nehmen, L24, 62, 7.b (LV)
Zubehör, das, L29, 143, 9.b
Zufriedenheit, die, L30, 160, 9.c (LV)
Zugang, der, -"e, L29, 144, 10.b (LV)
zugehen, L21, 13, 6.b
zugleich, L21, 10, 2.c B
zugrunde liegen, L25, 75, 2 (LV)
Zuhörer, der, -, L28, 134, 1.f
zuklappen, L23, 48, 10.a (LV)
zukommen, L28, 136, 3

zukünftig, L29, 148, 6.c
Zukunftsangst, die, -"e, L29, 146, 2.a
Zukunftsforscher, der, -, L30, 164, 3.a
Zukunftsplan, der, -"e, L30, 165, 4
Zukunftssicherung, die, L30, 168, 1
zum Besten geben, L21, 16, 2.a (Ph)
zunehmend, L22, 30, 6.b
zuordnen, L26, 100, 4
zur Verfügung stehen, L21, 16, 2.a (Ph)
zur Verfügung stellen, L24, 63, 8.a (LV)
zurückbleiben, L27, 110, 8.c (LV)
zurückbringen, L21, 16, 2.a (Ph)
zurückkehren, L21, 22, 3.a
zurückliegen, L30, 167, 2
zurückrufen, L22, 28, 4.b
zurückweichen, L23, 44, 3.a (LV)
zurückweisen, L25, 85, 1
zurückwünschen, L29, 146, 3.a
zurückziehen (sich), L30, 163, 2.a
zurufen, L26, 105, I
zusagen, L21, 12, 5.a
zusammengesetzt, L24, 73, I
Zusammenhang, der, -"e, L29, 144, 10.b (LV)

Zusammenschluss, der, -"e, L27, 117, 1.b (LV)
zusammenstellen, L26, 100, 4
Zusatz-Krankenversicherung, die, -en, L30, 157, 5.a (LV)
zuschieben, L25, 80, 12.b (LV)
zusehen, L27, 106, 1
zusprechen, L25, 75, 2 (LV)
zuständig, L22, 30, 6.c
zustoßen, L28, 124, 5.a (LV)
Zuversicht, die, L29, 146, 2.a
zweieiig, L30, 160, 9.c (LV)
Zweifel, der, -, L24, 70, 1
zweifeln, L21, 10, 2.c C
zweifelsfrei, L30, 165, 5
zweitbeste, L29, 142, 6.b (LV)
zweitgrößte, L21, 25, N
zweitürmig, L23, 57
Zweitwagen, der, -, L30, 157, 5.a (LV)
zweiwöchig, L21, 17, 2.b
Zwilling, der, -e, L30, 160, 9.c (LV)
Zwillingspaar, das, -e, L30, 160, 9.c (LV)
zwingen, L23, 55, 4.b
Zwinger, der, -, L25, 77, 6.c
zwischenmenschlich, L30, 163, 2.a

Quellenverzeichnis

Quellennachweis: Abbildungen

S. 13: T. Vandrée, Weinstadt; J. Weber, Stuttgart
S. 34: Landkarte aus Zeiten und Menschen. Neue Ausgabe B, Band 4/BW. Schöningh, Paderborn 1984, Seite 145.
S. 55: A. Betz, Waiblingen; S. Ramsperger, Waiblingen; S. Scharr, Stuttgart.

Quellennachweis: Texte

S. 13: Hast du morgen schon was vor? Aus: FREUNDIN 3/89, Seite 5. Gekürzt und adaptiert.
S. 21: Können wir im Schlaf lernen? Aus: Illustrierte Wissenschaft 5/96, Seite 7. Gekürzt und adaptiert.
S. 24: Sprachgenies oder Menschen wie du und ich? Nach Robert Kleinschroth aus: Sprachenlernen - Der Schlüssel zur richtigen Technik. Rowohlt Taschenbuch Verlag, Reinbek 1992. Gekürzt und adaptiert.
S. 24: IQ - das zweifelhafte Maß. Von Christopher Schrader aus: GEO 7/96, Seite 58 - 65. Stark gekürzt und adaptiert.
S. 29: Städtepartnerschaftsbewegung: Erfolgreichste Friedensinitiative Europas. Von Claudia Schülke aus der Zeitschrift Deutschland 6/97, Seite 36/37. Stark gekürzt und adaptiert.
S. 33: Informationen über die fünf Weltreligionen. Aus: Meyers Neues Lexikon in acht Bänden. Bibliographisches Institut, Mannheim 1979.
S. 43: Weitere Spiele 1. Nach einer Idee von Hermann Funk, Gesamthochschule Kassel.
S. 49: Grenzenlose Berufschancen. Aus: FREUNDIN 26/96, Seite 123. Stark gekürzt und adaptiert.
S. 49: Geteilte Arbeit - doppelter Vorteil. Aus: Mannheimer Morger vom 29.02.96. Gekürzt und adaptiert.
S. 55: Job-Ideen. Aus: FREUNDIN 18/96
S. 58: Arbeitslosigkeit. Aus der Broschüre des Bundesministeriums für Arbeit und Sozialordnung 4/97. Gekürzt und adaptiert.
S. 76: Angst erleben - Angst überwinden. Aus: Hessischer Rundfunk, die Radio-Programme vom 26.02.98.
S. 84: Die Zukunft des Buches. Nach Walther Umstätter aus: Spektrum der Wissenschaft 1/98. Gekürzt und adaptiert.
S. 85-86: Informationen über die Parteien CDU, CSU, FDP und SPD. Aus: Meyers Kleines Lexikon - Politik. Bibliographisches Institut Mannheim 1986. Gekürzt und adaptiert.
S. 86: Informationen über die PDS. Auszug aus: Die Politischen Parteien der Bundesrepublik Deutschland von Günter Olzog / Hans-J. Liese. Olzog Verlag, 86895 Landsberg am Lech.
S. 90: Die Zukunft hat schon begonnen: Die Service-Roboter kommen. Aus: Neue Revue 21/96, Seite 12-13. Gekürzt und adaptiert.
S. 92: Lachen und Humor. Aus: GEO 8/97, Seite 8 ff. Gekürzt und adaptiert.
S. 92: Familie, Kinder, Ehe: was Jugendliche sich wünschen. Aus: Für Sie 3/98, Seite 107. Leicht adaptiert.

Trotz intensiver Bemühungen konnten nicht alle Inhaber von Textrechten ausfindig gemacht werden. Für entsprechende Hinweise ist der Verlag dankbar.